Parabéns!
Agora você faz parte do **Plurall**, a plataforma digital do seu livro didático! Acesse e conheça todos os recursos e funcionalidades disponíveis para as suas aulas digitais.

Baixe o aplicativo do **Plurall** para Android e IOS ou acesse **www.plurall.net** e cadastre-se utilizando o seu código de acesso exclusivo:

AASFQRG6V

Este é o seu código de acesso Plurall. Cadastre-se e ative-o para ter acesso aos conteúdos relacionados a esta obra.

@plurallnet

@plurallnetoficial

SOMOS EDUCAÇÃO

Ronaldo Vainfas
Doutor em História Social pela Universidade de São Paulo
Professor do Departamento de História da Universidade Federal Fluminense

Jorge Ferreira
Doutor em História Social pela Universidade de São Paulo
Professor do Departamento de História da Universidade Federal Fluminense

Sheila de Castro Faria
Doutora em História pela Universidade Federal Fluminense
Professora do Departamento de História da Universidade Federal Fluminense

Daniela Buono Calainho
Doutora em História pela Universidade Federal Fluminense
Professora do Departamento de Ciências Humanas da Universidade do Estado do Rio de Janeiro

HISTÓRIA .doc

6

Editora Saraiva

Editora Saraiva

Direção Presidência: Mario Ghio Júnior
Direção de Conteúdo e Operações: Wilson Troque
Direção editorial: Luiz Tonolli e Lidiane Vivaldini Olo
Gestão de projeto editorial: Mirian Senra
Gestão de área: Wagner Nicaretta
Coordenação: Eduardo Guimarães
Edição: Carolina Leite de Souza, Aline dos Reis Neves
Assistência editorial: Lígia Torres Figueiredo
Planejamento e controle de produção: Patrícia Eiras e Adjane Queiroz
Revisão: Hélia de Jesus Gonsaga (ger.), Kátia Scaff Marques (coord.), Rosângela Muricy (coord.), Ana Maria Herrera, Ana Paula C. Malfa, Brenda T. M. Morais, Carlos Eduardo Sigrist, Célia Carvalho, Daniela Lima, Gabriela M. Andrade, Luiz Gustavo Bazana, Patrícia Travanca, Sandra Fernandez, Sueli Bossi; Amanda T. Silva e Bárbara de M. Genereze (estagiárias)
Arte: Daniela Amaral (ger.), Claudio Faustino (coord.), Eber Alexandre de Souza (edição de arte)
Diagramação: Typegraphic
Iconografia e tratamento de imagens: Sílvio Kligin (ger.), Denise Durand Kremer (coord.), Paula Dias e Iron Montovanello (pesquisa iconográfica), Cesar Wolf, Fernanda Crevin (tratamento)
Licenciamento de conteúdos de terceiros: Thiago Fontana (coord.) e Luciana Sposito (licenciamento de textos); Erika Ramires, Luciana Pedrosa Bierbauer, Luciana Cardoso e Claudia Rodrigues (analistas adm.)
Ilustrações: Leonardo Conceição
Cartografia: Eric Fuzii (coord.), Mouses Sagiorato Prado (edit. arte) e Ericson G. Luciano
Design: Gláucia Koller (ger.), Thais Ometto (proj. gráfico), Adilson Casarotti e Flávia Dutra (capa), Gustavo Vanini e Tatiane Porusselli (assist. arte)
Ilustração de capa: Luminos Criativo

Avenida das Nações Unidas, 7221, 1º andar, Setor A –
Espaço 2 – Pinheiros – SP – CEP 05425-902
SAC 0800 011 7875
www.editorasaraiva.com.br

Dados Internacionais de Catalogação na Publicação (CIP)

História.doc 6º ano / Ronaldo Vainfas ... [et al.]. - 3. ed. - São Paulo : Saraiva, 2019.

Outros autores: Jorge Ferreira, Sheila de Castro Faria, Daniela Buono Calainho
Suplementado pelo manual do professor.
Bibliografia.
ISBN: 978-85-472-3671-7 (aluno)
ISBN: 978-85-472-3672-4 (professor)

1. História (Ensino fundamental). I. Vainfas, Ronaldo. II. Ferreira, Jorge. III. Faria, Sheila de Castro. IV. Calainho, Daniela Buono.

2019-0057 CDD: 372.89

Julia do Nascimento - Bibliotecária - CRB-8/010142

2023
Código da obra CL 800967
CAE 648195 (AL) / 648196 (PR)
3ª edição
6ª impressão
De acordo com a BNCC.

Impressão e acabamento: Bercrom Gráfica e Editora

Uma publicação SOMOS EDUCAÇÃO

APRESENTAÇÃO

Reprodução/Museus e Galerias do Vaticano, Cidade do Vaticano, Roma, Itália.

Caro estudante

Você está convidado a fazer uma viagem no tempo. Uma não, várias viagens! Nesta coleção, você vai conhecer povos e costumes diferentes, modos distintos de governar as sociedades, uma variedade de crenças e religiões. Também percorrerá várias partes do mundo: África, Ásia, América, Europa.

Prepare-se para ampliar seus horizontes, relacionando a rua ou o bairro onde você mora com a História do Brasil e do mundo.

Tais viagens são possíveis por meio do estudo da História. Não apenas com base na leitura do livro, mas pelas atividades que a coleção sugere, pelas imagens de outras épocas que ela oferece.

Procuramos fazer uma coleção que o envolvesse nas tramas da História, evitando contá-la somente a partir das grandes datas e dos nomes famosos. Muitos assuntos são contados do ponto de vista individual, seja de um personagem ilustre, como um rei, seja de uma pessoa comum, como um camponês, um escravo. Outras vezes, colocamos a História em cena a partir de algum episódio, uma trama específica, ou mesmo de algum personagem que só existiu na imaginação de indivíduos que viveram em outras épocas.

Ao longo desta coleção, vocês encontrarão também muitos episódios violentos, guerras e até mesmo atitudes preconceituosas. Revoluções e bombas. Pessoas escravizando outros homens e mulheres. Governos empenhados em exterminar populações inteiras. Conflitos e tragédias provocados pelos interesses materiais e ambições políticas da Humanidade, em vários tempos.

As lutas pela sobrevivência, pela riqueza ou pelo poder marcam a História desde que o ser humano surgiu no planeta até os dias atuais.

Nesse sentido, esta coleção procura estimular a consciência de que todos devem buscar viver com dignidade e respeito aos direitos humanos, sociais, políticos, em defesa dos direitos civis de cada cidadão.

Estudar História é um passo decisivo para despertar a consciência cidadã de cada um, estimular a valorização da liberdade individual, o combate às desigualdades sociais e a luta contra todo tipo de preconceito.

Os autores

CONHEÇA ESTE LIVRO

Esta obra está organizada em unidades e capítulos. Neles, os temas são desenvolvidos ao longo do texto e em diferentes seções e boxes, cada um com uma finalidade. Vamos conhecer essa estrutura?

Tuul and Bruno Morandi/Alamy/Fotarena

ABERTURA DE UNIDADE

Apresenta, em uma dupla de páginas, uma imagem representativa do contexto que será estudado, além de um quadro ("Vamos estudar") e um texto que resumem e explicitam os principais conteúdos.

ABERTURA DE CAPÍTULO

Traz um texto de introdução e uma imagem relacionados ao tema desenvolvido ao longo do capítulo.

TEXTO PRINCIPAL

Além dos processos e acontecimentos históricos, aborda em cada capítulo um personagem principal (pessoas comuns ou célebres, por vezes um personagem mitológico) ou um evento, articulando a História com episódios particulares.

Puxando pela memória

Boxe no início e no final de cada capítulo com o objetivo de relacionar conhecimentos prévios ao tema em questão.

OUTRAS HISTÓRIAS

Seção que complementa o tema central do capítulo com informações paralelas ao conteúdo ou mais aprofundadas. Há nove subtipos: Artes, Crenças, Personagens, Lugares, Lutas sociais, Modos de viver, Economia, Episódios e Tecnologias.

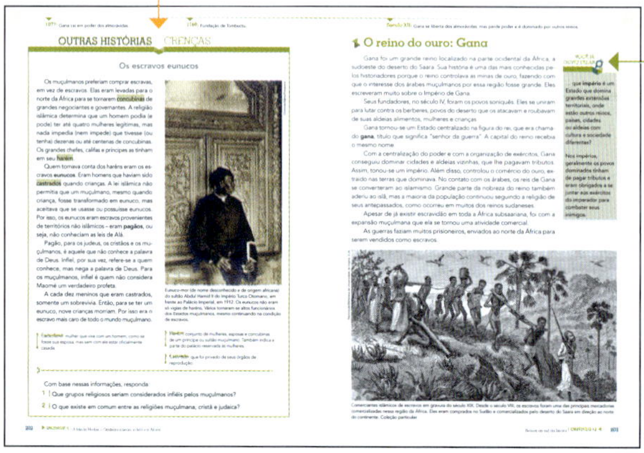

Você já ouviu falar...

Explica conceitos e termos-chave importantes para a compreensão dos assuntos estudados.

A HISTÓRIA NÃO ESTÁ SOZINHA

Seção que aborda a interdisciplinaridade – a articulação da História com outras disciplinas.

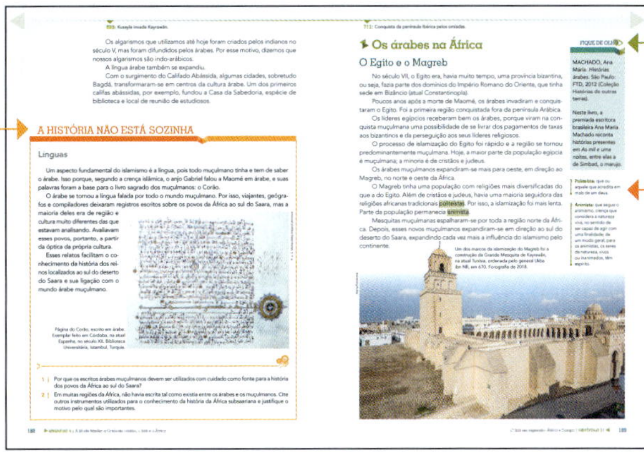

Fique de olho

Sugestões de livros, filmes e *sites*, acompanhadas de breves sinopses.

GLOSSÁRIO

Explicação de palavras ou expressões que aparecem destacadas no texto, facilitando o estudo e a compreensão do tema em questão.

Cá entre nós

Traz assuntos complementares ao texto principal. Por vezes trabalha os conhecimentos prévios.

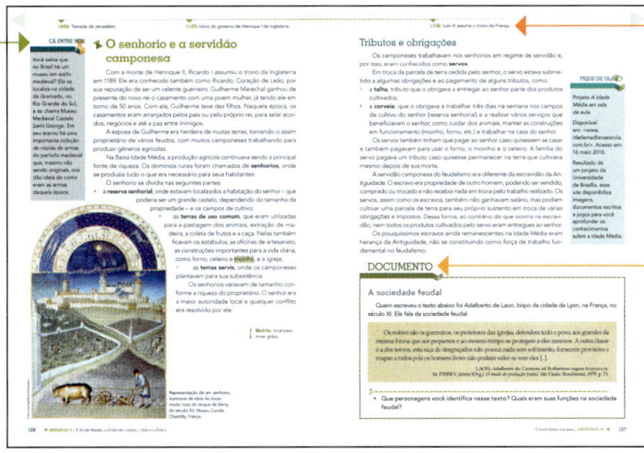

CRONOLOGIA

Disposta no alto das páginas, apresenta fatos marcantes do período em estudo em cada capítulo, organizados em ordem cronológica.

DOCUMENTO

Apresenta fontes documentais escritas ou visuais, complementando e enriquecendo os assuntos desenvolvidos no capítulo.

AO MESMO TEMPO

Seção que traça paralelos entre a sociedade ou processo examinado no capítulo e outras sociedades ou processos da mesma época.

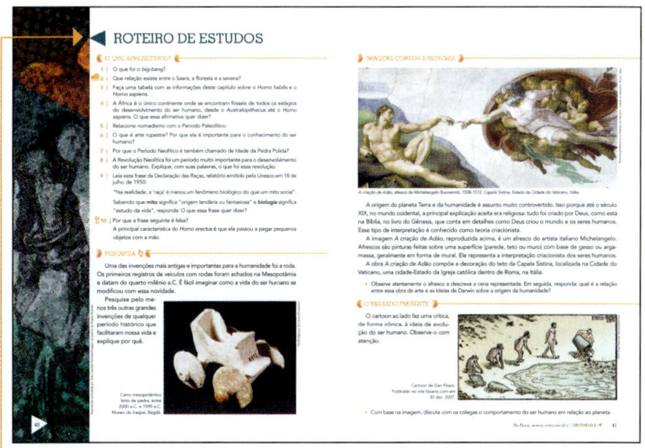

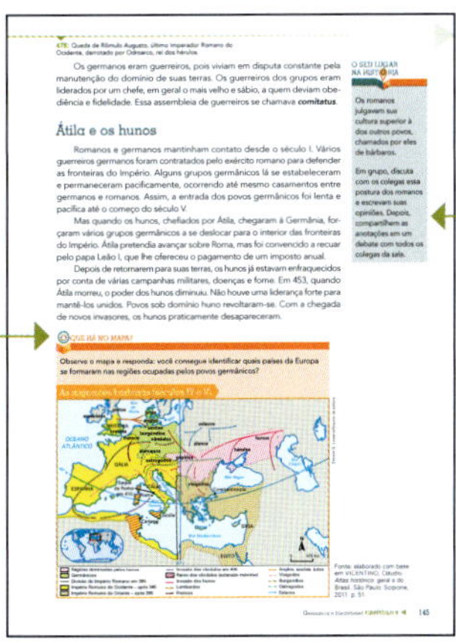

O seu lugar na História

Boxe que estimula a pesquisa de campo, articulada à História e às experiências locais.

ROTEIRO DE ESTUDOS

Seção que finaliza o estudo de cada capítulo com propostas de atividades diversas, que trabalham as diferentes habilidades e competências relacionadas ao ensino-aprendizagem de História. É dividida em quatro subseções: **O que aprendemos?**, **Pesquisa**, **Imagens contam a história** e **O passado presente**.

O que há na imagem/no mapa?

Aprofunda a leitura de uma imagem ou de um mapa, relacionando-a/o ao conteúdo do capítulo ou à realidade vivida.

Você encontrará atividades com os seguintes ícones:

desafio | pesquisa | interdisciplinar | dupla | grupo | individual

SUMÁRIO

UNIDADE 1 A HUMANIDADE ENTRA EM CENA

Capítulo 1
Tempos e lugares da História 12

- História e cidadania ... 13
- Tempo e sociedade ... 15
  - Tempo e fato histórico ... 16
  - Tempo do calendário ... 17
  - Tempo da cronologia ... 18
- Períodos da História ... 20
- Lugares da História ... 22
  - Pequenos e grandes cenários ... 22
- Como conhecer o passado? ... 24

Roteiro de estudos ... 26

Capítulo 2
Na África, nossos antepassados 28

- Planeta Terra, nossa casa tão antiga ... 29
- A evolução das espécies ... 31
- Hominídeo, o primeiro ser humano ... 32
  - O Período Paleolítico ... 33
  - O Período Neolítico ... 35
- Continente africano: regiões e povos ... 36
  - O Saara ... 37
  - Savanas e florestas ... 38
- A diversidade humana ... 39

Roteiro de estudos ... 40

2015 King Features Syndicate/Ipress

Capítulo 3
O povoamento do continente americano 42

- Como o continente americano foi povoado? ... 43
  - Origem asiática? ... 43
  - Explicações científicas ... 44
- Descobertas arqueológicas ... 46
- Sítios arqueológicos brasileiros ... 47
  - Parque Nacional da Serra da Capivara ... 49
- O continente que os europeus encontraram ... 49
  - Mesoamérica e Região Andina ... 51

Roteiro de estudos ... 54

UNIDADE 2 SOCIEDADES ANTIGAS DO MEDITERRÂNEO ORIENTAL

Capítulo 4
Egito e Mesopotâmia 58

- Egito ... 59
  - Rio Nilo, um presente para o Egito ... 60
  - Todo o poder aos faraós ... 61
  - A sociedade egípcia ... 62
  - Crenças e divindades ... 64
  - Impérios do Egito antigo ... 66
- Mesopotâmia ... 67
  - Outros impérios mesopotâmicos ... 69
  - Crenças ... 70
  - Templos e tesouros ... 71

Roteiro de estudos ... 72

Capítulo 5
Hebreus, fenícios e persas 74

- Hebreus ... 75
  - A crença em um único Deus ... 76
  - Fuga do Egito ... 77
  - Israel e Judá ... 79
  - A religião dos hebreus ... 80
  - Jerusalém e o Muro ... 81
- Fenícios ... 82
  - Navegadores do Mediterrâneo ... 82
- Persas ... 83
  - Expansão imperial ... 83
  - Administração persa ... 84
  - A queda do Império Persa ... 85
  - Os persas entre o bem e o mal ... 85

Roteiro de estudos ... 86

UNIDADE 3
SOCIEDADES ANTIGAS DO MEDITERRÂNEO OCIDENTAL

Capítulo 6
O mundo grego 90

- Antecedentes dos gregos ... 91
- Tempo difícil: Período Homérico ... 92
  - A comunidade rural ... 92
- A colonização grega ... 94
  - A formação da pólis ... 95
- Atenas, um modelo de cidade grega ... 96
  - Rumo à democracia ... 97
- Esparta, cidade dos guerreiros ... 98
  - Educação espartana ... 98
- Persas inimigos ... 99
- Atenas poderosa ... 100
- A Guerra do Peloponeso ... 101
- A Macedônia e o Helenismo ... 102

Roteiro de estudos ... 104

Capítulo 7
O mundo romano 106

- Gladiador, escravo e rebelde ... 107
- A Monarquia romana ... 108
  - Política e sociedade ... 110
  - Fim do domínio etrusco ... 110
- A República romana ... 111
  - Conquistas dos plebeus ... 112
  - E Roma se expandiu ... 113
  - Transformações sociais no mundo do trabalho ... 114
  - A crise republicana ... 115
- O Império Romano ... 117
  - O século de Augusto ... 119
  - Continuidade do Império ... 120

Roteiro de estudos ... 122

The Bridgeman Art Library/Fotoarena

Capítulo 8
A cultura greco-romana 124

- Deuses parecidos com homens ... 125
  - A mitologia grega ... 125
  - Os deuses do Olimpo ... 127
  - Oráculos, cultos, festivais ... 128
- Competindo para homenagear Zeus ... 129
- Pensadores ... 130
  - Sócrates ... 130
  - Platão e Aristóteles ... 131
- O teatro grego ... 132
  - Construções bem pensadas ... 132
- Arquitetura, escultura, pintura ... 133
- A Medicina ... 134
- A cultura helenística ... 134
- A cultura greco-romana ... 135
- Nasce o cristianismo ... 136
  - Perseguição ... 137
  - Expansão ... 137

Roteiro de estudos ... 138

Zev Radovan/BibleLand Pictures/Alamy/Fotoarena

UNIDADE 4 A IDADE MÉDIA: O OCIDENTE CRISTÃO, O ISLÃ E A ÁFRICA

Capítulo 9
Germanos e bizantinos 142

- A crise do Império Romano ... 143
  - Da cidade para o campo ... 143
  - Dividindo o poder ... 144
- Bárbaros ou estrangeiros? ... 144
  - Os povos germânicos ... 144
  - Átila e os hunos ... 145
- Império derrubado: um novo mundo em transformação ... 147
- O Império Bizantino ... 148
  - Justiniano e a glória dos bizantinos ... 149
  - As trocas comerciais ... 151
  - Constantinopla ... 151
  - Desigualdade e revolta ... 152
  - A força do imperador ... 152
  - Duas igrejas ... 152
- O fim do Império Bizantino ... 153
- O Reino Franco ... 153
  - Poder e religião ... 154
  - Dos merovíngios aos carolíngios ... 155
- Carolíngios no poder ... 155
  - Administração ... 155
  - A terra era a riqueza ... 156
  - Renascença carolíngia ... 157
- Crise do Império Carolíngio ... 158
  - Divisão do Império ... 159

Roteiro de estudos ... 160

Capítulo 10
O feudalismo europeu 162

- A nobreza feudal 163
  - Suseranos e vassalos 163
- O senhorio e a servidão camponesa 166
  - Tributos e obrigações 167
- Transformações no feudalismo 168
- A Igreja medieval 168
- As Cruzadas 169
  - Os combates 170
- A Reforma Gregoriana 172
- O combate aos hereges 173
  - Os franciscanos 173
- Arquitetura medieval 174
- Os reis feudais 175
  - França 175
  - Inglaterra 175
- A morte de Guilherme 177

Roteiro de estudos 178

Capítulo 11
O Islã em expansão: África e Europa 180

- As fontes para a História da África 181
- O nascimento do Islã 182
  - Pregação do islamismo 184
- A expansão do Islã 185
  - Os árabes no mar Mediterrâneo 185
- A cultura árabe 187
- Os árabes na África 189
  - O Egito e o Magreb 189
  - Os caminhos do Saara 191
  - As rotas caravaneiras do Saara 193

Roteiro de estudos 196

Capítulo 12
Reinos ao sul do Saara 198

- Os reinos do Sudão ocidental 199
  - Guerra, um modo de viver 200
- A escravidão na África ao sul do Saara 200
  - A escravidão entre os muçulmanos 200
- O reino do ouro: Gana 203
  - Enfraquecimento do Império de Gana 204
- O Mali 204
  - O Reino do Mali torna-se um império 205
- Império de Songai 207
- Ao sul do Saara: a África centro-ocidental e do sul 209
  - O banto 210
- A África e a História 211

Roteiro de estudos 212

Bibliografia 214

De Agostini Picture Library/Getty Images

Klaus-Dietmar Gabbert/Picture-Alliance/dpa/dpa/Associated Press/Glow Images

UNIDADE 1

A HUMANIDADE ENTRA EM CENA

VAMOS ESTUDAR

- OS TEMPOS HISTÓRICOS
- HISTÓRIA E GEOGRAFIA
- MEMÓRIA E HISTÓRIA
- A HISTÓRIA ANTES DA ESCRITA
- ÁFRICA, BERÇO DA HUMANIDADE
- EUROCENTRISMO EM XEQUE
- FORMAÇÃO DA HUMANIDADE
- ORIGENS DOS POVOS AMERÍNDIOS

Crédito das imagens de baixo para cima: akg-images/ Sambraus; Science Photo Library/AKG-images/Latinstock; Reprodução/Museus e Galerias do Vaticano, Cidade do Vaticano, Roma, Itália.

Estudantes de Arqueologia escavam local de sepultamento da Idade do Bronze em assentamento descoberto em Poemmelte, Alemanha. Fotografia de 2018.

Estudar História é o caminho para conhecer como a humanidade surgiu e se renovou em nosso planeta. Ela cruza o tempo e o espaço geográfico, os grupos e os indivíduos, os acordos e os conflitos. A História investiga o que aconteceu, como, onde e por quê. Ela narra os fatos e tenta explicá-los. Oferece uma lição para cada um saber quem é, de onde veio e para onde pode ir. Por isso vamos conhecer, nesta unidade, as fontes documentais que permitiram aos pesquisadores identificar os ancestrais dos grupos humanos que povoaram os continentes, a começar pela África, sua moradia mais antiga, mas também a América, lugar onde vivemos.

Primeira imagem à esquerda, *Cronos*, óleo sobre tela de Giacinto Brandi, séc. XVII. A segunda é *Clio*, gravura em chapa de cobre de Louis Constant Lacerf, cerca de 1820.

CAPÍTULO 1

TEMPOS E LUGARES DA HISTÓRIA

Os antigos gregos tinham o costume de atribuir ao mundo divino sentimentos e conhecimentos humanos. Criavam deuses e semideuses para quase tudo, associando essas divindades aos fenômenos naturais e às atividades culturais.

As **musas** gregas eram divindades filhas da deusa Memória e de Zeus, principal deus da mitologia grega. Estavam encarregadas de inspirar os homens na sua criação intelectual e artística.

Uma dessas musas se chamava Clio, divindade associada ao conhecimento histórico. História, para os gregos, significava "testemunho", isto é, uma narrativa do que havia acontecido, um registro dos eventos para contar aos outros. A musa Clio inspirava as pessoas a registrar os acontecimentos antes que fossem esquecidos e ajudava os seres humanos a enfrentar as barreiras que Cronos, o deus do tempo, colocava no caminho de todos. A história era uma batalha entre Cronos e Clio.

Vamos conhecer um pouco o que é História?

PUXANDO PELA MEMÓRIA

Você sabe em que os historiadores se baseiam para contar a história de um indivíduo, de um povo, de uma sociedade, de um país?

Créditos das imagens de baixo para cima: Kamira/Shutterstock; Reprodução/Coleção José Midlin/Biblioteca Brasiliana, São Paulo, SP; Reprodução autorizada por João Candido Portinari/Imagem do acervo do Projeto Portinari; AKG-images/Latinstock; Universal History Archive/The Bridgeman Art Library/Keystone Brasil; Alex Tauber/Pulsar Imagens.

História e cidadania

As histórias que vocês vão acompanhar nesta obra são **narrativas**. Narrar significa contar, descrever, relatar algum acontecimento ou vivência de pessoas reais ou imaginárias. Mas as histórias aqui narradas aconteceram de verdade em vários lugares do mundo, em diferentes épocas. Ou seja: elas têm evidências ou comprovações históricas.

Houve muitas mudanças na história desde o surgimento do ser humano; por isso, estudar História é dar um grande passo para compreender as mudanças e permanências da humanidade ao longo do tempo.

A História nos ajuda a entender, nos dias de hoje, as diferenças entre as pessoas, os comportamentos, os gostos e as preferências de cada indivíduo ou de cada grupo. Assim, ela também nos ajuda a compreender os outros e a respeitar as diferenças.

A compreensão das diferenças entre grupos, sociedades e indivíduos nos leva a respeitar o direito dos outros. Direito, antes de tudo, à liberdade e a um tratamento igual perante as leis. Estudar História, portanto, é essencial para a formação cidadã.

O conhecimento histórico está comprometido com a realidade e está a serviço da justiça e da liberdade.

CÁ ENTRE NÓS

Estudar História é uma aventura fascinante, pois abre o caminho para conhecer como viviam as pessoas no passado, como elas enfrentaram suas dificuldades, em que acreditavam, o que produziam. Saber um pouco disso é muito importante para que cada um descubra sua própria identidade e compreenda o mundo em que vivemos. Conhecer o passado também é conhecer a si mesmo, é saber qual é seu lugar no mundo.

Cassandra Cury/Pulsar Imagens

Alunos da etnia indígena Guató uniformizados em aula ao ar livre na aldeia localizada às margens do rio Paraguai, no Pantanal. Corumbá, Mato Grosso do Sul. Fotografia de 2017.

OUTRAS HISTÓRIAS CULTURA

Lendas e mitos

Lenda é uma narrativa histórica que mistura realidade e fantasia. Vejamos um exemplo.

A Guerra de Troia começou com o rapto da princesa Helena pelo filho do rei de Troia, Páris. Helena era casada com Menelau, que reinava na cidade grega de Esparta. Furioso, Menelau liderou um poderoso exército para atacar Troia e resgatar Helena. No campo de batalha, nenhum dos exércitos conseguiu vencer. Os gregos, então, mandaram uma mensagem aos troianos dizendo que desistiam de tudo. Como prova de que desejavam a trégua, construíram um cavalo de madeira gigantesco e o deixaram à porta da cidade, como um presente para o rei. No interior do cavalo, porém, estava parte do exército grego. À noite, enquanto os troianos dormiam, os gregos saíram do cavalo e atacaram a cidade. Resgataram Helena, e Troia foi destruída.

A história da Guerra de Troia é cheia de detalhes **fantasiosos**. Ou alguém acha possível construir um cavalo de madeira gigantesco para abrigar um exército?

A Guerra de Troia aconteceu mesmo, no passado. A narrativa da guerra, ela sim, é fantasiosa, mas o fato é real. É uma história que mistura realidade com fantasia. É uma lenda.

Mito, por sua vez, tem um significado parecido, mas outra função: é uma narrativa que trata das origens de determinado grupo (dos seres humanos, dos animais, da natureza, dos astros, das estrelas, etc.) por meio de uma visão mágica, divina ou sobrenatural. Um exemplo é o mito de criação da cidade de Roma.

Rômulo e Remo eram gêmeos, filhos da humana Reia Sílvia com Marte, o deus da guerra. Ainda recém-nascidos, foram lançados ao rio Tigre, mas foram salvos e amamentados por uma loba. Adultos, teriam fundado Roma no século VIII a.C.

A versão é fantasiosa porque é impossível, na realidade, uma loba amamentar seres humanos.

Mitos e lendas contam histórias de tempos fabulosos por meio de narrativas imaginosas, mas também têm valor como documento histórico. São versões que as próprias sociedades elaboraram sobre a natureza e sobre a própria história.

Universal History Archive/The Bridgeman Art Library/Glow Images

Escultura da Lupa Capitolina, século XV. A loba amamenta os irmãos Rômulo e Remo. Palácio dos Conservadores, Roma, Itália.

- Você conhece alguma lenda que todos contam na cidade em que mora? Conte-a na sala de aula e explique se você acha que ela pode ser um fato histórico.

Tempo e sociedade

Que horas são? Qual é o horário do recreio? A que horas sai o almoço? Essas são perguntas relacionadas com o tempo do relógio, o tempo que marca os momentos de cada dia.

O tempo pode ser medido e registrado de vários modos.

A medida do tempo que utilizamos hoje é a do relógio, que ordena os breves episódios de um dia, informando que acontecimento veio depois de outro. Mas há sociedades para as quais o ciclo anual de plantação, colheita e armazenamento dos alimentos, por exemplo, rege a divisão do tempo.

Para certas sociedades que vivem da agricultura, o tempo pode ser medido pelas estações do ano: primavera, verão, outono e inverno. Para outras, o sol indica a passagem do tempo, o que vem antes e o que vem depois: sol nascente, sol do meio-dia, pôr do sol, noite.

Kamira/Shutterstock

Big Ben, Palácio de Westminster, Londres, Inglaterra. O Big Ben é um dos relógios mais famosos do mundo. Foi construído em 1859, quando ter um relógio pessoal, de algibeira (pequeno bolso no vestuário) ou de pulso, era muito caro. Assim, um relógio enorme e à vista de todos tornava possível saber as horas. Fotografia de 2015.

Superstock/Glow Images

A colheita, de Camille Pissarro, 1882. Óleo sobre tela (70 cm × 126 cm). Em comunidades agrícolas, o tempo da semeadura e da colheita é definido pelas estações do ano, ou seja, pelo tempo da natureza. Museu Nacional de Arte Ocidental, Tóquio, Japão.

FIQUE DE OLHO

Vida de inseto, EUA, 1998. Direção: John Lasseter e Andrew Stanton. 95 min.

A animação mostra, por meio da vida das formigas, a dinâmica das interações sociais, sobretudo as derivadas do mundo do trabalho.

Tempo e fato histórico

O registro do tempo é importante porque permite organizar e compreender os fatos históricos. Segundo os antigos gregos, era nessa forma de medir o tempo que a musa Clio entrava em cena. Ela se empenhava em inspirar o registro dos fatos passados, os fatos históricos.

Mas o que é um **fato histórico**? É um episódio ou fenômeno que teve repercussão para alguma sociedade em particular ou até mesmo para o mundo. Portanto, dependendo do assunto que se quer conhecer, qualquer fato do passado pode ser considerado histórico.

A chegada dos europeus à América, em 1492, é um fato histórico de extrema importância, por ter colocado em contato povos que antes não sabiam da existência um do outro. Esse fato resultou em profundas transformações econômicas, políticas e sociais e também em relação aos costumes, porque os produtos nativos da América, como a batata, o milho, a mandioca, o amendoim e até o chocolate, passaram a ser consumidos em outras partes do mundo: na Europa, na África e na Ásia.

A mudança de hábitos alimentares em grande parte do mundo promoveu mudanças graduais em várias sociedades. Assim, é também um fato histórico.

Há ainda fatos sociais de grande interesse histórico, como as revoltas populares. Há fatos econômicos importantes para a sociedade, como a inflação (isto é, o crescente aumento dos preços), ocorrida em várias épocas. Há fatos históricos ligados à tecnologia, como a utilização do vapor para impulsionar máquinas ou a invenção do telefone. Há também os fatos da vida cultural das sociedades, como as comemorações, as festividades, as brincadeiras de roda e as apresentações de música e teatro.

O QUE HÁ NA IMAGEM?

Observe a imagem: quem você acha que são as pessoas e quais são os principais elementos representados? Que momento histórico o autor da xilogravura quis retratar?

Xilogravura que ilustra *De insulis inventis*, primeira edição em latim da carta redigida por Colombo, em 1493, informando o descobrimento das terras aos reis de Castela e Aragão. Publicada primeiro em espanhol em abril de 1493, posteriormente naquele mesmo ano surgiu a versão em latim, que circulou por toda a Europa.

Tempo do calendário

Em relação aos fatos históricos, as horas do relógio interessam muito menos do que o dia, a semana, o mês e o ano em que ocorreram os eventos. Mais importante que o tempo do relógio é o tempo do calendário.

No caso do tempo do calendário, o dia, o mês e o ano podem parecer detalhes, mas são importantes. Às vezes, um dia a mais ou a menos faz diferença. Outras vezes, o mês em que ocorreu determinado fato é decisivo. O ano quase sempre é muito importante na cronologia histórica. Por meio dos registros cronológicos, podemos organizar os fatos históricos em uma linha do tempo e observar se há sequência e relação entre eles.

Calendário: sistema de medida que divide o tempo em anos, meses e dias.

Dmitry Guzhanin/Shutterstock

Calendário brasileiro de 2020.

Pedra do Sol, calendário asteca, cerca de 1479. Museu Nacional de Antropologia, Cidade do México, México.

akg-images/Sambraus

Tempo da cronologia

A palavra **cronologia** se originou do nome do deus grego Cronos. Significa uma sequência de fatos históricos organizados em uma linha do tempo.

Como o registro dos fatos históricos era uma tarefa que os antigos gregos atribuíam à musa Clio, eles diriam que a cronologia é uma espécie de acordo entre Cronos e Clio. O tempo passa, e Clio registra o que passou.

Um dos tipos de cronologia histórica é o que relaciona os fatos históricos de um mesmo assunto com os anos em que eles ocorreram.

Vejamos um exemplo de fatos da história brasileira.

Dependendo do assunto, uma linha do tempo organizada em meses ou, até mesmo, em dias pode ser mais útil para se ter uma ideia da duração de processos, de continuidades e rupturas.

Década, século, milênio

A cronologia histórica também pode ser organizada em períodos mais longos: décadas, séculos e até milênios.

- **Década** é o período de dez anos. Mas atenção: como em nosso calendário não há o ano zero, a década começa sempre em anos com final 1: 01, 11, 21, 31, etc. Quando nos referimos a questões históricas ocorridas na década de 1930, por exemplo, o primeiro ano dessa década é 1931 e o ano final, 1940. A década de 2010 começa em 2011 e termina em 2020, e assim por diante.
- **Século** é o período de 100 anos. É costume utilizar números romanos para escrever os séculos. Seguindo o mesmo raciocínio utilizado na contagem das décadas, o século I (1), por exemplo, começa no ano 1 e termina no ano 100. E o século X (10)? Começa no ano 901 e termina no ano 1000. O século XXI (21) começou no ano 2001 e vai terminar em 2100.
- **Milênio** é o período de mil anos. O primeiro milênio vai do século I ao século X. Ou, se quisermos datá-lo em anos, começou no ano 1 e terminou no ano 1000. Nosso atual milênio começou no ano 2001 e vai terminar no ano 3000. Estamos no terceiro milênio.

A cronologia por milênios é muito usada para a história anterior ao surgimento da escrita (que alguns estudiosos chamam de Pré-História) e para a história de civilizações muito antigas. Nesses casos, o registro detalhado de datas quase nunca é possível. As civilizações muito antigas deixaram poucos registros do passado, se comparados com os povos mais recentes.

Antes e depois de Jesus Cristo

Quando foi iniciada a datação da história? Qual seria o ano 1? Os historiadores adotaram o calendário cristão para definir a cronologia geral da História usando como referência o ano de nascimento de Jesus de Nazaré. Esse é o ano 1 da chamada "Era Cristã".

Ricardo Azoury/Pulsar Imagens

Pinturas rupestres na Toca do Boqueirão da Pedra Furada, localizada no Parque Nacional da Serra da Capivara, Piauí. Os registros deixados pelos povos pré-históricos, como as pinturas rupestres, indicam de modo muito geral a época em que foram produzidos. Fotografia de 2015.

Assim, os registros dos episódios anteriores ao nascimento de Jesus, seja na Grécia antiga, seja no Egito antigo, são sempre seguidos de a.C., abreviatura que significa "antes de Cristo". As datas posteriores ao nascimento de Jesus podem ser acompanhadas por d.C. (depois de Cristo). Por essa razão, você encontra datas como 300 a.C., 500 d.C., I milênio a.C., III milênio a.C., século V a.C., século I d.C. (ou apenas século I).

A passagem do tempo no período chamado "antes de Cristo" se faz em ordem decrescente (do maior número para o menor). Já no período chamado "depois de Cristo", a sequência se faz em ordem crescente (do menor número para o maior).

O ano 1400 a.C., por exemplo, é anterior ao ano 1300 a.C. O número maior é o mais antigo. Já na Era Cristã ou "depois de Cristo", o ano 300 d.C., por exemplo, vem antes do ano 400 d.C. Nesse caso, o número menor é o mais antigo.

akg-images/Latinstock

Adoração dos pastores, óleo sobre tela de Gerard van Honthorst, 1622. O nascimento de Jesus é o evento fundamental do calendário cristão. Wallraf-Richartz-Museum, Colônia, Alemanha.

VOCÊ JÁ OUVIU FALAR...

... que a palavra **civilização** é muitas vezes usada para designar sociedades que alcançaram um elevado nível de desenvolvimento material e cultural, com destaque para a existência de cidades e de diferentes grupos sociais?

Essa palavra ainda é muito usada nos livros de História, mas traz um sério risco: o de classificar sociedades com outras características, como as rurais, por exemplo, como inferiores às consideradas civilizadas.

Períodos da História

Os historiadores dividiram a História em cinco grandes períodos. São eles:

» **Pré-História**: corresponde a vários milênios vividos pela humanidade desde que ela surgiu no planeta. Trata-se do longo processo de formação da humanidade.

» **Idade Antiga**: corresponde ao período que vai do surgimento da escrita, no IV milênio a.C., até a queda do Império Romano do Ocidente, no ano 476.

» **Idade Média**: corresponde ao período que vai da queda do Império Romano do Ocidente, em 476, até a tomada de Constantinopla pelos turcos otomanos, em 1453.

» **Idade Moderna**: corresponde ao período que vai da queda de Constantinopla, em 1453, até a Revolução Francesa, em 1789.

» **Idade Contemporânea**: corresponde ao período que vai da Revolução Francesa, em 1789, aos dias atuais.

A divisão da cronologia da História em cinco grandes períodos foi estabelecida por historiadores europeus do século XIX, que escolheram fatos de grande importância segundo o ponto de vista deles. Mas essa divisão não é satisfatória. E por que não? Antes de tudo, porque foi adotada há muito tempo, no século XIX. Muita coisa mudou de lá para cá.

Há outras razões para crer que essa divisão da História não é satisfatória, entre as quais se destacam:

» A escolha do surgimento da escrita como critério para separar a Pré-História da História sugere que os povos sem escrita não tiveram ou não têm história. Com ou sem escrita, todos os povos têm história.

» A expressão Idade Média, que só serve para separar a Idade Antiga da Idade Moderna, nada explica.

» A expressão Idade Contemporânea, usada para cobrir o período que vai da Revolução Francesa aos dias de hoje, perdeu o sentido, pois foram muitas as mudanças ocorridas na história mundial desde então.

O principal problema dessa periodização, entretanto, é o fato de que toda a História é pensada a partir da Europa. É uma periodização **eurocêntrica** ou **europocêntrica**.

Se essa periodização tem tantos defeitos, por que a utilizamos? Porque ela ainda é adotada em muitos países, assim como o calendário cristão, que é adotado mesmo em países onde a religião majoritária não é a cristã.

Além disso, a maioria dos livros de História baseia-se nessa periodização. Ela nos auxilia a localizar no tempo os acontecimentos e os movimentos da História.

Pré-História:	Idade Antiga:	Idade Média:
4 milhões de anos atrás	Cerca de 4000 a.C.	476

AO MESMO TEMPO

Periodização duvidosa

O eurocentrismo é uma visão de mundo que enxerga os diferentes povos somente com "olhos europeus", ou seja, é um pensamento que adota o ponto de vista europeu como centro de sua análise e a Europa como centro do mundo.

Os portugueses chegaram ao Brasil em 1500. Isso significa que a história do Brasil só começa no início da Idade Moderna? Os indígenas que já viviam aqui não tinham história? Claro que tinham. E a China, com sua civilização milenar? Ela não tem nada a ver com o Império Romano, nem com a queda de Constantinopla. Logo, não teve Idade Média nem Idade Moderna? Quer dizer que saltou da Idade Antiga para a Idade Contemporânea? Claro que não.

A divisão da História em cinco grandes períodos (Pré-História, Idade Antiga, Idade Média, Idade Moderna e Idade Contemporânea) serve para a História da Europa, mas não serve para a História da China. Essa situação ocorre em relação a histórias de outros povos e países.

akg-images/Pictures From History/Album/Fotoarena

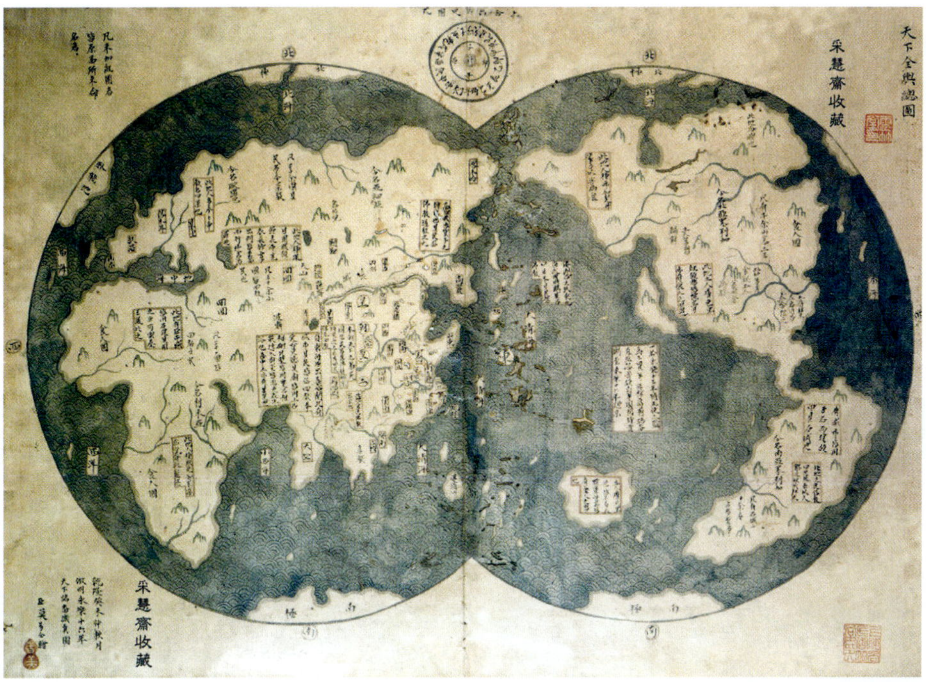

Mapa-múndi chinês do século XVIII que traz uma concepção diferente do globo em relação à perspectiva ocidental. O território onde se localiza a China ocupa o centro da imagem.

- Você acha válido considerar que a história do Brasil começou com a chegada dos portugueses em 1500?

Idade Moderna:

Idade Contemporânea:

1453

1789

Tempo presente

FIQUE DE OLHO

BRASILEIRO, Jonar; ROCHA, Katia. *A história da minha geografia*. Salvador: Humanidades, 2010.

O livro procura estimular os leitores a conhecer a história da sua cidade ou região, levando-os a identificar, também, as características geográficas e os problemas cotidianos da comunidade em que vivem.

Lugares da História

Em que rua você mora? Qual é o seu bairro? Em que cidade e em qual estado você vive?

As respostas a essas perguntas dependem da história de cada um.

O lugar onde uma pessoa nasceu e onde vive são referências de sua história. É assim com o estudo da História da humanidade. Tudo acontece em determinado lugar: em uma rua, em um bairro, em um país, em um continente ou no mundo inteiro.

Pequenos e grandes cenários

O estudo da História exige sempre o auxílio da Geografia para delimitar os cenários em que os fatos e as tramas ocorreram. E, conforme o tema estudado, o cenário pode ser um continente, um país, uma região, uma cidade. Não só as cidades mais famosas e as capitais, mas também os vilarejos e os povoados.

Algumas vezes, um bairro, uma rua, uma casa também merecem o registro da História, pois localizam fatos marcantes.

No Brasil e em outros países, é comum usar nomes de personagens e fatos históricos para identificar avenidas, praças, bairros, etc.

Vila Rica, atual Ouro Preto, com seu casario e suas igrejas, é uma cidade de Minas Gerais que teve muita importância para a história do Brasil no século XVIII. Fotografia de 2016.

Alex Tauber/Pulsar Imagens

O SEU LUGAR NA HISTÓRIA

Qual é o nome da rua onde está localizada a sua escola?

Faça uma pesquisa sobre a história do nome dessa rua e leve as informações para a sala de aula. Em conjunto, sob a orientação do professor, construam um mural sobre a história dela.

A HISTÓRIA NÃO ESTÁ SOZINHA

Geografia

Para nos localizarmos, o mundo foi dividido em hemisférios: norte (ou setentrional), sul (ou meridional), leste (ou oriental) e oeste (ou ocidental). Os hemisférios são divididos por linhas imaginárias: os meridianos e os paralelos.

Hemisfério: metade de uma esfera. Em Geografia, o hemisfério é uma das metades do globo terrestre.

Os **meridianos** são linhas imaginárias que percorrem o planeta verticalmente, de norte a sul. A referência para a separação do hemisfério ocidental do hemisfério oriental é o **meridiano de Greenwich**, que passa pela Inglaterra e pelo oeste da África.

Há também linhas imaginárias que circundam o planeta de oeste a leste, ou seja, horizontalmente. São os **paralelos**. A **linha do equador**, que separa o hemisfério norte do hemisfério sul, é o paralelo que mais se destaca. Outros paralelos importantes são os trópicos: trópico de Câncer, ao norte da linha do equador, e trópico de capricórnio, ao sul da linha do equador. Chama-se zona tropical a região situada entre os dois trópicos. É a região de clima mais quente do planeta.

Mundo: meridianos e paralelos

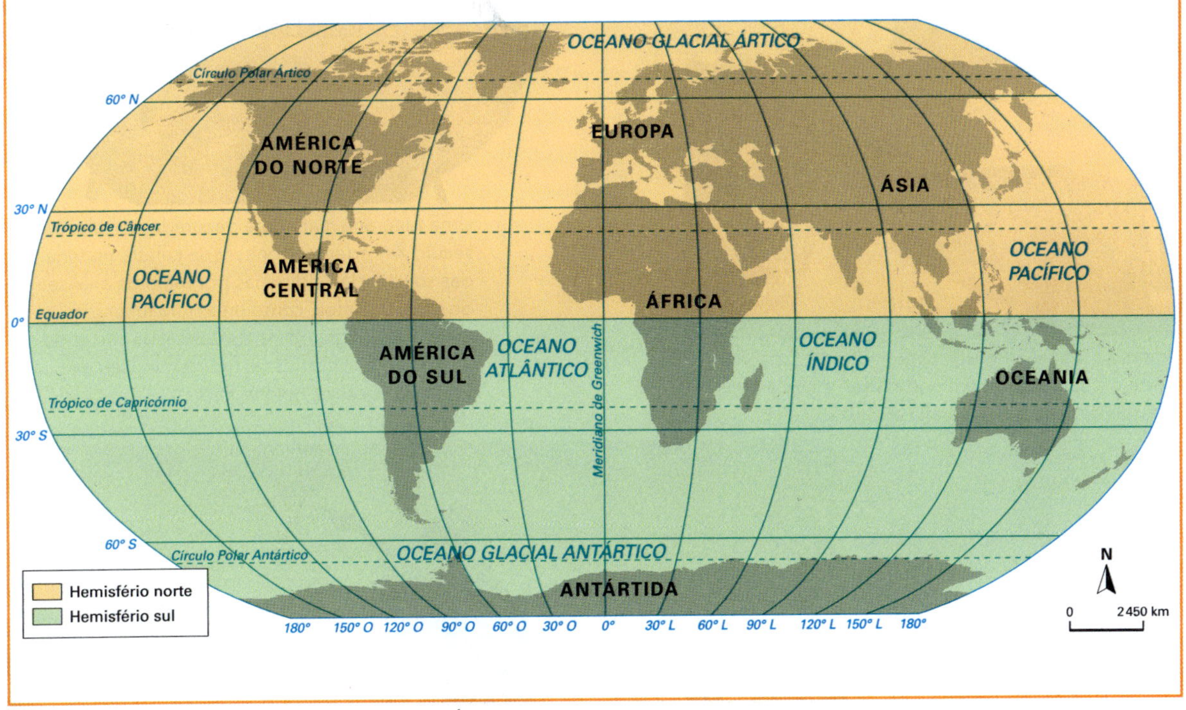

Ericson G. Luciano/Arquivo da editora

Fonte: elaborado com base em CALDINI, Vera; ÍSOLA, Leda. *Atlas geográfico Saraiva*. São Paulo: Saraiva, 2013. p. 164.

- **Para testar seus conhecimentos, discuta com um colega onde está localizado o Brasil em relação à linha do equador e ao meridiano de Greenwich.**

Como conhecer o passado?

Os livros de História podem ajudar muito a conhecer o passado das sociedades. Mas quem escreve os livros? Como os autores dos livros de História conseguem saber o que se passou?

Os autores dos livros de História são os historiadores e professores dessa disciplina. São pessoas que leem muitos livros e consultam muitos **documentos** do passado.

Os **documentos históricos** não são apenas aqueles que registram um grande fato histórico. Qualquer registro do passado pode ser um documento histórico, assim como qualquer fato pode ser interessante para o conhecimento do passado.

Edu Lyra/Pulsar Imagens

Monumento a Anita Garibaldi, Laguna, Santa Catarina. Estátuas e esculturas também podem ser consideradas documentos históricos. Fotografia de 2012.

Fabio Colombini/Acervo do fotógrafo

Urna funerária marajoara decorada em relevo, século X. Podemos conhecer a cultura material das sociedades indígenas por meio da análise de seus artefatos, como uma urna funerária, recipiente próprio para armazenar as cinzas de um morto ou seus restos mortais. Museu do Forte do Castelo, Belém, Pará.

A contadora de histórias, de Kathleen Atkins Wilson, 2012. Litografia colorida (55 cm × 70 cm). Ilustração representando um griot e um grupo de ouvintes. A tradição oral é muito importante em sociedades africanas. A palavra **griot**, de origem francesa, é utilizada no Brasil para nomear os animadores públicos, músicos e contadores de histórias. Na África cada língua nomeia essa função a sua maneira, como na república do Mali, onde é chamada de **dieli**. Em algumas sociedades essa função é exercida por uma mulher.

Kathleen Atkins Wilson/Acervo da artista

DOCUMENTO

Documentos históricos

Como podemos definir um **documento histórico**?

Um documento histórico é um registro de fatos ocorridos no passado.

O mais conhecido, embora não necessariamente o mais importante, pois depende do tipo de estudo que se pretende, é o **documento escrito** (leis, cartas, escrituras de cartório, diários, etc.).

Os documentos históricos não são sempre documentos escritos. Há diversos tipos de documento, como vimos nas imagens da página anterior.

- **Documentos visuais**: pinturas, esculturas, fotografias, mapas e monumentos são bons exemplos de documentos que são visualizados.
- **Documentos orais**: relatos falados de pessoas que presenciaram algum fato marcante da história ou viveram em uma época que se quer conhecer melhor.

  Em várias sociedades ágrafas (que não tinham sistema de escrita), a história pôde ser conhecida por meio da tradição oral, ou seja, do conhecimento ou da história passados oralmente entre gerações, de pais/mães para filhos/filhas.
- **Documentos arqueológicos**: vestígios de épocas muito antigas, como ruínas de construções, cerâmicas, armas, etc. Com o passar do tempo, tais objetos foram soterrados (afundando cada vez mais em camadas de terra) até serem descobertos por arqueólogos, os estudiosos desse tipo de material.

Além desses, podemos acrescentar os documentos **audiovisuais**, como filmes; os **sonoros**, como músicas, gravações de rádio; e os ligados à história da **cultura material**, como roupas, utensílios domésticos, instrumentos de trabalho, louças, móveis, etc.

Hoje, consideram-se patrimônio histórico aspectos da **cultura imaterial**, como a forma de preparar alimentos, as festas populares, o conjunto de lendas e mitos, etc., que pode ser de um grupo de pessoas, de um município, de um estado ou de um país.

- Faça uma consulta e descubra se no município ou no estado em que você mora existe algum aspecto cultural considerado patrimônio histórico imaterial.

Créditos das imagens de baixo para cima: Kamira/Shutterstock; Reprodução/Coleção José Mindlin/Biblioteca Brasiliana, São Paulo, SP.; Reprodução autorizada por João Candido Portinari/Imagem do acervo do Projeto Portinari ; akg-images/Latinstock; Universal History Archive/The Bridgeman Art Library/Keystone Brasil; Alex Tauber/Pulsar Imagens; Kathleen Atkins Wilson/Acervo da artista.

PUXANDO PELA MEMÓRIA

Após o estudo do capítulo, você manteria sua resposta à pergunta da página 12?

ROTEIRO DE ESTUDOS

O QUE APRENDEMOS?

1 | Por que o tempo que marca o relógio é diferente do tempo histórico?

2 | Qual é a diferença entre um ano, um século e um milênio?

3 | O ensino da História nos países ocidentais, como o Brasil, adota uma cronologia dividida pelas iniciais a.C. e d.C. O que significam essas abreviaturas?

4 | O nome da rua onde você mora tem um significado histórico? Qual? Pesquise.

5 | A praça Castro Alves, em Salvador, na Bahia, é uma das mais antigas e famosas do Brasil. Inicialmente, chamou-se largo do Teatro, mas recebeu outros nomes com o tempo. Em sua homenagem, o músico baiano Caetano Veloso compôs um frevo que começa com o verso "A praça Castro Alves é do povo...". Pesquise a origem dos nomes dados a essa grande praça baiana.

6 | O que é eurocentrismo?

7 | Qual é a relação de Jesus de Nazaré com a periodização da história da humanidade?

8 | Qual é a relação entre cronologia e tempo histórico?

9 | Por que a frase a seguir é falsa?

O estudo da história está baseado na análise de documentos escritos, de modo que os povos que não conhecem a escrita não possuem história.

10 | Por que a Geografia é importante para o estudo da História?

PESQUISA

Já que tratamos dos documentos históricos, observe o exemplo ao lado. É uma página da carta que Pero Vaz de Caminha, escrivão da frota portuguesa que chegou ao Brasil em 22 de abril de 1500, enviou ao rei de Portugal, relatando as primeiras impressões do que aqui foi encontrado.

Agora é sua vez de buscar um documento histórico para mostrar aos colegas. Pode ser algo que tenha importância para você, para sua família ou para sua comunidade. Pode, ainda, ser algo importante para o país ou até para o mundo!

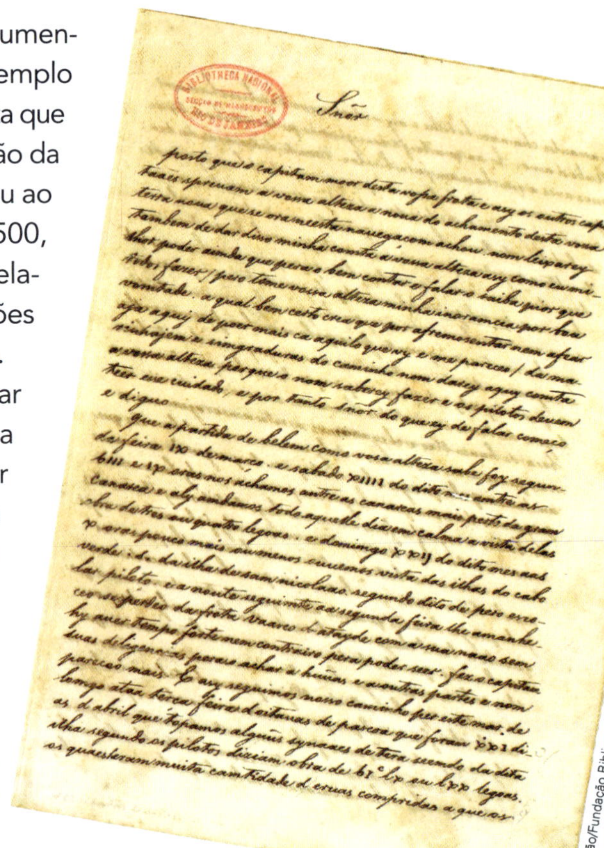

Fac-símile da Carta de Pero Vaz de Caminha. Fundação Biblioteca Nacional, Rio de Janeiro, RJ.

IMAGENS CONTAM A HISTÓRIA

A obra ao lado é do brasileiro Candido Portinari (1903-1962), um dos maiores pintores contemporâneos. O título da pintura é *Retirantes* (1944) e ela representa as condições de vida das populações da região semiárida do Nordeste do Brasil, atingida por longos períodos de estiagem (ausência prolongada de chuvas).

Os portugueses registraram a ocorrência de secas no Nordeste brasileiro desde o século XVI. Mas é certo que as secas atingiam essa região muito antes de sua chegada. Possivelmente, foi uma das causas do deslocamento de grupos indígenas do interior para o litoral.

Em grupo, respondam às questões abaixo.

1 | Qual a visão do pintor sobre a seca?

2 | Justifique o título da pintura.

Retirantes, óleo sobre tela de Candido Portinari, 1944. Museu de Arte de São Paulo Assis Chateaubriand, São Paulo, SP.

O PASSADO PRESENTE

A história é feita de alegrias e tristezas, avanços e retrocessos, assim como a vida de cada indivíduo, em que há recordações de momentos felizes, lembranças de momentos tristes e sentimentos de perda.

Lembrar o que aconteceu no passado é sempre importante, sejam lembranças positivas, sejam doídas.

A história é marcada por tragédias, guerras, preconceitos e intolerâncias de todos os tipos, mas também pelas ações daqueles que lutaram e lutam contra a injustiça e a opressão.

No Brasil, por exemplo, utilizou-se o trabalho de indígenas e de africanos escravizados por muito tempo. Qual é o peso desse sistema de escravidão do passado no cotidiano da população indígena da atualidade? E para a população afrodescendente?

A maioria dos grupos nativos desapareceu. Sobreviveu uma pequena parcela, que hoje luta por seus direitos, como o direito à terra. Os afrodescendentes, principalmente aqueles cuja cor os liga diretamente aos antepassados escravizados, em algumas regiões ou em certas situações são discriminados e sofrem sério preconceito. Mas é preciso considerar que somos uma sociedade mestiça, mesmo que a cor da pele de alguns, aparentemente branca, não os relacione diretamente a seus ancestrais negros ou indígenas.

As respostas para muitas aflições do presente só podem ser descobertas com a lembrança do passado, o estudo da História.

1 | Com base no texto que você acabou de ler, reúna-se com os colegas e, juntos, debatam: o que é melhor ou mais correto em relação a fatos importantes e até mesmo difíceis: esquecer ou recordar?

2 | Anote as conclusões do debate em grupo.

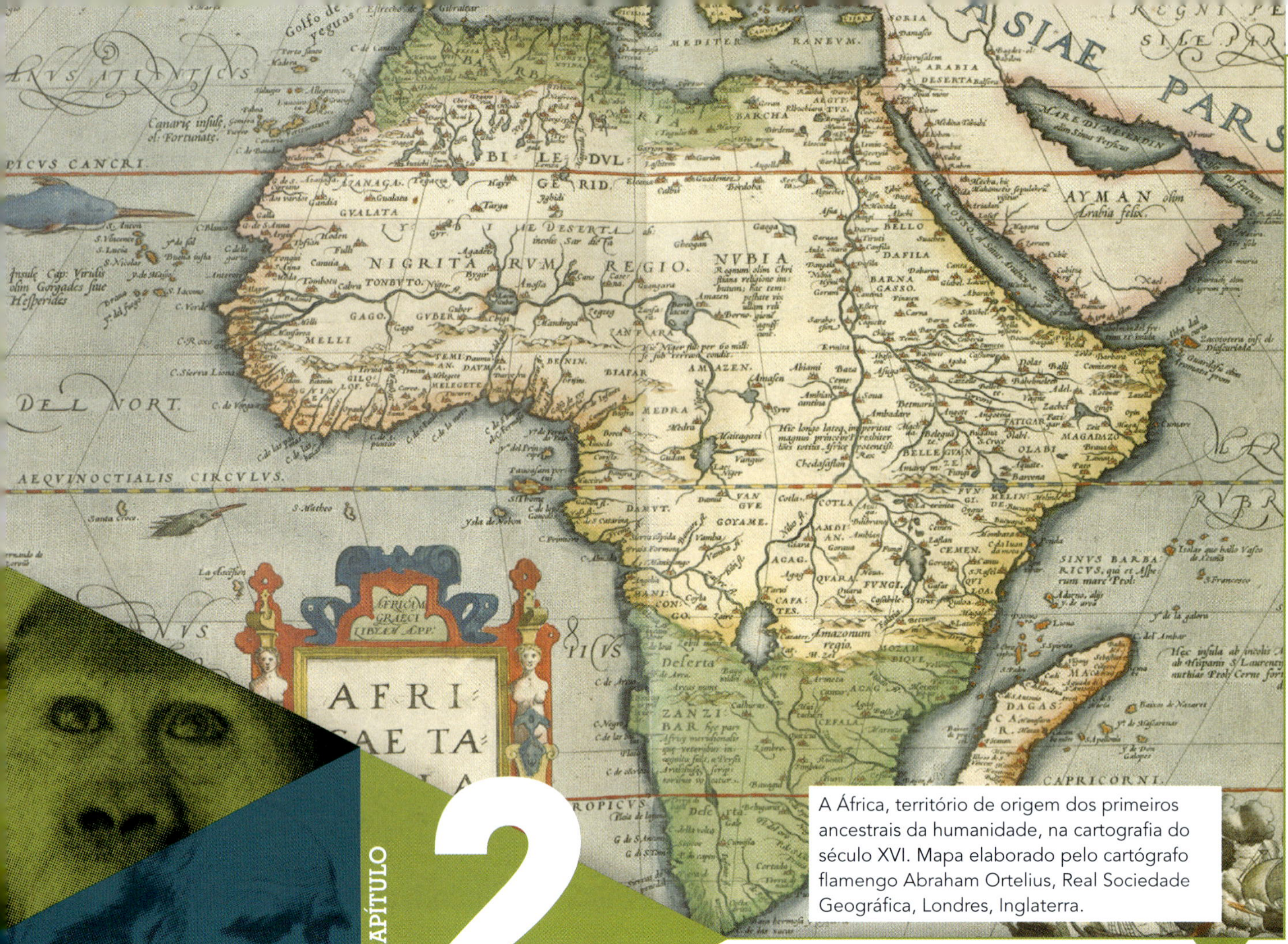

A África, território de origem dos primeiros ancestrais da humanidade, na cartografia do século XVI. Mapa elaborado pelo cartógrafo flamengo Abraham Ortelius, Real Sociedade Geográfica, Londres, Inglaterra.

CAPÍTULO 2

NA ÁFRICA, NOSSOS ANTEPASSADOS

PUXANDO PELA MEMÓRIA

Você sabe o que são fósseis e por que é importante estudá-los?

Em 1994, um grupo de cientistas encontrou quatro pequenos ossos de um pé esquerdo, pertencente a um hominídeo, nas cavernas de Sterkfontein, na província de Gauteng, na África do Sul. Três anos depois, encontraram mais três ossos. Desconfiaram que pertenciam ao mesmo indivíduo e que os demais ossos do esqueleto deveriam estar próximos. Acertaram. Encontraram os outros ossos daquele hominídeo e o batizaram com o nome de Pé Pequeno (tradução do inglês *Little Foot*). Demoraram treze anos para desenterrá-lo totalmente, e é o esqueleto mais completo de um ancestral do ser humano até hoje descoberto.

Ele media cerca de 1,20 metro e podia andar sem o apoio das mãos. Estima-se que viveu entre 2,2 milhões e 3 milhões de anos atrás, mesmo período do *Australopithecus africanus*, também encontrado na África do Sul, em 1924, e de Lucy, um hominídeo descoberto na Etiópia, em 1974, ambos com esqueletos bem menos completos que o de Pé Pequeno.

É certo que os antepassados diretos do ser humano atual, incluindo o *Homo sapiens*, vêm da África, motivo pelo qual o continente africano é considerado o berço da humanidade.

15 bilhões de anos atrás: O *big-bang* dá origem ao Universo.

Planeta Terra, nossa casa tão antiga

O ser humano sempre teve interesse em saber como o nosso planeta, o Sol e as outras estrelas, a Lua, os mares e os animais foram criados. Ao longo da história, vários povos, em diferentes lugares e períodos, procuraram explicar o surgimento do Universo, muitas vezes baseados em sua religião.

Por isso, existem diversas explicações para a origem do Universo, para o surgimento da vida e da natureza. Os gregos antigos, por exemplo, acreditavam que, no início, o Universo era uma grande escuridão, um vazio, governado pelo único deus que existia, conhecido como Caos. Depois surgiu a Terra, chamada de Gaia, que gerou o céu, o mar e as montanhas. Na Bíblia cristã, está escrito que Deus criou o mundo, o ser humano e todas as coisas.

Com o desenvolvimento da ciência, outras explicações foram elaboradas.

No século XX, cientistas descobriram que o Universo surgiu de uma explosão ocorrida há cerca de 15 bilhões de anos. Do resfriamento e endurecimento dos fragmentos dessa explosão surgiram os planetas e as estrelas. Esse evento recebeu o nome de ***big-bang***, que significa "grande explosão".

Alfred Pasieka/SPL/Fotoarena

Imagem conceitual do *big-bang* baseada em dados científicos.

VOCÊ JÁ OUVIU FALAR...

... que há 200 milhões de anos havia somente um continente na Terra, chamado de **Pangeia**, que se dividiu em dois: Laurásia e Gondwana?

E que há 180 milhões de anos o continente Gondwana se dividiu e formou a África, a América do Sul, o sul da Ásia, a Austrália, a ilha de Madagascar, a Arábia e a Antártida?

OUTRAS HISTÓRIAS LUGARES

Dinossauros na América do Sul

Há milhões de anos, dinossauros viveram no território que hoje corresponde à América.

Em 1897, foram descobertos fósseis de pegadas em Sousa, cidade da Paraíba. Com o avanço das pesquisas, a região ficou conhecida como Vale dos Dinossauros.

Lá, existem cerca de cinquenta tipos de pegadas de animais pré-históricos fossilizadas. A mais famosa é a do dinossauro iguanodonte, que tinha 3 metros de altura e 5 metros de comprimento e viveu na região há 130 milhões de anos.

Em 2014, foram achados na Argentina ossos fossilizados do maior dinossauro encontrado até hoje. Pelo tamanho do fêmur (osso da coxa), ele teria 20 metros de altura, o equivalente a um prédio de sete andares.

Fóssil: resto de seres vivos ou vestígio de suas atividades petrificados (isto é, em forma de pedra) há milhares de anos. São conhecidos, por exemplo, plantas, animais (incluindo os humanos) e pegadas fossilizados.

Delfim Martins/Pulsar Imagens

Pegadas de iguanodonte, no Vale dos Dinossauros, em Sousa, Paraíba. O nome **iguanodonte** deve-se ao fato de os dentes encontrados pelos pesquisadores assemelharem-se aos dentes das iguanas. Sousa, Paraíba. Fotografia de 2017.

Adilson B. Liporage/Opção Brasil Imagens

Os estudiosos também encontraram fósseis de mais de dez espécies de dinossauros em outros estados do Brasil. Em 2006, o Museu Nacional da Universidade Federal do Rio de Janeiro apresentou a réplica do maior dinossauro encontrado no país, o *Maxakalisaurus topai*, de 6 metros de altura e 13 metros de comprimento, que vemos na fotografia. Museu Nacional, Rio de Janeiro, RJ. Fotografia de 2016. A maior parte do acervo do Museu Nacional foi destruída pelo incêndio de 2 de setembro de 2018.

1 | Os fósseis são encontrados em várias regiões do mundo onde houve vida, mas não em todas. Você sabe o motivo?

2 | Qual a importância dos estudos arqueológicos para a história do planeta Terra e da humanidade?

A evolução das espécies

Segundo o naturalista inglês Charles Darwin, no livro *A origem das espécies*, publicado em 1859, todos os seres vivos resultaram de um longo processo de mudanças ocorridas em espécies ancestrais. Darwin formulou suas ideias em uma viagem de quase cinco anos pela África, América do Sul e Oceania. Depois de muita pesquisa, ele concluiu que os seres vivos passaram por uma seleção natural ao longo de milhões de anos e que as espécies mais adaptadas ao meio ambiente eram as que deixavam descendentes. As que não se adaptavam desapareciam.

Observe as figuras desta página: ao comparar as girafas com pescoços de tamanhos diferentes, quais delas vão conseguir mais alimentos? As de pescoço mais longo, pois elas conseguem maior quantidade de alimento ao alcançarem também as folhas nos galhos mais altos da árvore, ao contrário das girafas de pescoço curto. Ao longo do tempo, as girafas de pescoço curto foram desaparecendo enquanto as girafas de pescoço mais longo, com melhores condições de sobrevivência, foram se tornando predominantes.

Situações parecidas com esse exemplo aconteceram com vários outros animais. Esse processo de seleção natural foi chamado de **evolução das espécies**. E, assim como aconteceu com outros animais, o ser humano também passou por ele.

Ancestral: o mesmo que antepassado, como pais, avós, bisavós, etc. Também usado para gerações anteriores dos animais em geral.

Descendente: filho, neto, bisneto, etc. de uma pessoa. No caso dos outros animais, podemos usar o termo para os filhotes e os filhos deles.

Ilustração baseada na teoria da evolução das espécies, de Charles Darwin.

Leonardo Conceição/Arquivo da editora

Entre 4 e 2,2 milhões de anos atrás: Período provável em que viveram hominídeos como Pé Pequeno e Lucy, no continente africano.

Hominídeo, o primeiro ser humano

Charles Darwin sofreu muitas críticas em sua época ao dar uma explicação evolutiva, científica, para a origem das espécies e do ser humano, contrariando as visões religiosas. Suas pesquisas foram não só aceitas como ampliaram o conhecimento sobre a evolução das espécies e da humanidade.

O SEU LUGAR NA HISTÓRIA

Como trabalham os arqueólogos?

Disponível em: <http://chc.cienciahoje.uol.com.br/como-trabalham-os-arqueologos/>. Acesso em: 17 abr. 2018.

Esse artigo evidencia a importância do trabalho dos arqueólogos na reconstituição da história de povos que deixaram de existir, a partir da análise de vestígios que encontram sob o solo.

Você conhece algum lugar em sua cidade que expõe vestígios dos antepassados dos seres humanos ou de animais e plantas pré-históricos? Pode ser uma gruta, uma pintura rupestre, um fóssil. Se não existir, pesquise na biblioteca de sua escola ou de seu município museus de história natural ou lugares que preservam esses registros de vidas passadas.

O QUE HÁ NA IMAGEM?

O que a charge abaixo quer demonstrar?

Illustration by Graphica Artis/Getty Images

Um orangotango venerável, caricatura irônica de Charles Darwin, publicada na revista inglesa *The Hornet*, em 1871.

Hominídeo: mamífero primata que se locomove sempre ou quase sempre sobre os pés e apresenta fortes aptidões para a vida em sociedade e para o aprendizado, tal como o ser humano atual e as espécies fósseis consideradas ancestrais possíveis da nossa espécie, como Lucy e Pé Pequeno.

Seres humanos e algumas espécies de macacos têm um ancestral comum, declarou Charles Darwin no livro *A origem do homem*, publicado em 1871. A partir dessa declaração, outros cientistas seguiram em busca do ancestral mais antigo do ser humano. A maioria considerou que o primeiro hominídeo surgiu entre 7 e 3 milhões de anos atrás.

Os fósseis desses primeiros hominídeos foram encontrados na África do Sul. Eles eram baixos (mediam cerca de 1,5 metro), andavam meio curvados (mas já utilizavam as mãos para pegar pedras e ossos) e alimentavam-se de frutas, raízes e sementes. Sua espécie foi chamada de *Australopithecus africanus*.

Provavelmente outros hominídeos viveram na mesma época em que o *Australopithecus africanus*, como Lucy (*Australopithecus afarensis*) e Pé Pequeno (*Australopithecus prometheus*), ambos com idade entre 2,2 e 4 milhões de anos.

P. Plailly/E. Daynes/SPL/Fotoarena

Reconstituição do hominídeo *Australopithecus africanus*. A palavra **australopiteco** significa "macaco do sul". Essa denominação decorre de os fósseis desses hominídeos terem sido encontrados no sul do continente africano.

O Período Paleolítico

Para entender as origens dos seres humanos atuais, os cientistas dividiram a evolução da humanidade em longos períodos. O primeiro é chamado de Paleolítico. Iniciado há cerca de 4 milhões de anos e encerrado em torno de 10 mil a.C., foi o período mais longo da história da humanidade, quando também apareceram os hominídeos mais próximos do ser humano atual.

O Paleolítico também foi chamado de **Idade da Pedra Lascada**, porque os seres humanos conseguiram construir ferramentas retirando lascas de pedras para torná-las mais pontudas e cortantes. Os grupos humanos dessa época eram nômades, pois sempre mudavam de lugar em busca de regiões de clima ameno e com oferta de alimento e água suficientes. Os homens caçavam, pescavam e protegiam o grupo; as mulheres colhiam vegetais e frutas, preparavam a comida e cuidavam das crianças.

Nômade: aquele que não tem moradia fixa, mudando, de tempos em tempos, de um lugar para outro.

Os hominídeos ancestrais do ser humano foram denominados pelos estudiosos com termos que se relacionam a alguma característica marcante que tiveram. Por exemplo, há cerca de 2,2 milhões de anos, viveu o *Homo habilis* (homem hábil), que desenvolveu habilidade para construir alguns instrumentos de madeira e de pedra.

O grande salto na evolução do ser humano ocorreu 1,5 milhão de anos atrás, quando nossos ancestrais passaram a manter a coluna reta e a andar sobre os dois pés. Por isso, esse hominídeo foi chamado *Homo erectus* (homem ereto). Ele era mais alto, enxergava mais longe, construía ferramentas mais eficazes, caçava com agilidade e registrava acontecimentos de seu dia a dia em pinturas nas paredes das cavernas onde vivia. Sua principal conquista foi aprender a usar o fogo e a controlá-lo.

Há 200 mil anos, alguns grupos humanos começaram a se comunicar por meio da fala para compartilhar ideias. Essa habilidade caracterizou uma nova espécie, chamada *Homo sapiens* (homem que sabe), que se espalhou da África para outros continentes cerca de 70 mil anos atrás.

FIQUE DE OLHO

SWINNEN, Colete. *A Pré-História passo a passo*. São Paulo: Companhia das Letras, 2010.

Livro que aborda vários aspectos da Pré-História, do surgimento do ser humano à invenção da escrita. Traz ilustrações e atividades divertidas.

O domínio do fogo

A observação da natureza, dos animais e do mundo ao redor levou os seres humanos a muitas conquistas. O controle do fogo foi muito importante na vida dos primeiros hominídeos, mas esse aprendizado não foi fácil. Primeiro, perceberam que o fogo surgia espontaneamente na natureza, fosse por efeito de um raio ou de um incêndio espontâneo. Perceberam também que o vento reacendia as brasas e mantinha o fogo aceso.

Com o tempo, os seres humanos descobriram que o atrito constante entre dois pedaços de madeira seca podia aquecer a ponto de gerar uma chama, assim como o atrito entre pedras podia gerar faíscas; também perceberam que, se colocassem folhas secas, a chama aumentava. Com o domínio do fogo, os seres humanos puderam aquecer-se quando estava frio, iluminar o interior das cavernas, defender-se de animais e cozinhar seus alimentos. Puderam, então, adaptar-se e viver em diversas partes do mundo, até mesmo em regiões geladas.

Unesco: sigla da Organização das Nações Unidas para a Educação, Ciência e Cultura (em inglês, United Nations Educational, Scientific and Cultural Organization).

OUTRAS HISTÓRIAS ARTES

Arte rupestre

As pinturas feitas pelos primeiros seres humanos em cavernas, abrigos ou até ao ar livre são chamadas de **arte rupestre**.

Animais, plantas e cenas de caça eram desenhados na pedra. No Período Neolítico, os seres humanos passaram a aparecer nos desenhos.

As cavernas de Lascaux, na França, são famosas pela variedade e pelo tamanho das figuras.

No Brasil, as pinturas rupestres mais importantes estão no Parque Nacional da Serra da Capivara, no Piauí.

Jean Daniel Sudres/Aurimages/Agência France-Presse

Pinturas rupestres da caverna de Lascaux, patrimônio mundial da Unesco. Dascaux, França. Fotografia de 2017.

- Escreva um pequeno texto descrevendo a cena representada nessa pintura rupestre.

O Período Neolítico

IP Archive/Glow Images

Artefato neolítico visto de três pontos de vista, encontrados em La Quina, Gardes-le-Pontaroux, Charente, França.

O Neolítico durou de 9000 a.C. a 6000 a.C. Esse período também é conhecido por **Idade da Pedra Polida**, porque nele os seres humanos passaram a polir as pedras, desenvolvendo instrumentos mais afiados e eficientes.

Criaram o arco e a flecha, construíram embarcações e inventaram a roda. Estas duas últimas invenções possibilitaram que se deslocassem para locais mais distantes e transportassem objetos com facilidade.

Nesse período, os seres humanos passaram a cultivar os alimentos – agricultura – e começaram a domesticar animais como ovelhas, porcos e bois. Produzir o próprio alimento foi condição fundamental para os grupos humanos se fixarem em um local, tornando-se sedentários.

O artesanato também se desenvolveu. Potes de cerâmica eram feitos para cozinhar, guardar e transportar alimentos. Roupas passaram a ser tecidas com lãs de animais e fibras vegetais. Pouco a pouco, os seres humanos começaram a construir casas com madeira, barro, pedra e folhas secas e abandonaram as cavernas.

Muitos grupos passaram a produzir mais alimento do que necessitavam, o que levou a grandes transformações. Os alimentos excedentes eram armazenados para os momentos de escassez ou trocados com outras comunidades por ferramentas, cerâmicas, armas, roupas e outros tipos de alimentos.

A partir desse processo, surgiram as primeiras aldeias e, depois, as cidades. Essas mudanças foram tão importantes para as primeiras comunidades humanas que os pesquisadores chamam esse momento de **Revolução Neolítica**.

Em torno de 3300 a.C., os seres humanos desenvolveram utensílios e armas muito mais eficazes, feitas de bronze, matéria bastante resistente produzida a partir da mistura do cobre com o estanho. Estava inaugurada a **Idade do Bronze**.

Sedentário: povo ou comunidade que se fixa em determinado lugar, onde é capaz de produzir o próprio alimento.

IP Archive/Glow Images

Reprodução em escala reduzida de uma aldeia neolítica do Leste Europeu. Museu de História e Arqueologia, Piatra Neamt, Romênia.

FIQUE DE OLHO

OLIVIERI, Antonio Carlos. *Pré-História*. São Paulo: Ática, 2004. (Coleção Cotidiano da História).

Nesse livro, a conversa entre um antropólogo e seu sobrinho leva o leitor a uma interessante viagem pelo tempo, por meio da qual aprenderá mais sobre a Pré-História e as transformações físicas e culturais do ser humano.

1 Continente africano: regiões e povos

Como conhecer a história dos diversos povos que viveram na África e as épocas em que controlaram o fogo e domesticaram animais e plantas? É uma tarefa difícil, dizem os especialistas. As principais fontes são as arqueológicas, mas nem todos os terrenos se prestaram à formação de fósseis que permitam um estudo. Dessa forma, somente hipóteses podem ser apresentadas.

Acredita-se que os grupos de *Homo sapiens* se desenvolveram na África há cerca de 70 mil anos e espalharam-se pelo mundo. Depois, muitos grupos domesticaram as plantas e os animais, tornando-se sedentários.

O fogo foi comprovadamente utilizado pelas populações da África há, pelo menos, 60 mil anos. A agricultura, por sua vez, desenvolveu-se em certas áreas, principalmente nas savanas, entre 4 mil e 3 mil anos antes de Cristo. Animais como jumento, gato, galinha-d'angola, carneiro e boi foram domesticados. Mas foi a caça um dos principais recursos para a alimentação.

A grande quantidade e variedade de animais do continente permitiu que os grupos humanos se dedicassem à caça durante milênios, aprimorando técnicas de captura e de abate dos animais. Além disso, o caçador habilidoso tinha destaque social e político em várias sociedades.

Merzouga, aldeia bérbere, localizada na antiga rota de caravanas entre o deserto do Saara e Marrakech, no atual Marrocos. Fotografia de 2018.

AndAnas/Shutterstock

5 mil anos atrás: Domesticação dos animais pelos habitantes do Saara.

A África tem três grandes zonas climáticas: o deserto, a savana e a floresta equatorial. As diferenças entre os povos do norte e os do centro e do sul da África estão diretamente relacionadas ao modo como cada um deles lidou com as condições naturais da região que habitava.

Vegetação da África

Ericson G. Luciano/Arquivo da editora

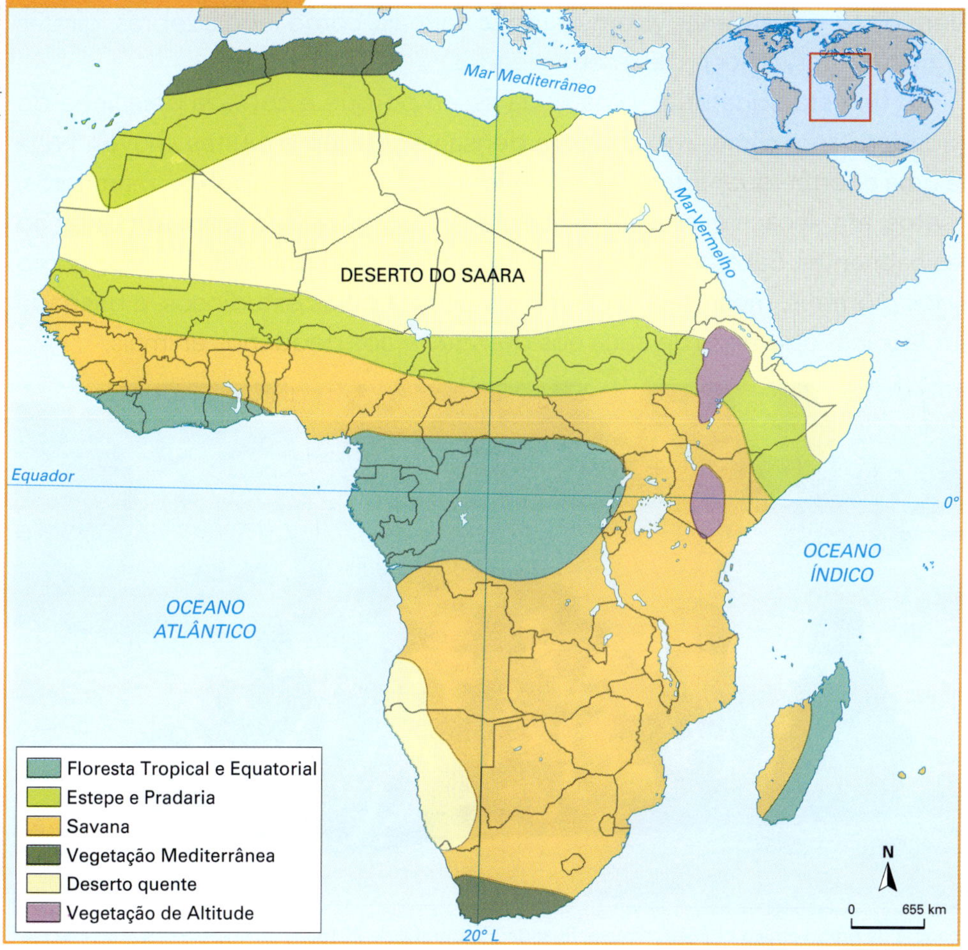

Fonte: elaborado com base em CALDINI, Vera; ÍSOLA, Leda. *Atlas geográfico Saraiva*. São Paulo: Saraiva, 2013. p. 172.

O Saara

O Saara é um deserto que abrange a maior parte do norte da África, estendendo-se do mar Vermelho ao oceano Atlântico. Ali, a água é escassa e a ação dos ventos altera constantemente o formato das dunas de areia. O calor é intenso durante o dia, mas as noites são muito frias.

Escasso: que existe em pequena quantidade.

A região onde hoje está localizado o deserto do Saara, entretanto, já foi coberta de vegetação e até de algumas florestas e povoada por variados grupos humanos e por muitos animais. Os povos que primeiro domesticaram os animais apareceram ali, por volta de 5000 a.C., conduzindo rebanhos de gado, cabras e carneiros.

A partir de 3000 a.C., essa enorme área entrou em acelerado processo de desertificação, levando muitos grupos humanos e animais a migrar para outras regiões em busca de água e alimento.

Entre 4 000 a.C. e 3 000 a.C.: Desenvolvimento da agricultura em regiões da savana africana.

CÁ ENTRE NÓS

Os pigmeus são povos nômades, caçadores de animais e coletores de vegetais. Ocupavam inicialmente as savanas, mas foram empurrados para a floresta por povos sedentários agricultores. Seu número hoje é bastante reduzido. Eles desenvolveram grande habilidade no manejo de lanças, arcos e flechas e na produção de armadilhas para caçar animais.

Savanas e florestas

Os povos das savanas foram os primeiros grupos africanos a desenvolver a agricultura e a se sedentarizar, talvez porque a caça e a coleta eram difíceis naquela região. Ali a vegetação é rala e a estação seca é bastante longa. Predominam as gramíneas (capim, grama, etc.) e há poucas árvores. Além disso, nas savanas vivem grandes animais, como leões, zebras, girafas e rinocerontes, difíceis de serem caçados.

A floresta equatorial – chamada assim porque é cortada pela linha do equador – tem clima tropical, com densa vegetação e muitas chuvas. Nela há uma enorme quantidade de espécies de plantas, aves, peixes, mamíferos, insetos, etc. A caça e a coleta de plantas comestíveis fornecem alimentação aos habitantes. Sabe-se que a organização social dos povos da floresta, como a dos pigmeus, mesmo que pouco conhecida pelos estudiosos, é baseada em técnicas apuradas de caça aos grandes e aos pequenos animais.

Marian Galovic/Shutterstock

Crianças de grupo étnico pigmeu. Kibuye, Ruanda. Fotografia de 2016.

Sonjabelle/Shutterstock

Artush/Shutterstock

Michaeljung/iStockphoto/Getty Images

Nas savanas africanas, safáris turísticos são organizados para a observação de animais selvagens, como leões (fotografia de 2017), rinocerontes (fotografia de 2018) e girafas (fotografia de 2015), em seu ambiente natural.

3 mil anos a.C.: Aceleração do processo de desertificação do Saara.

A diversidade humana

Descobertas de fósseis como os de Pé Pequeno, de Lucy e do *Australopithecus africanus* demonstram que o ser humano atual surgiu na África e que, de lá, grupos migraram para outros continentes. Mas as sociedades surgidas nesse processo variaram muito em organização e modos de vida. Isso significa que o desenvolvimento da espécie humana não ocorreu no mesmo ritmo nem na mesma direção.

A única certeza que se tem, entre os cientistas, é que todos os seres humanos, hoje, fazem parte da mesma espécie – o *Homo sapiens* – e que uma sociedade não é melhor nem pior, nem mais ou menos desenvolvida do que outra. São, somente, diferentes.

Mulheres e homens fazem a própria história. As condições geográficas ou climáticas impõem certos limites, mas não determinam suas escolhas. O ser humano, na verdade, continua mudando, mas as mudanças demoram centenas ou milhares de anos para serem percebidas.

Horst Klemm/Alamy/Fotoarena

Caçadores bosquímanos no deserto da Namíbia, África. Fotografia de 2014.

Sebastien Rieussec/Agência France-Presse

Imagem atual da cidade de Tombuctu, tombada pela Unesco como Patrimônio da Humanidade, embora suas construções estejam ameaçadas. Criada no século XI, foi organizada como um grande centro de negócios e um dos mais importantes mercados da região ao redor do deserto do Saara. Hoje faz parte do Estado do Mali. Fotografia de 2016.

Créditos das imagens de baixo para cima: IP Archive/Glow Images ; Reprodução/Museus e Galerias do Vaticano, Cidade do Vaticano, Roma, Itália; 2015 King Features Syndicate/Ipress; 2015 King Features Syndicate/Ipress; Jean Daniel Sudres/Aurimages/Agência; Elisabeth Dayne/SPL/Latinstock; Science Photo Library/AKG-images/Latinstock.

PUXANDO PELA MEMÓRIA

Após o estudo do capítulo, você manteria sua resposta à pergunta da página 28?

Reprodução autorizada por João Candido Portinari/Imagem do acervo do Projeto Portinari

ROTEIRO DE ESTUDOS

O QUE APRENDEMOS?

1 | O que foi o *big-bang*?

2 | Que relação existe entre o Saara, a floresta e a savana?

3 | Faça uma tabela com as informações deste capítulo sobre o *Homo habilis* e o *Homo sapiens*.

4 | A África é o único continente onde se encontram fósseis de todos os estágios do desenvolvimento do ser humano, desde o *Australopithecus* até o *Homo sapiens*. O que essa afirmativa quer dizer?

5 | Relacione nomadismo com o Período Paleolítico.

6 | O que é arte rupestre? Por que ela é importante para o conhecimento do ser humano?

7 | Por que o Período Neolítico é também chamado de Idade da Pedra Polida?

8 | A Revolução Neolítica foi um período muito importante para o desenvolvimento do ser humano. Explique, com suas palavras, o que foi essa revolução.

9 | Leia esta frase da Declaração das Raças, relatório emitido pela Unesco em 18 de julho de 1950:

"Na realidade, a 'raça' é menos um fenômeno biológico do que um mito social".

Sabendo que **mito** significa "origem lendária ou fantasiosa" e **biologia** significa "estudo da vida", responda: O que essa frase quer dizer?

10 | Por que a frase seguinte é falsa?

A principal característica do *Homo erectus* é que ele passou a pegar pequenos objetos com a mão.

PESQUISA

Uma das invenções mais antigas e importantes para a humanidade foi a roda. Os primeiros registros de veículos com rodas foram achados na Mesopotâmia e datam do quarto milênio a.C. É fácil imaginar como a vida do ser humano se modificou com essa novidade.

Pesquise pelo menos três outras grandes invenções de qualquer período histórico que facilitaram nossa vida e explique por quê.

The Bridgeman Art Library/Fotoarena

Carro mesopotâmico feito de pedra, entre 2000 a.C. e 1595 a.C. Museu do Iraque, Bagdá.

IMAGENS CONTAM A HISTÓRIA

A criação de Adão, afresco de Michelangelo Buonarroti, 1508-1512. Capela Sistina, Estado da Cidade do Vaticano, Itália.

A origem do planeta Terra e da humanidade é assunto muito controvertido. Isso porque até o século XIX, no mundo ocidental, a principal explicação aceita era religiosa: tudo foi criado por Deus, como está na Bíblia, no livro do Gênesis, que conta em detalhes como Deus criou o mundo e os seres humanos. Esse tipo de interpretação é conhecido como teoria criacionista.

A imagem *A criação de Adão*, reproduzida acima, é um afresco do artista italiano Michelangelo. Afrescos são pinturas feitas sobre uma superfície (parede, teto ou muro) com base de gesso ou argamassa, geralmente em forma de mural. Ele representa a interpretação criacionista dos seres humanos.

A obra *A criação de Adão* compõe a decoração do teto da Capela Sistina, localizada na Cidade do Vaticano, uma cidade-Estado da Igreja católica dentro de Roma, na Itália.

- Observe atentamente o afresco e descreva a cena representada. Em seguida, responda: qual é a relação entre essa obra de arte e as ideias de Darwin sobre a origem da humanidade?

O PASSADO PRESENTE

O *cartoon* ao lado faz uma crítica, de forma irônica, à ideia de evolução do ser humano. Observe-o com atenção.

Cartoon de Dan Piraro. Publicado no *site* bizarro.com em 30 dez. 2007.

- Com base na imagem, discuta com os colegas o comportamento do ser humano em relação ao planeta.

Pintura rupestre no Parque Nacional da Serra da Capivara. Coronel José Dias, Piauí. Fotografia de 2018.

CAPÍTULO 3

O POVOAMENTO DO CONTINENTE AMERICANO

PUXANDO PELA MEMÓRIA

Você sabe por que a expressão "Novo Mundo" demonstra o ponto de vista europeu sobre o continente americano?

Na época dos descobrimentos, nosso continente foi chamado de Novo Mundo, além de Índias e, depois, América. Este foi o nome que prevaleceu, como homenagem ao navegador Américo Vespúcio. Foi ele quem percebeu, pela primeira vez, que aquela parte do planeta descoberta em 1492 era um novo continente, de proporções ainda desconhecidas dos europeus.

Os primeiros relatos escritos sobre a história dos povos americanos foram feitos pelos europeus que os conquistaram, especialmente os espanhóis. Mas esses europeus que chegaram ao Novo Mundo ignoravam como ele havia sido povoado, milhares de anos antes.

Nesses relatos, os conquistadores utilizaram, como seria de se esperar, o ponto de vista europeu, ocultando ou desmerecendo as culturas indígenas. Ainda assim, alguns deles propuseram explicações para a origem desses povos que, muito mais tarde, foram confirmadas. O padre espanhol José de Acosta foi uma das pessoas que escreveu sobre os povos americanos no século XVI.

Créditos das imagens de baixo para cima: Moises Saba/Tyba; Akarawut/Shutterstock; Eye Ubiquitous/UIG/Getty Images; The Bridgeman Art Library/Fotoarena; G. Dagli Orti/De Agostini Picture Library/Easypix; Alessandro Viana/Tyba.

Como o continente americano foi povoado?

A origem dos povos americanos motivou muita discussão entre os estudiosos europeus. A questão era saber se os nativos da América tinham surgido no próprio continente ou se tinham vindo de outra região do planeta.

De maneira geral, os europeus consideravam que os povos da América tinham vindo de fora, mas não sabiam de onde exatamente. Tudo era muito vago.

As primeiras explicações, de origem religiosa, foram buscadas na Bíblia, embora nela não houvesse referência a esses povos. Alguns estudiosos disseram que os nativos do Novo Mundo descendiam de Cam, um dos filhos de Noé. Outros diziam que eles eram descendentes de tribos de Israel que se perderam na fuga do Egito.

O SEU LUGAR NA HISTÓRIA

Reúna-se em grupo com alguns colegas e façam uma breve pesquisa na vizinhança sobre a seguinte pergunta: "De onde vieram os indígenas do Brasil?". Cada estudante deve entrevistar cinco pessoas. Depois, em sala de aula, organizem os resultados das entrevistas e apresentem-nos para a turma.

G. Dagli Orti/De Agostini Picture Library/Easypix

Ataque noturno a uma aldeia indígena com flechas em chama, gravura de Theodor de Bry, 1563. Castelo de Vincennes, Paris, França.

Origem asiática?

No livro *História natural e moral das Índias*, de 1590, o padre espanhol José de Acosta sugeriu que o continente americano tinha sido povoado por "selvagens caçadores vindos da Ásia". Uma opinião muito avançada para uma época em que quase tudo era explicado por meio da religião. O tempo mostraria que Acosta tinha razão.

A explicação de Acosta não foi aceita imediatamente. Surgiram outras teorias sobre a chegada do ser humano na América. Alguns disseram que os nativos descendiam dos *vikings*. Outros disseram que tinham vindo das ilhas do oceano Pacífico. Houve quem questionasse se os nativos não descenderiam de seres extraterrestres.

Vikings: povo escandinavo ativo especialmente entre os séculos VIII e XI. De acordo com alguns estudiosos mais antigos, em plena Idade Média os *vikings* teriam alcançado o território que seria chamado, no futuro, de América.

40 mil anos atrás: Início da chegada do ser humano à América pelo estreito de Bering.

Explicações científicas

Foi somente no final do século XIX que a suposição de José de Acosta foi confirmada, quando o etnólogo norte-americano D. G. Brington sugeriu que o povoamento do continente americano teria começado há 40 mil anos por povos vindos da Ásia. O povoamento teria ocorrido através do ponto mais próximo entre os continentes asiático e americano, conhecido como estreito de Bering.

Como não havia, naquele período, embarcações capazes de atravessar o estreito de Bering, os pesquisadores relacionaram o povoamento do continente americano à última Era Glacial. Durante esse período, aquela região estaria coberta de gelo, podendo ser atravessada a pé. Deram até um nome para ela: Beríngia.

VOCÊ JÁ OUVIU FALAR

... que **Era Glacial** é o nome dado a um dos períodos da vida do planeta Terra? Durante esse período, ocorreu a glaciação, fenômeno em que a temperatura caiu muito e foram formadas enormes geleiras nas regiões montanhosas e nos polos Norte e Sul do globo terrestre. Parte das águas dos oceanos ficou retida nessas geleiras, ocasionando a diminuição do nível do mar. Os cientistas estimam que houve, pelo menos, cinco glaciações na história do planeta. Na última, que ocorreu há cerca de 100 mil anos e durou de 50 mil a 90 mil anos, conviveram um dos ancestrais mais antigos do *Homo sapiens* e os mamutes, ancestrais dos elefantes.

OUTRAS HISTÓRIAS LUGARES

Beríngia

Os cientistas deram o nome de Beríngia à região que teria permitido a travessia da Ásia para a América.

Ainda não há evidências suficientes que comprovem que a Beríngia existiu de fato. Mas, se existiu, terá sido muito importante para o povoamento da América.

Essa teoria demonstra a importância da integração dos estudos de Geografia e História.

Estreito de Bering e a região da Beríngia

Ericson G. Luciano/Arquivo da editora

Fonte: elaborado com base em VICENTINO, Cláudio. *Atlas histórico*. São Paulo: Scipione, 2011. p. 20-21.

- Elabore um texto explicando o fenômeno natural que comprova a importância da Geografia para a história do povoamento do continente americano.

Entre 13 mil e 11 mil anos atrás: Viveu Luzia, integrante de um grupo humano que habitava a região de Lagoa Santa, Minas Gerais.

Outras hipóteses

No início do século XX, surgiram outras possibilidades, mas sem negar a rota pelo estreito de Bering. O etnólogo Paul Rivet, por exemplo, fundador do Museu do Homem, em Paris (1937), sugeriu que o povoamento tinha se dado por diversas rotas, provenientes não apenas da Ásia, mas também da Oceania. Acrescentou, ainda, que algumas migrações tinham ocorrido há 40 mil anos e outras em tempos mais recentes, entre 6000 e 3000 a.C.

Migração: deslocamento de grupos populacionais entre dois espaços geográficos.

A ideia de que o povoamento da América tenha se originado de regiões distintas da Terra fundamentava-se em um argumento forte: as culturas e as línguas dos povos americanos eram muito diferentes entre si. Como teriam se formado mais de 2600 línguas se todos os grupos que chegaram à América tivessem partido de um mesmo lugar?

A arqueóloga franco-brasileira Niède Guidon defende outra hipótese de povoamento da América:

> Segundo Niède, o material arqueológico resgatado até agora no Piauí [no Parque Nacional da Serra da Capivara] [...] indica que o homem chegou à região há cerca de 100 mil anos. A pesquisadora acredita que o *Homo sapiens* deve ter vindo da África por via oceânica, atravessando o Atlântico. Houve uma grande seca na África e o homem teria ido para o mar procurar comida. Tempestades o empurraram oceano adentro. "O mar estava então 140 metros abaixo do nível de hoje, a distância entre a África e a América era muito menor e havia muito mais ilhas" [...].

Arqueóloga diz que o *Homo sapiens* já estava no Piauí há 100 mil anos. *Revista Pesquisa Fapesp*. São Paulo, abr. 2008. Disponível em: <http://revistapesquisa.fapesp.br/2008/12/01/niede-guidon/>. Acesso em: 26 abr. 2018.

Rotas migratórias dos povos pré-históricos

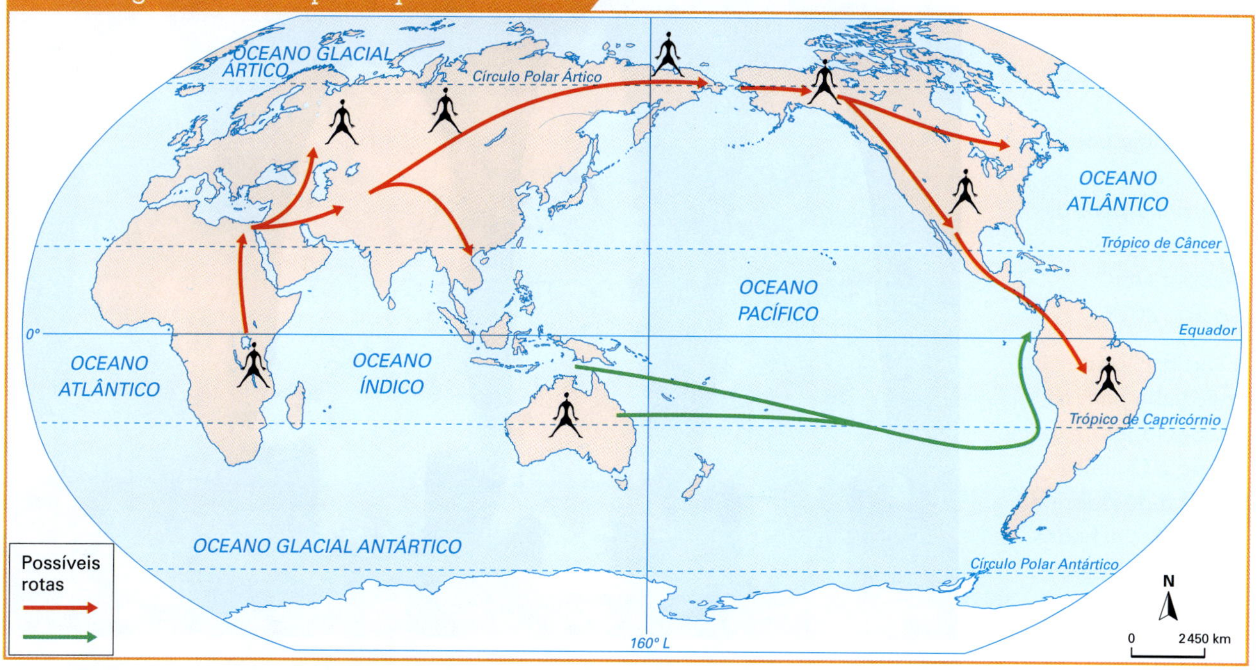

Fontes: elaborado com base em NAQUET-VIDAL, Pierre; BERTIN, Jacques. *Atlas histórico*: da Pré-História aos nossos dias. Lisboa: Círculo dos Leitores, 1987. p. 18; ATLAS histórico escolar. Rio de Janeiro: FAE, 1991. p. 50.

9000 a.C.: Povos caçadores já utilizavam, em algumas regiões do continente, lanças com pontas de sílex.

Descobertas arqueológicas

Nas planícies da América do Norte, no final da década de 1920, foram encontrados vestígios arqueológicos que datam de 9000 a.C.

São pontas de lanças feitas de sílex, uma rocha muito dura, dotadas de uma base côncava e pequenos sulcos dos lados.

Elas foram chamadas pelos arqueólogos de **pontas Clóvis**, e possivelmente eram utilizadas para caçar bisões.

As técnicas de produção de armas e ferramentas dos povos que habitavam o continente americano, entretanto, eram muito diferentes entre si. Entre os povos caçadores, alguns utilizavam instrumentos de pedra, enquanto outros produziam armas feitas de bambu e madeira.

Um povo, contudo, não deve ser considerado inferior ou superior a outro. Cada grupo produzia instrumentos adequados ao ambiente em que vivia. Os povos da cultura *Cochise*, que habitavam a região desértica dos atuais Estados Unidos, desenvolveram armas de pedra adaptadas à caça naquela região. Já os povos amazônicos produziam instrumentos pontiagudos de bambu ou madeira, excelentes para a pesca fluvial.

Houve povos que, além de aperfeiçoar seus instrumentos de caça, iniciaram o cultivo da terra, aumentando assim as chances de sobrevivência e levando ao crescimento numérico do grupo. Dessa forma, alguns grupos do continente americano deixaram, pouco a pouco, de ser nômades e tornaram-se sedentários. Esse processo aconteceu, inicialmente, no atual México e, logo depois, na região andina da América do Sul.

Côncavo: superfície que apresenta uma depressão, uma parte escavada. O contrário de côncavo é convexo. Para diferenciar os dois adjetivos, posicione uma mão em forma de concha. O lado da palma de sua mão é a superfície côncava; o lado oposto, a superfície convexa.

Fluvial: relacionado a rios. A pesca fluvial é aquela realizada em rios. Quando é realizada em mares e oceanos, é chamada de pesca marítima.

FIQUE DE OLHO

Química e Arqueologia

Disponível em: <http://chc.cienciahoje.uol.com.br/uma-maozinha-para-os-arqueologos/>. Acesso em: 26 abr. 2018.

O artigo "Uma mãozinha para os arqueólogos" explica como a Química ajuda a descobrir a idade dos achados arqueológicos.

Phil Degginger/Alamy/Fotoarena

As lanças com pontas Clóvis eram muito eficientes para caçar.

7000 a.C.: Registro do uso de cerâmica por grupos que habitavam a região do Parque Nacional da Serra da Capivara, no Piauí.

Sítios arqueológicos brasileiros

Estudar indivíduos que habitaram o Brasil há milhares de anos parece estranho, pois na Idade da Pedra não existia nenhum Brasil, nem qualquer outro país. Por esse motivo, os arqueólogos consideram os países que definem a divisão política do mundo de hoje apenas uma referência para a localização espacial dos sítios arqueológicos.

No município de Lagoa Santa, no atual estado de Minas Gerais, foi descoberta a evidência do ser humano mais antigo que teria vivido na América. Os pesquisadores encontraram um crânio datado de 11 mil a 13 mil anos atrás, que parece ter pertencido a um indivíduo com idade entre 20 e 25 anos. Inicialmente, o indivíduo foi chamado de "Homem da Lagoa Santa". Mas, como a maioria dos estudiosos defendeu que o crânio teria sido de uma mulher, o indivíduo passou a ser chamado de "Luzia".

Outra evidência arqueológica encontrada no atual território brasileiro são os sambaquis, aglomerados de materiais orgânicos e calcários, principalmente conchas, construídos por seres humanos. Neles, encontram-se fósseis e vestígios de atividades humanas. Os sambaquis mais antigos datam de 6000 a.C. e reúnem vestígios de povos caçadores que usavam pontas de pedra polida. Os sítios arqueológicos com os sambaquis mais preservados já encontrados no Brasil localizam-se no litoral do estado de Santa Catarina.

Sambaqui: palavra de origem tupi que significa "monte de conchas". Apesar do nome, os sambaquis contêm, muitas vezes, conchas, cascas de árvore ou pedaços de pedra.

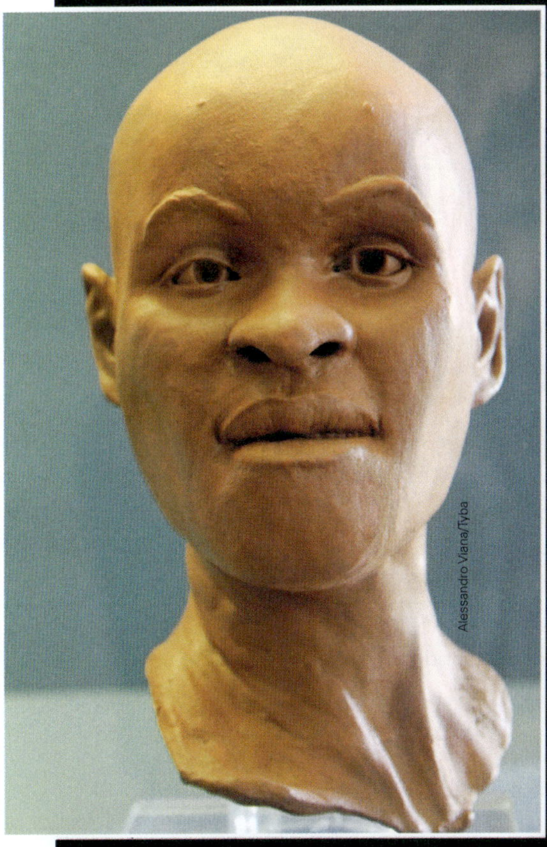

Reconstituição do rosto de Luzia a partir do crânio encontrado em Lagoa Santa, Minas Gerais. Museu Nacional do Rio de Janeiro, RJ.

Alessandro Viana/Tyba

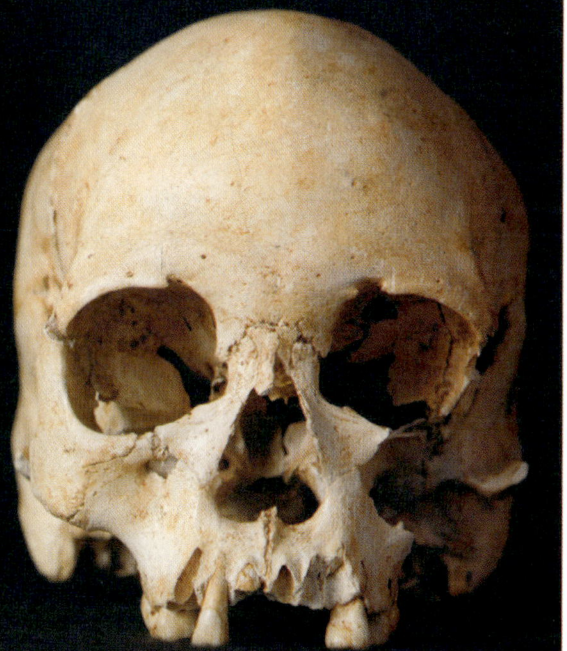

Crânio de Luzia, encontrado em Lagoa Santa, Minas Gerais. Museu Nacional do Rio de Janeiro, RJ. A maior parte do acervo do Museu Nacional foi destruída pelo incêndio de 2 de setembro de 2018. No entanto, dois dias depois um bombeiro encontrou um crânio entre os escombros que pode ser o de Luzia, a critério de análise de especialistas.

Marizilda Cruppe/Agência O Globo

OUTRAS HISTÓRIAS MODOS DE VIVER

Os habitantes dos sambaquis

Em 2006, o biólogo Mark Hubbe apresentou os resultados da análise de 22 esqueletos que permitiu datá-los de 1200 anos atrás. Esses esqueletos foram encontrados no sítio arqueológico Porto do Rio Vermelho, em Santa Catarina.

O biólogo constatou que cinco esqueletos eram de crianças, seis de homens e oito de mulheres. Não foi possível determinar o sexo de três esqueletos, pois estavam muito fragmentados.

De acordo com a análise de Mark Hubbe, os habitantes dos sambaquis viviam da pesca e da coleta de moluscos e consumiam poucos vegetais. Os esqueletos aparentavam ter boa saúde bucal, mas apresentavam marcas de infecções e sinais de artrite e artrose, isto é, sinais de inflamação e degeneração das articulações.

Molusco: animal invertebrado, como caramujo, ostra e lula.

Ricardo Ribas/Fotoarena

Sambaqui de Garopaba do Sul. Sítio arqueológico de cerca de 5 mil anos de idade, considerado o maior do Brasil. Jaguaruna, Santa Catarina. Fotografia de 2017.

- Com a ajuda do professor, pesquise: como é possível saber quantos anos tem um fóssil descoberto em uma pesquisa arqueológica?

Parque Nacional da Serra da Capivara

No sudeste do estado do Piauí, a 530 km da capital Teresina, está localizado o Parque Nacional da Serra da Capivara, área com a maior quantidade de sítios arqueológicos da América e com a maior quantidade de pinturas rupestres no mundo.

O Parque Nacional da Serra da Capivara é tão importante que foi declarado Patrimônio Cultural da Humanidade pela Unesco, em 1991.

As cerâmicas encontradas no Parque Nacional da Serra da Capivara têm cerca de 9 mil anos. Alguns estudiosos consideram essas cerâmicas as mais antigas do continente. Já as pinturas rupestres em azul, conhecidas como **veadinhos azuis**, foram as primeiras dessa cor descobertas no mundo.

Adriano Gambarini/Acervo do fotógrafo

Pintura rupestre de um veadinho azul, na Toca do Veadinho Azul, sítio arqueológico do Parque Nacional da Serra da Capivara, São Raimundo Nonato, Piauí. Fotografia de 2016.

O continente que os europeus encontraram

Não é fácil determinar o número de nativos que viviam no continente americano na passagem do século XV para o XVI. As estimativas variam muito. Enquanto alguns pesquisadores calcularam 8 milhões, outros chegaram a supor que 100 milhões de habitantes ocupavam a América naquela época. Entre esses dois extremos, outros pesquisadores estimam que o continente era habitado por 50 a 70 milhões de nativos.

A distribuição da população pela América era desigual. Uma minoria dos habitantes (em torno de 5 milhões) estaria espalhada em enormes faixas de terra. Já a maioria (em torno de 45 milhões) estaria concentrada em duas regiões geográficas, onde a agricultura melhor se desenvolveu, pois contava com complexos sistemas de irrigação: a **Mesoamérica** e a **Região Andina**.

A Mesoamérica inclui o atual México e parte da América Central e foi pioneira na agricultura. Os primeiros sinais do cultivo de milho, feijão e cacau datam de 7000 a.C., mas a agricultura tornou-se a base dessas sociedades por volta do século I a.C. A Mesoamérica é uma das três zonas agrícolas do continente americano e ficou conhecida como **zona do milho**.

Sistema de irrigação: técnica utilizada na agricultura para o fornecimento de água para as plantas, em quantidade suficiente e nos momentos certos, de modo a assegurar a melhor produtividade.

Entre 6000 a.C. e 3000 a.C.: Povoamento da América por grupos originários do oceano Pacífico, através das ilhas polinésias e melanésias.

Akarawut/Shutterstock

Vários tipos de milho dinamizaram a agricultura mesoamericana.

Silberkorn/Shutterstock

As batatas foram a base da alimentação dos povos andinos.

Marcos André/Opção Brasil Imagens

A agricultura dos indígenas tupis, que predominavam no litoral do atual Brasil, era baseada no cultivo da mandioca.

A Região Andina abrange parte dos atuais Peru, Bolívia e Equador. O cultivo de tubérculos nessa região, sobretudo a batata, ocorreu cerca de 5000 a.C., consolidando-se entre 300 d.C. e 1000 d.C. Assim como a Mesoamérica, a Região Andina compõe uma das três zonas agrícolas da América e ficou conhecida como **zona dos tubérculos**.

A terceira zona agrícola do continente americano era a chamada **zona da mandioca** e estava localizada na Região Amazônica e em boa parte do litoral Atlântico da América do Sul. Ao contrário do que ocorreu nas outras duas zonas agrícolas, ali a agricultura não foi suficiente para promover a fixação e a concentração das comunidades, que continuaram dependentes da caça, da pesca e da coleta.

Esse foi o caso das populações indígenas que habitavam o futuro Brasil antes da chegada dos portugueses. Mas há diferenças. Os grupos de língua tupi, que predominavam no litoral, tinham na agricultura da mandioca sua base alimentar. Permaneciam no mesmo lugar por algum tempo, mas, como praticavam a queimada da floresta para abrir terrenos agrícolas, o solo tendia a se desgastar, levando o grupo a buscar outro espaço para ocupar de tempos em tempos.

Além disso, a agricultura não era exclusiva na economia dos indígenas tupis. A caça, a pesca e a coleta também eram atividades importantes na economia desse grupo. Eram as mulheres que trabalhavam na agricultura, enquanto os homens eram caçadores e pescadores. Só trabalhavam a terra para abrir as clareiras, nada além disso.

Já outros grupos, como os falantes da língua jê, eram povos pescadores, caçadores e coletores que não praticavam a agricultura, ficando pouco tempo em um mesmo local. Predominava, assim, a dispersão, a vida na floresta. Os indígenas tupis tratavam com desprezo esses grupos nômades, que não falavam a sua língua e tinham costumes muito diferentes dos seus.

Século IV d.C.: Construções maias na América Central começam a ser erigidas.

Três zonas agrícolas da América pré-colombiana

Fontes: elaborado com base em Overy, Richard. *A história completa do mundo*. Rio de Janeiro: Reader's Digest, 2009; ATLAS da história. São Paulo: Folha da Manhã, 1995.

Mesoamérica e Região Andina

O que teria levado a agricultura a se desenvolver tão bem na Mesoamérica e na Região Andina, contribuindo para concentrar 45 milhões de habitantes nessas duas regiões?

Alguns pesquisadores afirmam que o clima temperado foi o motivo determinante para o desenvolvimento excepcional da agricultura nessas duas regiões, explicação insuficiente, já que parte da Mesoamérica é de clima tropical, e não temperado.

A explicação mais aceita hoje em dia afirma que a Mesoamérica e a Região Andina foram, durante milhares de anos, importantes lugares de passagem, contribuindo para que povos diversos pudessem trocar produtos e conhecimento. Esse intercâmbio de experiências entre diferentes povos teria favorecido a introdução e a expansão da agricultura, que se tornou a base da sobrevivência coletiva.

A expansão da agricultura foi um processo lento, mas, quando se começaram a produzir excedentes, boa parte da população viu-se liberada do trabalho agrícola. Essas pessoas tornaram-se artesãos, funcionários governamentais, guerreiros e sacerdotes. O papel de cada um na sociedade ficou mais especializado, e as relações entre os que mandavam e os que obedeciam ficaram mais evidentes. Foi nessas regiões, Mesoamérica e Região Andina, que surgiram os grandes impérios indígenas.

FIQUE DE OLHO

NEVES, Ana Maria B.; HUMBERG, Flávia R. *Os povos da América*: dos primeiros habitantes às primeiras civilizações urbanas. São Paulo: Atual, 2005.

Essa obra faz a reconstituição da América indígena, das origens do homem americano aos grandes impérios que o colonizador espanhol destruiu.

Grandes impérios

Na Mesoamérica, o Império Asteca, formado no século XV d.C, foi o último dos grandes impérios que se sucederam na região durante séculos. Foi também o mais poderoso, com sua capital, Tenochtitlán, cobrando tributos das aldeias e cidades localizadas no centro do atual México. A agricultura ali era muito produtiva, baseada no cultivo de vários tipos de milho, feijões e outros legumes, utilizando métodos de irrigação para aumentar as áreas cultivadas. Os astecas desenvolveram um artesanato diversificado, com peças em ouro, prata e bronze, artigos de plumas de várias aves, tecidos, e construíram templos espetaculares para honrar seus deuses, com destaque para o Sol.

Nas florestas tropicais da América Central, sobretudo nos atuais países da Guatemala e de Honduras, formou-se o Antigo Império Maia, cuja economia era também baseada na agricultura do milho, por volta do século IV d.C. Entre os centros mais importantes, destacam-se Tikal e Palenque.

Meunierd/Shutterstock

Sítio arqueológico de Tikal. Parque Nacional de Tikal, Guatemala. Fotografia de 2016.

Estima-se que Tikal, que os historiadores chamaram de Novo Império Maia, formou-se a partir do século XI, no atual México.

O povoamento da região resultou da migração de grupos maias da América Central, acrescida de populações mesoamericanas, em especial os toltecas. Esse império misturou, portanto, a tradicional cultura maia com a mesoamericana, inclusive utilizando técnicas de irrigação, como a estocagem de água em cisternas chamadas de *cenotes*.

Na Região Andina, enfim, formou-se, no século XV, o Império Inca, o mais centralizado de todos os impérios pré-colombianos. Cuzco, no atual Peru, era a capital de um império agrícola cuja base territorial, além do atual Peru, incluía os atuais Equador e Bolívia.

A agricultura também alcançou ali um desempenho formidável sob controle de Cuzco. Destacaram-se o cultivo da batata e de vários outros tubérculos na serra, e o cultivo do milho na costa. O artesanato em ouro e prata foi bastante diversificado, em geral produzido para fins cerimoniais.

Século XV: Formação dos Impérios Asteca e Inca.

Nowaczyk/Shutterstock

Ruínas de Pisac. Na Região Andina, os incas aterraram parte das montanhas para ampliar as áreas de cultivo, distribuindo-as em vários platôs. Vale Sagrado, Peru. Fotografia de 2016.

A entrada dos espanhóis nessa parte da América, no século XVI, foi uma tragédia para a população desses impérios, seja na Mesoamérica, seja na América do Sul. Perderam seus deuses, viram suas tradições massacradas, tiveram de se submeter ao trabalho forçado imposto pelos conquistadores em uma escala muito maior do que a praticada pelos dirigentes dos Estados asteca e inca.

Após a conquista espanhola, os grandes impérios indígenas (ou o que restou deles) foram estudados pelo missionário José Acosta. Ele recolheu muitas informações sobre o passado dessas sociedades, que combinavam agricultura avançada e cidades monumentais. Acosta acertou ao dizer que a origem dos povos americanos era asiática e forneceu conhecimento precioso sobre as regiões então mais povoadas do continente.

AO MESMO TEMPO

Diferenças entre os grupos nativos

Há diferenças importantes entre as populações nativas da América. Algumas desenvolveram uma agricultura de alta produtividade, como no planalto Mexicano e no planalto Andino. No século XV, os povos sedentários dessas regiões construíram cidades monumentais e formaram autênticos impérios.

Em outras regiões, como no litoral do Brasil atual, os grupos tupis combinavam a agricultura da mandioca com atividades extrativas, a caça e a pesca. Na maior parte do continente americano, porém, as populações indígenas não praticavam a agricultura e eram nômades.

- Com base no texto acima e nas informações do capítulo, discutam em grupo a seguinte questão: é correto dizer que a maioria das populações indígenas da América era atrasada em relação às populações do planalto Mexicano e do planalto Andino?

PUXANDO PELA MEMÓRIA

Após o estudo do capítulo, você manteria sua resposta à pergunta da página 42?

Créditos das imagens de baixo para cima: Adriano Gambarini/Acervo do fotógrafo; Moises Saba/Tyba; Akarawut/Shutterstock; Eye Ubiquitous/UIG/Getty Images; The Bridgeman Art Library/Fotoarena; G. Dagli Orti/De Agostini Picture Library/Easypix; Alessandro Viana/Tyba.

ROTEIRO DE ESTUDOS

O QUE APRENDEMOS?

1 | Identifique as principais rotas do povoamento do continente americano.

2 | Dê um exemplo da importância da Geografia para o estudo do povoamento das Américas.

3 | Por que a última glaciação é importante para a história do continente americano?

4 | Como as pontas de pedra descobertas nas escavações arqueológicas na América podem indicar a tecnologia utilizada pelos grupos humanos?

5 | O que o nome Luzia tem a ver com o Homem da Lagoa Santa?

6 | Por que o Parque Nacional da Serra da Capivara, no Piauí, foi declarado Patrimônio Cultural da Humanidade?

7 | Quais foram as três grandes zonas agrícolas do continente americano?

8 | Como as populações agrícolas da Região Andina aumentaram suas áreas de cultivo?

9 | Qual tecnologia baseada no aproveitamento das águas permitiu a alguns povos indígenas aumentar sua capacidade agrícola?

10 | Por que a seguinte frase é falsa?

Os povos nômades da América podem ser considerados mais primitivos do que os povos sedentários, pois desconhecem as técnicas agrícolas.

PESQUISA

Procure na internet uma imagem que ilustre um dos impérios indígenas que viveram na Mesoamérica ou na Região Andina. Pode ser alguma imagem que mostre indígenas no trabalho, templos, soberanos, etc. Veja o exemplo abaixo. É uma imagem de nativos que viviam na região que corresponde atualmente ao México, praticando a agricultura.

Selecione uma imagem e explique para os colegas por que você a escolheu.

Camponeses astecas trabalham no lago Texcoco. Ilustração de manuscrito datado do século XVI. Coleção particular.

IMAGENS CONTAM A HISTÓRIA

Eye Ubiquitous/UIG/Getty Images

Parede da Caverna das Mãos, na Argentina.

A Caverna das Mãos, situada na província de Santa Cruz, na atual Patagônia argentina, abriga um dos registros rupestres considerados mais importantes do continente. Esses registros foram feitos entre 9500 e 13 mil anos atrás por ancestrais dos indígenas Tehuelche, que habitaram aquela região.

A interpretação da imagem sempre foi polêmica. As mãos são pequenas e, curiosamente, a maioria é esquerda. Alguns historiadores consideram essa pintura rupestre a representação de um ritual de sacrifício de um jovem membro do grupo. Outros afirmam que as mãos eram do autor da pintura. Em todo caso, os estudiosos consideram que a habilidade com o uso das mãos tem um significado fundamental na formação da humanidade, o que pode estar representado nessa imagem.

- Escreva o que você acha dessas duas interpretações e elabore uma terceira interpretação para a imagem da parede da Caverna das Mãos.

O PASSADO PRESENTE

Vimos que a última glaciação foi essencial para o povoamento da América. O congelamento da superfície do mar teria feito surgir, no atual estreito de Bering, entre a Ásia e a América, uma passagem que possibilitou a migração de povos caçadores e coletores da Sibéria para o Alasca.

Atualmente, muito se discute sobre o destino do planeta. Alguns cientistas dizem que a Terra está próxima de uma nova era glacial. Outros, incluindo muitos ambientalistas, opinam que o perigo está no aquecimento do planeta, que pode derreter as geleiras dos polos norte e sul, causando maremotos arrasadores. Uma das razões do aquecimento global seria o efeito estufa.

- Pesquise e registre o significado da expressão **efeito estufa**.

The Stapleton Collection/The Bridgeman Art Library/Fotoarena

Oriente Próximo na Antiguidade

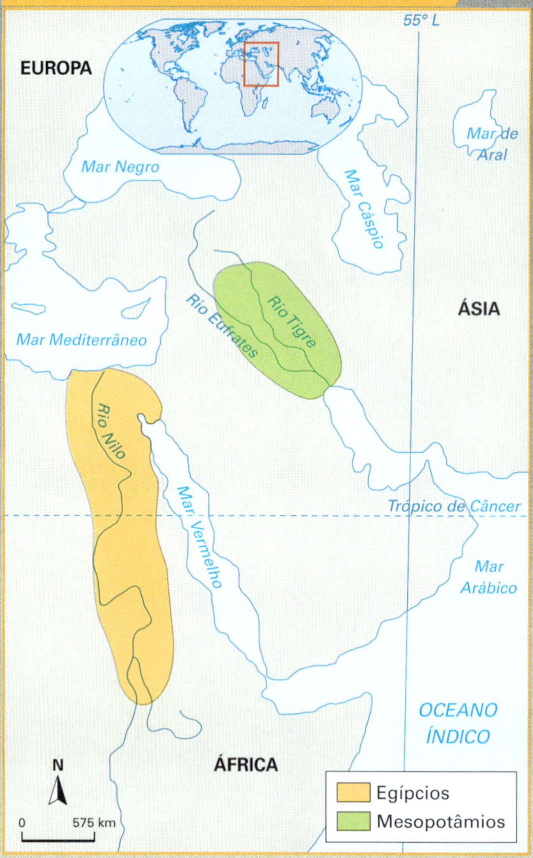

Ericson G. Luciano/Arquivo da editora

Fonte: elaborado com base em A AURORA da Humanidade. Rio de Janeiro: Time-life/ Abril Livros, 1993. (Coleção História em Revista).

VAMOS ESTUDAR

- O PODER DOS FARAÓS
- MESOPOTÂMIA: TERRA ENTRE RIOS
- HEBREUS E SEU ÚNICO DEUS
- COMERCIANTES FENÍCIOS
- O IMPÉRIO PERSA

Créditos das imagens de baixo para cima: Rubens Chaves/Pulsar Imagens; Erich Lessing/Album; SGranitz/WireImage/Getty Images.

UNIDADE

SOCIEDADES ANTIGAS DO MEDITERRÂNEO ORIENTAL

Você sabe o que têm em comum o Nilo, o Tigre e o Eufrates? Seriam três reis irmãos? Três deuses antigos? Nada disso. São três rios que foram muito importantes para a História da Antiguidade. Foi em torno deles que surgiram algumas das principais civilizações do Oriente.

Nesta Unidade, faremos um passeio pelo Oriente, prestando atenção à importância da Geografia para o estudo histórico. Vamos tratar da formação dos grandes impérios do Oriente que se sucederam no controle da região, sem esquecer os reinos menos poderosos, mas não menos importantes, como o dos hebreus, berço do monoteísmo judaico, e o dos fenícios, grandes navegadores da Antiguidade.

Litografia colorida de Austen Henry Layard, de 1853, representando a cidade mesopotâmica de Nimrode, às margens do rio Tigre, no atual Iraque.

Burak Budak/Shutterstock

As pirâmides de Gizé. Cairo, Egito. Fotografia de 2017.

CAPÍTULO 4

EGITO E MESOPOTÂMIA

PUXANDO PELA MEMÓRIA

Você sabe o que significa a expressão **obra faraônica**?

Alguns povos antigos construíram grandes templos religiosos, que levaram anos e anos para ficar prontos. Feitos de blocos de pedra ou de tijolos muito pesados, era preciso um enorme número de trabalhadores para construí-los.

Os egípcios e os mesopotâmicos foram os primeiros povos a erguer templos tão grandiosos. Alguns deles podem ser vistos até hoje, como o zigurate babilônico, na cidade de Ur, e as pirâmides do Egito antigo, localizadas no planalto de Gizé.

Cerca de 30 mil trabalhadores atuaram na construção das pirâmides de Gizé. A maior delas tem a altura de um prédio de 49 andares, com várias passagens internas, galerias e quartos secretos para abrigar tesouros e túmulos. Dois milhões de blocos de pedra calcária, de várias toneladas cada um, foram utilizados.

O esforço coletivo para construir templos tão monumentais tem uma explicação: os governantes do Egito antigo eram considerados deuses e foram sepultados nas pirâmides.

Créditos das imagens de baixo para cima: SGranitz/WireImage/Getty Images; SPL/Fotoarena; Burak Budak/Shutterstock; De Agostini Picture Library/Getty Images; DEA/G. Dagli Orti/De Agostini/Getty Images; The Print Collector/Heritage-Images/Getty Images.

Egito

Os reis do Egito antigo eram chamados de **faraós**, que significava "grande casa" – uma referência ao palácio real, onde eles moravam.

Tutancâmon foi um dos faraós mais famosos. Filho do faraó Amenofis IV, assumiu o trono em 1332 a.C., quando ainda era uma criança de 9 anos. Aprendeu a ler, a escrever e teve aulas de várias matérias. Casou-se aos 10 anos, costume comum naquela época.

A vida e o reinado de Tutancâmon foram curtos, pois ele morreu aos 19 anos de idade. Por que, então, Tutancâmon ficou famoso? Porque junto de seu túmulo, descoberto em 1922, ao sul da cidade do Cairo, os arqueólogos encontraram vários tesouros.

A tumba de Tutancâmon era composta de um corredor e quatro salas. Numa delas, chamada de câmara mortuária, estava seu caixão (sarcófago), feito de ouro maciço e decorado com figuras de deuses egípcios. Os arqueólogos também descobriram milhares de outras peças, como estátuas de deuses, vasos, joias, baús e armas.

FIQUE DE OLHO

WILLIAMS, Marcia. *O Egito antigo* – Contos de deuses e faraós. São Paulo: Ática, 2012.

Esse livro utiliza a linguagem das histórias em quadrinhos para abordar de forma lúdica os mitos e mistérios da civilização egípcia, como os deuses, os faraós e as pirâmides.

De Agostini Picture Library/Getty Images

Tutancâmon e sua esposa. Afresco encontrado na tumba de Tutancâmon. Vale dos Reis, Luxor, Egito.

CÁ ENTRE NÓS

Em frente à cidade de Luxor, no sul do Egito, às margens do rio Nilo e rodeado de montanhas, encontra-se o Vale dos Reis, local que concentra boa parte das tumbas de faraós. Até o momento, foram descobertas 63 tumbas, todas escavadas nas rochas e de tamanhos variados.

O interior de algumas tumbas é um verdadeiro labirinto, com salas e corredores contendo cenas e descrições da vida do faraó e de divindades. A maior das tumbas é a do faraó Ramsés II, com mais de 120 corredores e câmaras.

A HISTÓRIA NÃO ESTÁ SOZINHA

Ciências da Natureza

Na tumba de Tutancâmon, os arqueólogos encontraram não apenas tesouros, mas também várias múmias de adultos e bebês.

Com auxílio de algumas técnicas e exames avançados, os pesquisadores estão conseguindo identificar membros da família de Tutancâmon e conhecer melhor como eram os rituais funerários no Egito antigo. Identificaram os pais do faraó e calcularam que o pai deve ter morrido com idade entre 35 e 45 anos. Também descobriram que dois fetos do sexo feminino eram filhas do faraó que haviam morrido ainda na barriga da mãe.

Amr Nabil/Associated Press/Glow Images

Pesquisadores examinam múmia feminina do período faraônico (712-323 a.C.) no centro de conservação do Grande Museu do Egito. Cairo, Egito. Fotografia de 2014.

- **Quais tipos de exames científicos avançados, que permitem descobrir a idade, a paternidade e a filiação dos indivíduos, foram aplicados às múmias egípcias? Pesquise e anote o resultado.**

Rio Nilo, um presente para o Egito

Fértil: que tem capacidade de se reproduzir, de gerar vida.

Os rios Nilo, Tigre e Eufrates estão situados entre a Ásia e a África, em uma região chamada de Crescente Fértil. Esse nome se deve ao formato dessa região, que lembra uma Lua crescente, e à fertilidade das terras banhadas por esses três rios. Os grupos humanos que habitavam essa região souberam aproveitar esse benefício natural para plantar, criar animais e viver por ali.

O rio Nilo é o mais extenso do mundo. Nasce no interior da África e deságua no mar Mediterrâneo, atravessando vários países africanos da atualidade. Suas águas transportam o húmus, uma substância rica em nutrientes. Durante a época de chuvas, de junho a novembro, o Nilo enche, inunda suas margens e fertiliza as terras próximas, tornando-as muito boas para a agricultura.

Entre 2050 a.C. e 1580 a.C.: Médio Império.

As enchentes favoreceram a fixação de povos nas proximidades do rio Nilo. Os egípcios souberam aproveitá-las, construindo, por exemplo, canais de irrigação que permitiam levar as águas para regiões mais distantes, aumentando as áreas de cultivo.

Crescente Fértil

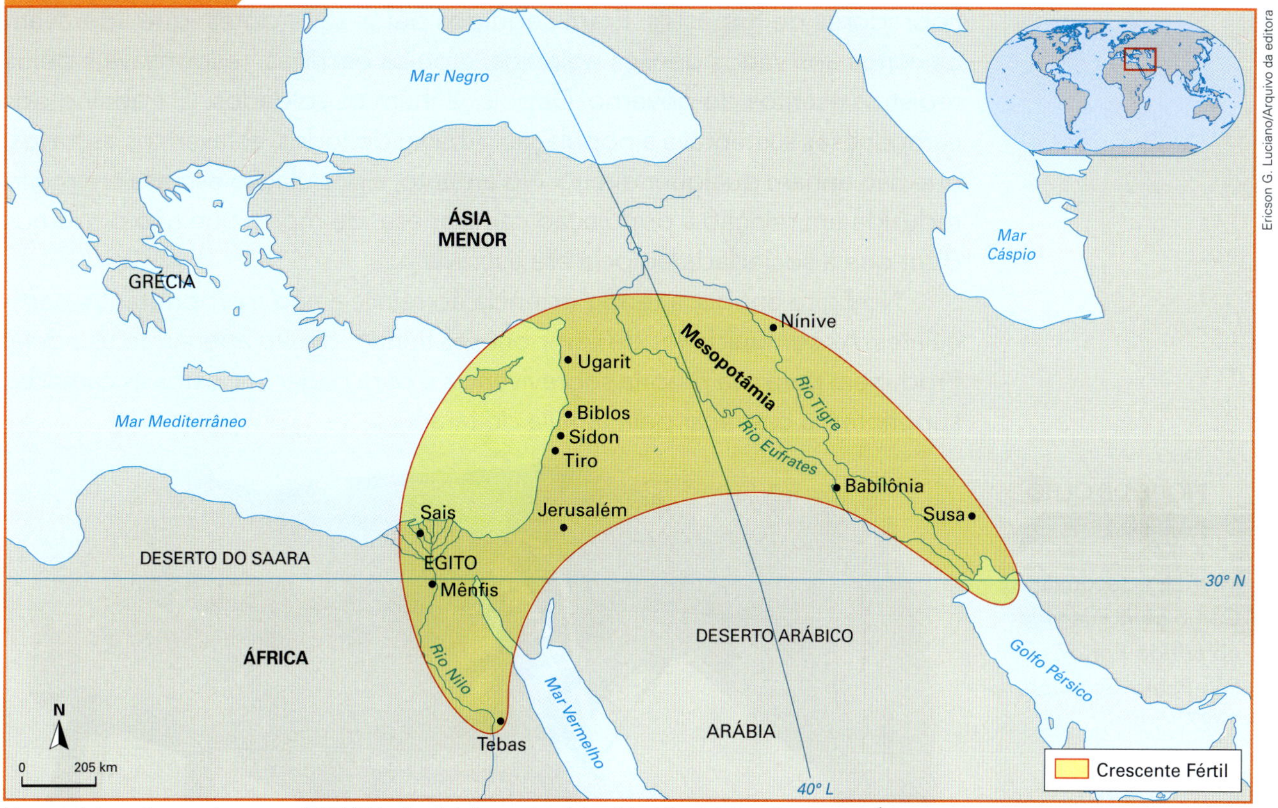

Fonte: elaborado com base em ARRUDA, José Jobson de. *Atlas histórico básico*. São Paulo: Ática, 2007. p. 8.

Todo o poder aos faraós

A população do Egito vivia em pequenas comunidades ou aldeias conhecidas como nomos, chefiadas por nomarcas. Aos poucos, essas comunidades cresceram e foram se juntando, até formarem dois reinos: o do Baixo Egito, no delta do Nilo, ao norte, e o do Alto Egito, ao sul.

A maior autoridade da sociedade egípcia era o faraó, que contava com o auxílio de vários outros funcionários. O faraó era cultuado por toda a população e visto como um deus vivo. Filho de Hórus, deus do Céu, o faraó – acreditavam os egípcios – era capaz de controlar as forças da natureza, como as cheias do rio Nilo e as boas colheitas. Por isso, dizemos que o governo do Egito foi uma monarquia teocrática.

O título de faraó foi conservado nas mãos de poucas famílias ou dinastias importantes. Os filhos sucediam aos pais por várias gerações até que, por alguma razão – guerras, revoltas, etc. –, a família ou dinastia reinante fosse substituída por outra. O Egito antigo teve 31 dinastias desde a unificação, em 3200 a.C., até o ano 343 a.C.

Delta: conjunto de braços e canais localizados na foz de um rio, isto é, no lugar onde o rio deságua no mar.

Monarquia: forma de governo em que o governante reina até sua morte ou renúncia. Frequentemente, sucede-lhe o filho mais velho.

Teocracia: forma de governo em que o poder é exercido com base na religião ou por governantes considerados divinos.

Dinastia: família real, que governa uma monarquia.

A sociedade egípcia

Imposto: contribuição em dinheiro ou em produtos para financiar os gastos de um governo.

Para entendermos o modo como a sociedade egípcia estava organizada, vamos usar uma figura muito conhecida dos egípcios: uma pirâmide.

O topo da pirâmide era ocupado pelo faraó. Logo abaixo, estavam os nobres e altos funcionários, como guerreiros, administradores, arquitetos e cobradores de impostos. Eram seguidos pelos sacerdotes, que lideravam os cultos aos vários deuses egípcios, e pelos escribas, responsáveis pelos registros escritos do governo. Depois, vinham os soldados. O trabalho dos camponeses sustentava a população. Abaixo de todos, estavam os escravos, que não tinham qualquer direito. No entanto, a população escrava era muito reduzida em relação à população camponesa, de modo que não podemos dizer que a sociedade egípcia era escravista.

No Egito antigo, a terra pertencia ao reino, e não a proprietários particulares. As comunidades de camponeses tinham direito apenas ao uso dela. Produziam para sua própria sobrevivência e para pagar impostos às camadas superiores, a começar pela família do faraó.

FIQUE DE OLHO

MORLEY, Jacqueline. *Como seria sua vida no antigo Egito?* São Paulo: Scipione, 1997.

Como era a rotina diária dos egípcios? De que forma eles lidavam com pequenos problemas, como uma dor de dente, por exemplo? Descubra, nesse livro, como seria sua vida no Egito antigo.

Fonte: elaborado com base em BLUMBERG, André (Dir.). *Egitomania:* o fascinante mundo do Antigo Egito. São Paulo: Planeta, 2001. p. 814-815. v. 4.

OUTRAS HISTÓRIAS TECNOLOGIAS

Hieróglifos, a escrita sagrada

A sociedade egípcia criou três escritas diferentes. A mais famosa delas foi a escrita hieroglífica, utilizada desde 3000 a.C.

A palavra **hieróglifo** significa "escrita dos deuses". Essa escrita era considerada sagrada e conhecida somente pelos sacerdotes, por alguns membros da realeza e pelos escribas.

Na escrita hieroglífica havia em torno de 6900 caracteres, que, dependendo da combinação, formavam um significado diferente. Não exprimiam sons, portanto, como o nosso alfabeto.

Os hieróglifos foram registrados nas paredes dos templos, nos túmulos, nas pirâmides, mas sobretudo nos papiros. Só foram decifrados em 1822 pelo estudioso francês Jean-François Champollion.

DEA/G. Dagli Orti/De Agostini/Getty Images

Pedra de Roseta com inscrições celebrando o primeiro aniversário da coroação de Ptolomeu V, século II a.C. Museu Britânico, Londres, Inglaterra.

Papiro: planta cujas folhas fibrosas eram a matéria-prima para a confecção de telas onde os escribas faziam seus registros. Os papiros precederam o papel.

Peter Horree/Alamy/Fotoarena

Escrita hieroglífica em papiro do Livro dos Mortos de Kha. 18ª dinastia. Museu Egípcio, Turim, Itália.

- Pesquise o que é a Pedra de Roseta, que se encontra hoje no Museu Britânico, em Londres. Em seguida, relacione o que você descobriu com o texto acima.

Crenças e divindades

Politeísta: que acredita em vários deuses.

Os egípcios acreditavam em muitos deuses e contavam várias histórias sobre eles. Sua religião era politeísta. Os cultos podiam ocorrer nos templos, onde eram dirigidos pelos sacerdotes, ou então nos lares. Os deuses eram associados a forças da natureza e representados sob a forma humana, animal ou um misto das duas formas.

Entre as principais divindades estavam Rá, deus do Sol, e Ísis, responsável pela maternidade, pela fertilidade e pelo amor, e também capaz de modificar as cheias do rio Nilo. Ísis era casada com Osíris; ambos tiveram um filho, Hórus, deus do Céu.

A morte e a vida após a morte ocupavam lugar central na religião egípcia. Os egípcios acreditavam que o morto era julgado em um tribunal presidido por Osíris, deus da eternidade e da vida após a morte. Para ser conduzido a esse tribunal, o corpo deveria ser preservado por meio da mumificação. Esse ritual de preparação do corpo do morto era realizado pelos sacerdotes.

Os sacerdotes cortavam o abdômen do morto e retiravam os órgãos internos, exceto o coração, e enfiavam um gancho pelo nariz para poder retirar o cérebro. Os órgãos que haviam sido retirados eram lavados, secados e enfaixados para serem guardados em vasos que seriam sepultados junto com o corpo.

Após a retirada dos órgãos, o corpo era colocado num recipiente com sal para matar as bactérias e secar durante setenta dias. Depois, era preenchido com serragem, ervas e óleos para não estragar. Finalmente, era enfaixado com linho branco e colocado no sarcófago, uma espécie de caixão.

The Print Collector/Heritage-Images/Getty Images

Cena do Livro dos Mortos de Ani, cerca de 1275 a.C. No centro da imagem estão as balanças usadas por Anúbis, o deus com a cabeça de chacal, para pesar o coração do morto. Museu Britânico, Londres, Inglaterra.

Objetos pessoais do morto, incluindo joias, móveis e roupas, também eram colocados junto ao sarcófago. Depois que a tumba era fechada, o morto estava pronto para seguir seu caminho em direção ao outro mundo.

O processo de mumificação era caro e somente os faraós e pessoas ricas tinham esse tratamento. Eles encomendavam tudo ainda em vida, inclusive a tumba onde seriam enterrados. Alguns construíram pirâmides para esse fim.

O deus Anúbis, divindade representada com corpo humano e cabeça de chacal, apresentava o morto ao tribunal. Colocava em um dos pratos de uma balança o coração e, no outro prato, uma pena. Se o coração fosse mais pesado que a pena, o morto estaria condenado a ser comido por Ammit, um animal sagrado cujo corpo era uma mistura de leão, de hipopótamo e de crocodilo. Caso contrário, iria para o outro mundo.

Chacal: mamífero da mesma família dos cães e dos lobos.

FIQUE DE OLHO

EVANO, Brigitte. *Contos e lendas do Egito antigo*. São Paulo: Companhia das Letrinhas, 2002.

Interessantes histórias do Egito antigo nos explicam como os egípcios entendiam o próprio mundo.

O QUE HÁ NA IMAGEM?

Com base nas informações do capítulo sobre as crenças egípcias, explique por que um dos sacerdotes que aparecem na imagem está com a máscara do deus Anúbis.

SPL/Fotoarena

Ilustração atual representando o processo de mumificação egípcio.

Impérios do Egito antigo

Vamos percorrer as principais etapas da história do Egito?

Os estudiosos dividiram os mais de 3 mil anos de história registrada do Egito antigo em três períodos principais: Antigo Império, Médio Império e Novo Império.

Antigo Império (3200 a.C.–2050 a.C.)

O Antigo Império inicia-se com a unificação dos dois reinos do Egito antigo (Alto Egito e Baixo Egito) por Menés, também conhecido por Narmer, com a capital em Mênfis, no norte. Os nomarcas, chefes das comunidades camponesas, passaram a ser funcionários do faraó, que centralizou o poder.

Foram construídos canais de irrigação e diques para armazenar água, o que contribuiu para aumentar as áreas de cultivo. Também surgiram as primeiras pirâmides e templos.

Mas, no fim desse período, o poder dos faraós enfraqueceu por conta da diminuição das cheias do rio Nilo, que prejudicou a agricultura causando a carestia de alimentos. Nesse ínterim os nomarcas começaram a governar por conta própria.

Médio Império (2050 a.C.–1580 a.C.)

A rivalidade entre os nomarcas fez com que o faraó Mentuhotep II conseguisse, em 2050 a.C., recuperar seu poder. A capital mudou para a cidade de Tebas. Novos territórios foram conquistados, como parte da Núbia, no sul, rica em minas de ouro. Pirâmides e templos voltaram a ser construídos.

Em 1750 a.C., contudo, a invasão dos hicsos, povo originário da Ásia, levou a uma nova crise. Os hicsos indicaram os faraós por mais de cem anos. Introduziram tecnologias novas, como o uso de cavalos e carros de guerra, artefatos de fiação e instrumentos musicais, mas permaneceram somente no delta do rio Nilo.

Novo Império (1580 a.C.–1085 a.C.)

Em 1580 a.C., os egípcios conseguiram expulsar os hicsos e tiveram anos de prosperidade e abundância. Conquistaram muitos territórios, chegando até a Síria, a Palestina, a Fenícia e a Etiópia, fazendo contatos importantes com esses povos e ampliando o comércio.

No reinado de Ramsés II (1279 a.C. a 1213 a.C.), celebrado como Ramsés, o Grande, foram construídos novos palácios, esculturas gigantescas e pirâmides.

Como o Egito era um grande produtor de trigo, atraiu o interesse de outros povos. No reinado de Ramsés II, o exército egípcio lutou para defender seu território, ameaçado pelos povos hititas, vindos da Ásia.

Eram tempos difíceis na terra dos faraós. O Egito foi atacado novamente por povos vindos do Mediterrâneo oriental. Sacerdotes de Amon passaram a governar o sul após a morte do último faraó da XX dinastia. Terminava, assim, o Novo Império e o tempo dos grandes faraós do Egito unificado.

VOCÊ JÁ OUVIU FALAR...

... que algumas múmias vieram parar no Brasil?

O imperador D. Pedro I comprou várias peças egípcias em 1826, e seu filho D. Pedro II aumentou a coleção.

Em sua terceira visita ao Egito, D. Pedro II ganhou de presente a múmia de uma cantora do templo de Amon, chamada Sha-Amun-em-Su, do século VIII a.C.

Em 1889, com a Proclamação da República no Brasil, a múmia foi transferida para o Museu Nacional, no Rio de Janeiro.

Foi nessa fase da história do Egito que Tutancâmon faleceu, em cerca de 1324 a.C., aos 19 anos, muito provavelmente de malária e uma infecção óssea, segundo as pesquisas mais recentes.

Depois do Novo Império, o Egito passou por uma fase de grandes lutas pelo poder. Em 671 a.C. foi conquistado pelos assírios e, depois, pelos persas, em 525 a.C. Por fim, em 332 a.C., foi conquistado por Alexandre, o Grande, rei da Macedônia.

Império Egípcio (séculos XVI a.C. a VI a.C.)

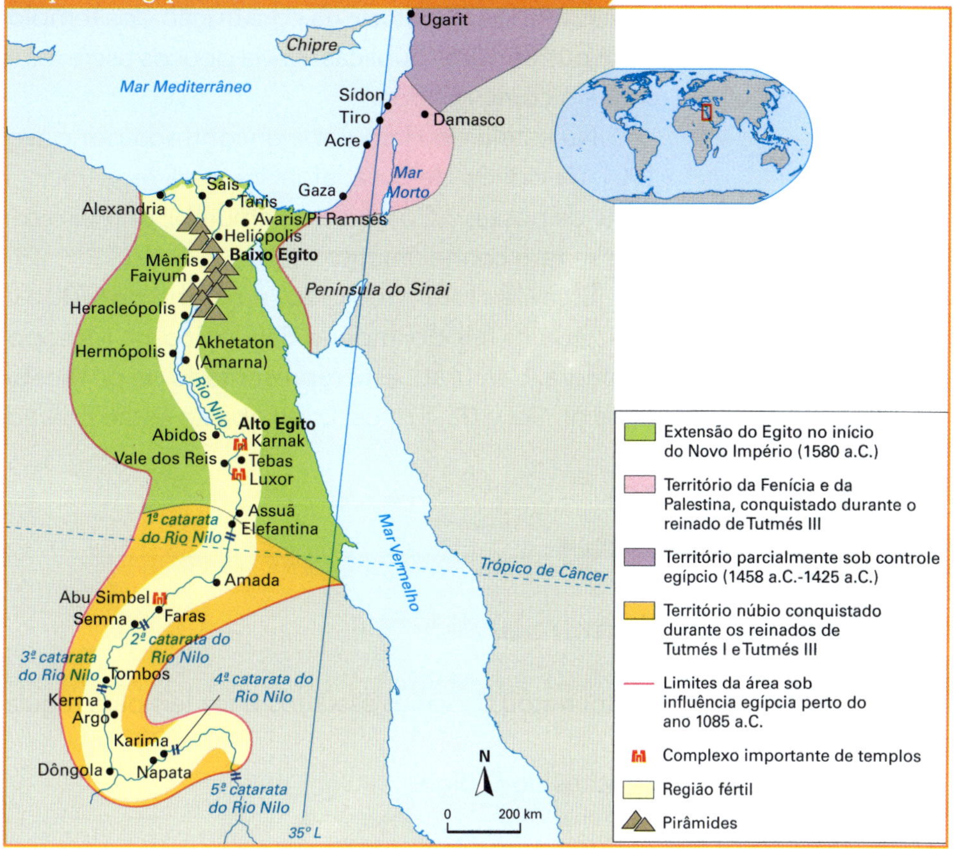

Ericson G. Luciano/Arquivo da editora

Fonte: elaborado com base em VICENTINO, Cláudio. *Atlas histórico*. São Paulo: Scipione, 2011. p. 33.

Mesopotâmia

Hamurabi foi um dos reis da primeira dinastia babilônica, assumindo o trono em 1792 a.C.

A Babilônia ficava na Mesopotâmia, que significa "entre rios". A palavra faz referência aos rios Tigre e Eufrates, tão importantes para os povos mesopotâmicos quanto o rio Nilo para o Egito. Os rios Tigre e Eufrates inundavam suas margens e fertilizavam com húmus as terras próximas, tornando-as adequadas para a agricultura.

Nessa época, existiam na Mesopotâmia vários povos independentes.

As cidades mais antigas da região datam do III milênio a.C. Muitas delas se tornaram impérios de curta duração, até que a cidade de Babilônia, fundada pelo povo amorita, entrou em cena. Foi uma das mais prósperas da Antiguidade.

No reinado de Hamurabi, sexto rei da dinastia, os babilônios elaboraram o primeiro código de leis escritas, unificaram a língua, construíram novos canais de irrigação e conquistaram várias regiões da Mesopotâmia.

A organização social babilônica era parecida com a do Egito antigo. No topo estavam os reis, os guerreiros, os administradores, os arquitetos, os sacerdotes e os escribas. Na base social estavam os camponeses das aldeias, que trabalhavam para sobreviver e pagar os impostos. Os camponeses trabalhavam na agricultura, na construção dos templos, nas obras de irrigação e em outras obras públicas. Havia poucos escravos, sem direito nenhum, que serviam como criados.

Na estela de Hamurabi, encontrada por pesquisadores franceses em 1901, na cidade de Susa, atual Irã, está registrado, numa escrita muito diferente da nossa, o Código de Hamurabi, primeiro conjunto de leis escritas de que se tem conhecimento.

Essas leis foram redigidas em torno de 1700 a.C., no governo de Hamurabi, um dos reis do Império Babilônico, na Mesopotâmia. Na parte superior da pedra, Hamurabi está representado de pé recebendo as leis de Shamash, deus do Sol e da Justiça. Logo abaixo estão gravadas as 282 leis do código.

DOCUMENTO

O Código de Hamurabi

O Código de Hamurabi tratou de vários assuntos e fez leis para regular o funcionamento da sociedade babilônica.

Leia abaixo alguns trechos do código.

> [...]
>
> 1. Se alguém enganar a outrem, difamando esta pessoa, e este outrem não puder provar, então que aquele que enganou deve ser condenado à morte; [...]
>
> [...]
>
> 6. Se alguém roubar a propriedade de um templo ou também aquele que receber o produto do roubo do ladrão deve ser igualmente condenado à morte; [...]
>
> [...]
>
> 195. Se um filho bater em seu pai, ele terá suas mãos cortadas.
>
> 196. Se um homem arrancar o olho de outro homem, o olho do primeiro deverá ser arrancado [Olho por olho] [...]
>
> Código de Hamurabi. Disponível em: <http://stravaganzastravaganza.blogspot.com.br/2011/07/o-codigo-de-hamurabi-texto-completo-em.html>. Acesso em: 28 abr. 2015.

1 | Com base nos trechos do código citados acima, discuta em grupo sobre a pena de morte prevista nele.

2 | Qual é o significado da pena aplicada contra quem arrancasse o olho de outra pessoa?

3 | A pena relacionada ao olho arrancado gerou um ditado. Pesquise que ditado é esse.

Outros impérios mesopotâmicos

Em 729 a.C., os babilônios foram derrotados pelos assírios, outro povo da Mesopotâmia, famoso por suas habilidades militares.

Durante anos, os assírios reinaram na região, construindo um grande império. Excelentes guerreiros, usavam carros de combate, catapultas e outros instrumentos de guerra. Conquistaram toda a Mesopotâmia e ainda os hebreus e os egípcios.

O Império Assírio durou pouco mais de cem anos.

Em 612 a.C., os caldeus, herdeiros dos amoritas, conseguiram vencer o exército assírio, criando o Segundo Império Babilônico ou Império Neobabilônico. Conquistaram a Palestina e aprisionaram os hebreus, levando-os para a Babilônia em 587 a.C. – foi o chamado Cativeiro da Babilônia, evento narrado na Bíblia.

Mas o Império Neobabilônico não durou muito tempo. Em 539 a.C., os persas dominaram os babilônios e fundaram o mais poderoso império oriental da Antiguidade.

Catapulta: espécie de estilingue gigante, capaz de lançar enormes pedras contra um alvo; foi muito usada na Antiguidade para destroçar as muralhas de cidades cercadas.

Impérios na Mesopotâmia

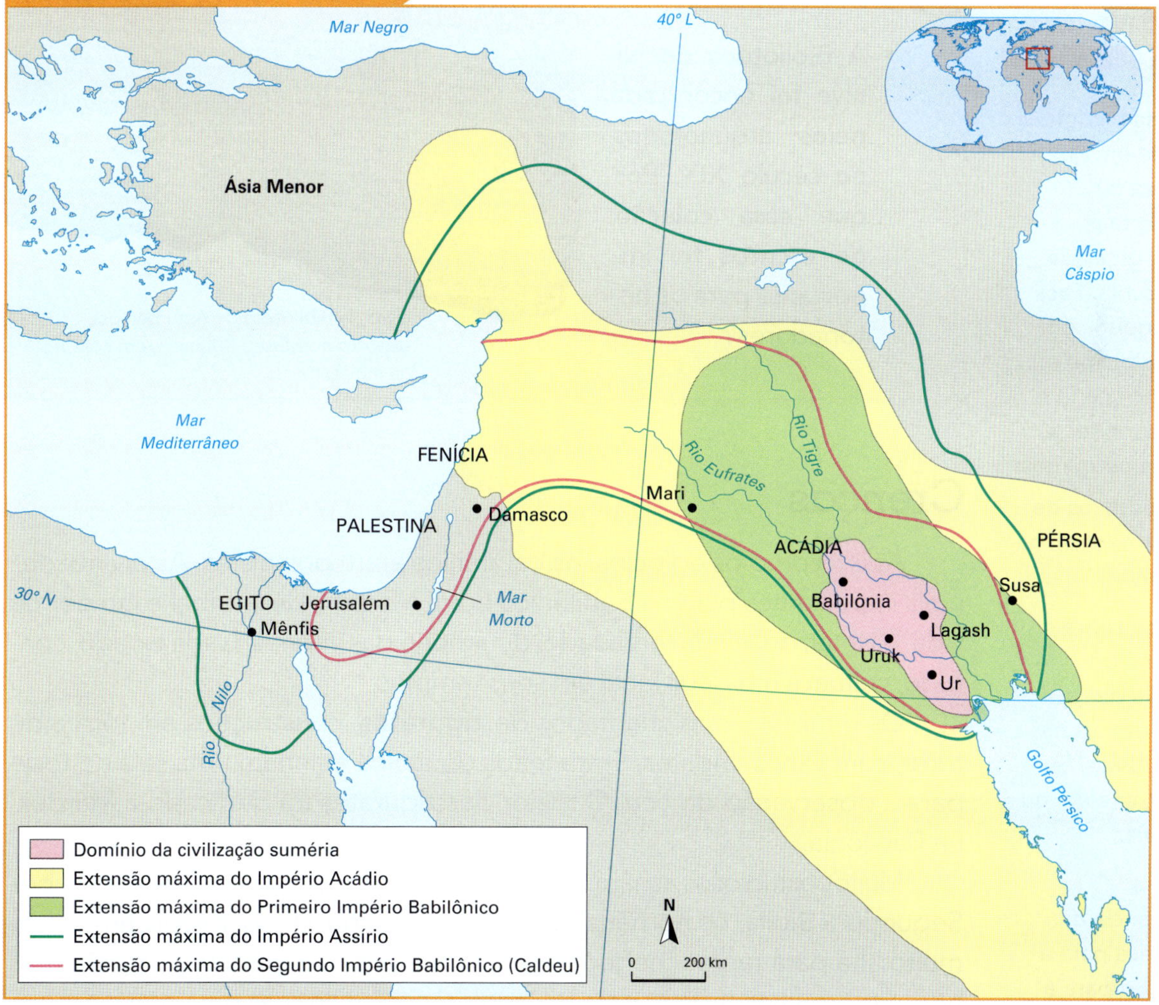

Fonte: elaborado com base em VIDAL-NAQUET, Pierre; BERTIN, Jacques. *Atlas histórico*: da Pré-História aos nossos dias. Lisboa: Círculo dos Leitores, 1990. p. 29.

OUTRAS HISTÓRIAS PERSONAGENS

Assurbanípal e a Biblioteca de Nínive

Imagine uma biblioteca em que os livros sejam feitos somente de placas de argila.

Essa biblioteca existiu na cidade de Nínive, na Assíria, atual Iraque, construída no Reinado de Assurbanípal no século VII a.C. Nela havia cerca de 22 mil placas de argila com textos em escrita cuneiforme que tratavam de vários assuntos, como Matemática, Geografia, Astrologia, Religião e leis.

Assurbanípal era muito interessado no conhecimento, chegando até a enviar escribas para várias cidades com a tarefa de copiar os livros que encontrassem.

- A Biblioteca de Nínive foi encontrada pelos arqueólogos no século XIX. Por que essa coleção de escritos foi importante para os historiadores?

Album/Fotoarena

Livro da Biblioteca de Assurbanípal, exposto no Museu Britânico, em Londres, na Inglaterra.

O SEU LUGAR NA HISTÓRIA

Visite uma biblioteca da cidade em que você mora ou da cidade mais próxima, ou ainda da sua escola. Faça uma pesquisa com um bibliotecário ou outro funcionário e tente responder às seguintes perguntas:

- Quantos livros de História existem na biblioteca?
- Há livros sobre a história do Egito ou da Mesopotâmia na Antiguidade? Se houver, cite um ou dois deles.
- Qual é a importância da biblioteca para a escola ou para a comunidade?

Crenças

Assim como os egípcios, os babilônios eram politeístas. As divindades mais importantes para os babilônios eram Marduk, deus tribal e criador da vida, e Ishtar, deusa da fertilidade, do amor e das vitórias. Cada cidade, contudo, cultuava um deus local em seus templos.

Os templos eram chamados de **zigurates**, construções em forma de torre, com vários andares. Eram feitos de tijolos e tinham uma sala no topo para a observação do céu. O maior dos zigurates foi dedicado a Marduk, na Babilônia.

Muitos estudiosos acham que esse zigurate foi a chamada Torre de Babel. Segundo a Bíblia, os homens estavam construindo na Babilônia uma torre muito alta para tentar chegar ao céu, mas Deus não gostou, pois achou os homens orgulhosos. Para castigá-los, criou várias línguas para que ninguém mais entendesse o que o outro dizia.

Templos e tesouros

Pirâmides e zigurates, palácios, templos e grandes obras marcaram as sociedades orientais da Antiguidade, que viveram graças à força dos rios que banhavam suas terras, deixando-as férteis e prontas para a agricultura.

Os faraós e reis babilônicos conseguiram se organizar para realizar obras de irrigação e direcionar as águas para que a população pudesse ali viver e se desenvolver. Muitas riquezas foram geradas ao longo dos anos e guardadas dentro de alguns desses templos, como foi o caso dos tesouros de Tutancâmon, o faraó menino que morreu tão cedo.

Pouco depois de descoberta sua tumba, em 1922, a múmia do faraó foi examinada em detalhes. No entanto, vários envolvidos na pesquisa morreram, a começar pelo homem que financiou a expedição. Surgiu, então, uma lenda em pleno século XX: quem violasse a tumba de algum faraó seria castigado com a morte.

Em 2005, pesquisadores conseguiram reconstituir o rosto do faraó Tutancâmon com a ajuda de programas de computador, e nenhum deles morreu por conta da pesquisa.

OUTRAS HISTÓRIAS TECNOLOGIAS

Conhecendo o céu

Desde os tempos mais antigos, o ser humano observou o céu e procurou responder: Qual é a influência dos astros na natureza e no ser humano? Quais são os efeitos da chuva e do Sol para a agricultura?

Os primeiros registros escritos sobre a influência dos astros foram feitos pelos sumérios, um dos povos que ocuparam a Mesopotâmia. Esses registros foram realizados em pequenas tábuas de argila, por volta de 2122 a.C. Os sumérios identificaram a posição das estrelas e utilizaram esse conhecimento na agricultura.

Entre os babilônios, o documento mais completo da Antiguidade até agora conhecido é um conjunto de 70 tabuinhas escritas no século VII a.C. Os babilônios conheciam cinco planetas e associaram a eles alguns de seus deuses.

Os egípcios tinham conhecimentos de Astrologia, mas foram os mesopotâmicos que mais desenvolveram essa ciência.

Os babilônios também criaram o calendário de doze meses de trinta dias cada, depois aperfeiçoado pelos egípcios.

- O que é Astrologia? Pesquise.

PUXANDO PELA MEMÓRIA

Após o estudo do capítulo, você manteria a sua resposta à pergunta da página 58?

Créditos das imagens de baixo para cima: SGranitz/WireImage/Getty Images; De Agostini Picture Library/Getty Images; SPL/Latinstock; The Print Collector/Heritage-Images/Getty Images; Amr Nabil/Associated Press/Glow Images; DEA/G. Dagli Orti/De Agostini/Getty Images.

De Agostini Picture Library/Getty Images

ROTEIRO DE ESTUDOS

O QUE APRENDEMOS?

1 | De acordo com os egípcios, por que os faraós eram tão poderosos?

2 | As pirâmides egípcias são um dos maiores monumentos da humanidade. Qual era a função delas na sociedade egípcia?

3 | Como eram representados os deuses egípcios?

4 | Qual era a importância do processo de mumificação para os egípcios?

5 | Por que o rio Nilo foi importante para a história do Egito?

6 | Como eram chamados os grandes templos babilônicos?

7 | O que o faraó Ramsés II tem a ver com o Novo Império do Egito?

8 | Qual é a relação entre os canais de irrigação e a agricultura no Crescente Fértil?

9 | O que foi a Torre de Babel, mencionada na narrativa bíblica, supostamente construída na Babilônia?

10 | Por que a frase seguinte é falsa?

O topo da pirâmide da sociedade egípcia era ocupado pelos escribas, que sabiam ler e escrever.

PESQUISA

Observe o sarcófago de Tutancâmon.

O poder do faraó era representado por meio de vários símbolos, pois a população acreditava que ele era um deus na Terra.

Na imagem, vemos três desses símbolos:

- um cetro (em uma das mãos);
- um chicote (na outra mão);
- uma serpente (na cabeça).

Pesquise o significado desses três símbolos.

SGranitz/WireImage/Getty Images

Sarcófago do faraó Tutancâmon. Museu de Arte do Condado de Los Angeles, EUA.

IMAGENS CONTAM A HISTÓRIA

Observe a imagem abaixo. Com base no que foi estudado neste capítulo, responda às questões.

1 | Qual é o deus egípcio representado na imagem? Ele está fazendo uma atividade relacionada a qual tema estudado?

2 | Como se chama a escrita que se encontra na base da imagem?

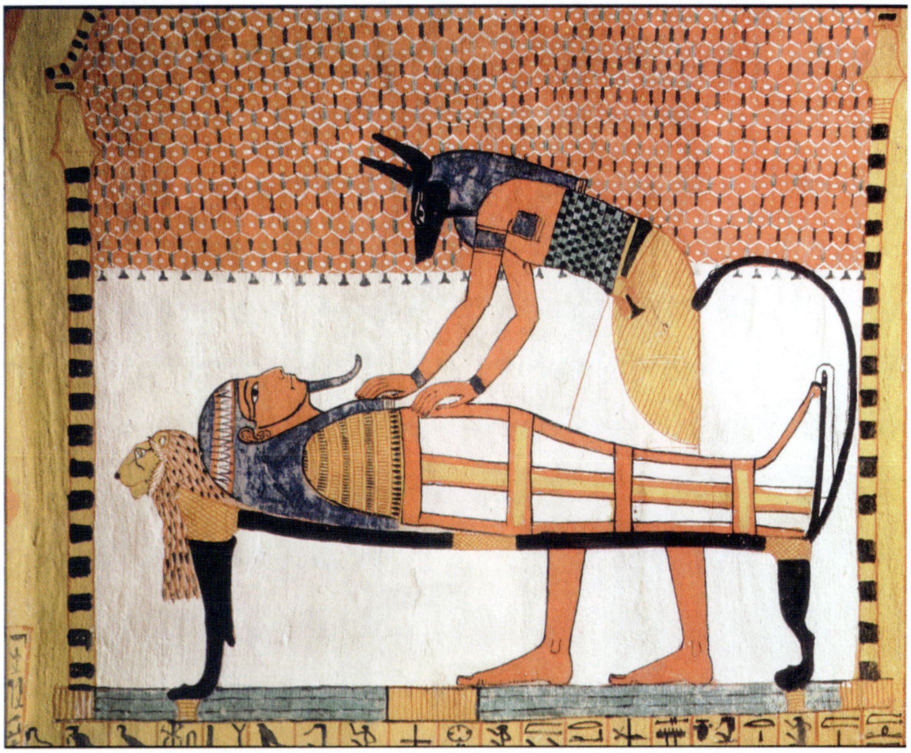

DEA/G. Dagli Orti/De Agostini/Getty Images

Afresco encontrado na tumba de Sennedjem, Tebas, Egito.

O PASSADO PRESENTE

Em abril de 2003, o Museu de Bagdá, no atual Iraque, sofreu diversos saques. Na época, ninguém descobriu quem eram os ladrões nem conseguiu precisar quantas e quais peças foram roubadas.

Em 2005, as pesquisadoras estadunidenses Milbry Polk e Angela Schuster publicaram o livro *O saque do museu do Iraque: o legado da antiga Mesopotâmia*. As autoras esclareceram que, entre os saqueadores, não havia apenas inimigos da ditadura iraquiana deposta pela invasão estadunidense, mas também aqueles que roubaram por encomenda de colecionadores de várias partes do mundo.

As pesquisadoras criticaram o governo dos Estados Unidos por descuidar da segurança do patrimônio cultural iraquiano. Sítios arqueológicos também foram saqueados. Entrevistada em 2005, Milbry Polk contou que o sítio arqueológico da antiga Babilônia tinha se transformado em uma base militar:

> Desde abril de 2003, e até recentemente, o sítio de Babilônia se tornou uma base militar, com prejuízos incalculáveis, provocados por terraplanagem, tráfego de blindados pesados, helicópteros e maquinaria. [...]

Roubo de arte segue no Iraque, diz estudiosa. *Folha de S.Paulo*. Disponível em: <www1.folha.uol.com.br/fsp/mundo/ft1707200514.htm>. Acesso em: 29 maio 2018.

1 | Cite um reino da antiga Mesopotâmia que ocupou o território do atual Iraque.

2 | A qual invasão estadunidense se refere o texto? Pesquise.

3 | Qual seria o maior responsável pelo saque do patrimônio cultural iraquiano? Discutam em grupos.

Art Images Archive/Glow Images

Parte de pergaminho do livro dos Salmos descoberto na caverna de Qumran, cerca de 30 d.C. a 50 d.C. Museu de Israel, Jerusalém.

CAPÍTULO 5

HEBREUS, FENÍCIOS E PERSAS

A Bíblia é um dos livros mais conhecidos e lidos do mundo.

Os textos bíblicos foram escritos em diferentes períodos da história, por vários autores, e depois foram reunidos em um único livro, que foi traduzido para vários idiomas.

A primeira parte da Bíblia é conhecida como Antigo Testamento. Seus textos, escritos entre 1500 a.C. e 450 a.C., contêm narrativas sobre a criação do mundo e do ser humano e sobre a trajetória do povo hebreu.

A coleção de livros que compõem a segunda parte da Bíblia chama-se Novo Testamento. Escrito entre 45 d.C. e 90 d.C., relata a vida, a morte e os ensinamentos de Jesus Cristo, além da formação das primeiras comunidades cristãs.

A Bíblia é um livro sagrado para algumas religiões. Porém, ela também pode ser vista como documento histórico, pois contém narrativas muito ricas em informações sobre o povo hebreu, comprovadas também por outros vestígios e documentos.

PUXANDO PELA MEMÓRIA

Você sabe a diferença entre monoteísmo e politeísmo?

Créditos das imagens de baixo para cima: Archiv Gerstenberg/Ullstein Dild DTL/Getty Images; Erich Lessing/Album/Latinstock; Thinkstock/Getty Images; Rubens Chaves/Pulsar Imagens;

Cronologia do capítulo

2000 a.C.: Saída do povo hebreu da Mesopotâmia em busca da "Terra prometida".

1700 a.C.: Migração do povo hebreu para o Egito.

Hebreus

O povo hebreu habitava Canaã, região localizada no atual Estado de Israel.

Em 1700 a.C., como a região sofria um período de seca prolongado, que prejudicava a produção agrícola, boa parte do povo hebreu partiu em direção ao Egito.

O faraó autorizou a permanência dos hebreus no Egito, mas lhes impôs a obrigação de trabalhar e pagar impostos, proibindo que abandonassem o território. Foi durante esse período que nasceu Moisés, importante líder da história dos hebreus.

Segundo a narrativa bíblica contida no Êxodo, pouco depois do nascimento de Moisés, o faraó ordenou que todos os bebês hebreus do sexo masculino fossem mortos, temendo que um deles pudesse libertá-los da servidão. A mãe de Moisés, tentando salvar a vida do filho, deixou-o no rio Nilo, dentro de um cesto. Uma filha do faraó o encontrou por acaso e resolveu adotá-lo. O nome Moisés significa "aquele que foi tirado das águas".

Êxodo: saída de pessoas em massa de um lugar para outro. Também é o título do segundo livro do Antigo Testamento.

Como Moisés se tornou um líder para os hebreus?

Erich Lessing/Album/Latinstock

Moisés resgatado do Nilo, óleo sobre tela de Nicolas Poussin, 1638. Museu do Louvre, Paris, França.

AO MESMO TEMPO

Macedônicos, hebreus e persas

O reino da Macedônia, no norte da Grécia, realizou várias conquistas e tornou-se um grande império com Alexandre, o Grande, um jovem rei que, no século IV a.C., conquistou ao mesmo tempo os hebreus e os persas.

- Pesquise em um mapa os limites do Império Macedônico e cite uma cidade da Palestina que foi dominada por Alexandre, o Grande.

A crença em um único Deus

A história dos hebreus conta com fatos anteriores à sua partida para o Egito, e ela começa na cidade de Ur, na Mesopotâmia. Os hebreus eram um povo de origem semita. Viviam da criação de ovelhas e cabras e eram governados por chefes tribais chamados patriarcas.

A Bíblia conta que um dos patriarcas, Abrão, inconformado com a adoração de seu povo a vários deuses, teria recebido uma mensagem de Deus e feito com ele uma aliança: os hebreus deveriam crer nesse único Deus, conhecido como Yahvé, que lhes mostraria uma terra fértil e segura para viver. Essa terra foi chamada de Terra Prometida ou Canaã.

Para marcar sua aliança com Yahvé, Abrão passou a se chamar Abraão, que significa, de acordo com a Bíblia, "pai de muitas nações".

Em 2000 a.C., liderados por Abraão (ou Abrão), os hebreus partiram em direção a Canaã, onde permaneceram por muitos anos.

Os hebreus acreditavam que eles eram o povo escolhido por Deus para adorá-lo. Foram os primeiros a crer em um único Deus. Por isso são considerados o primeiro povo monoteísta.

Semita: origem dos povos que ocupavam a região que vai do mar Vermelho até o planalto iraniano. Falavam línguas parecidas, eram pastores e nômades. Os principais povos semitas foram os caldeus, babilônios, hebreus, assírios, amorreus, fenícios e árabes.

Aliança: acordo de união, pacto.

Monoteísta: aquele que crê em um único deus.

Rota de Abraão (c. 2000 a.C.)

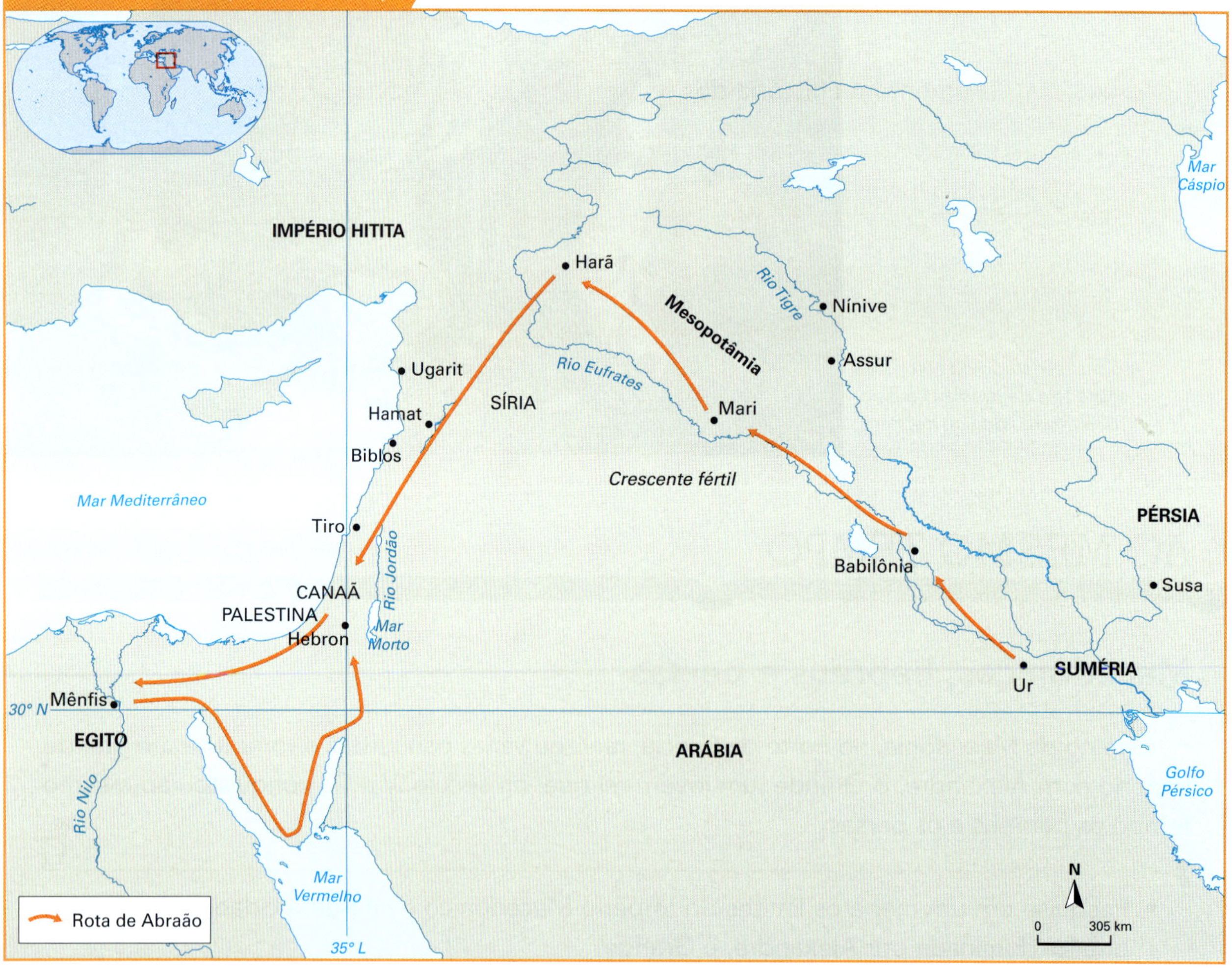

Fonte: elaborado com base em GLIOZZI, Giuliano; PIAZZA, Ada Ruata. *Tutto storia*: dalla Preistoria al secolo XIX. Turim: 2001. v. 1. p. 91.

DOCUMENTO

Aliança com Abraão

O trecho da Bíblia reproduzido abaixo trata de uma importante passagem da história dos hebreus.

Leia-o atentamente e depois responda às questões propostas.

> O Senhor disse a Abrão: "Sai de tua terra, do meio de tua parentela e da casa de teu pai e vai para a terra que eu te mostrar. Farei de ti uma grande nação; eu te abençoarei, engrandecerei teu nome [...]". Abrão partiu como o Senhor lhe havia dito. Lot partiu com ele. Abrão tinha setenta e cinco anos de idade, quando partiu de Haran. Ele levou sua mulher Sara, seu sobrinho Lot e todos os bens que possuíam, bem como os escravos que haviam adquirido em Haran. Partiram para a terra de Canaã e lá chegaram. [...] O Senhor apareceu a Abrão e lhe disse: "Eu darei esta terra à tua descendência.". Abrão erigiu ali um altar ao Senhor que lhe havia aparecido. [...]
>
> *Bíblia*. Gênesis 12:1-7.

1 | Qual acontecimento da história dos hebreus está presente nessa passagem?

2 | Quais países correspondem atualmente à "terra de Canaã"? Localize-os em um mapa-múndi.

Fuga do Egito

Por volta de 1700 a.C., boa parte do povo hebreu migrou para o Egito. De acordo com a Bíblia, Moisés foi criado no palácio do faraó. No entanto, precisou fugir para o deserto, pois havia se revoltado ao presenciar um soldado castigando com um chicote hebreus que trabalhavam. Sua revolta foi tão grande que ele matou o soldado.

No deserto, Moisés encontrou hebreus que não tinham migrado para o Egito. Casou-se, teve três filhos e, certo dia, segundo a Bíblia, recebeu uma grande revelação divina. Foi-lhe ordenado que libertasse os hebreus da servidão no Egito e os conduzisse de volta à Terra Prometida

Moisés regressou ao Egito e foi aceito pelos hebreus como guia. A Bíblia indica, por meio de um relato fantasioso, que ele enfrentou o faraó e liderou a fuga dos hebreus do Egito. Depois de atravessar o mar Vermelho, chegaram ao monte Sinai, onde Moisés teria recebido de Yahvé uma lista de regras a serem obedecidas por todos os hebreus, chamada de Dez Mandamentos. Nessa ocasião, Yahvé teria feito um novo pacto com os hebreus.

Revelação: ato de revelar, de fazer conhecer, de descobrir. No sentido religioso, é uma verdade manifestada por Deus a um profeta, santo ou apóstolo.

1006 a.C.: Expansão do Reino de Israel no reinado de Davi.

FIQUE DE OLHO

O príncipe do Egito (EUA). Direção de Brenda Chapman, Steve Hickner e Simon Wells. DreamWorks SKG, 1998. 99 min.

Nessa animação inspirada em textos da Bíblia, o estudante vai conhecer passagens da vida de Moisés no Egito.

Alguns historiadores afirmam que era Ramsés II quem reinava como faraó durante a fuga do povo hebreu e que o regresso a Canaã teria ocorrido entre 1250 a.C. e 1210 a.C, mas não existem provas definitivas disso.

Rota de Moisés e dos hebreus (1250 a.C.-1210 a.C.)

Ericson G. Luciano/Arquivo da editora

Fonte: elaborado com base em VICENTINO, Cláudio. *Atlas histórico*. São Paulo: Scipione, 2011. p. 35.

OUTRAS HISTÓRIAS CRENÇAS

Os mandamentos

De acordo com o Êxodo, que é o segundo livro do Antigo Testamento, os Dez Mandamentos foram escritos em placas de pedra, conhecidas por Tábuas da Lei. Além de ordenar que os hebreus cultuassem somente o deus que os havia libertado do Egito, também havia regras para as relações familiares e sociais.

Um dos dez mandamentos dizia "Não matarás", diferentemente do código babilônico do reinado de Hamurabi, estudado no capítulo 4, que estabelecia a Lei de Talião: olho por olho, dente por dente. O código estabelecia penas de morte para diversos crimes, o que mostra sua diferença em relação aos Dez Mandamentos.

Archiv Gerstenberg/Ullstein Bild DTL/Getty Images

Moisés com os Dez Mandamentos, óleo sobre tela de Rembrandt van Rijn, 1659. Gemaldegalerie, Berlim, Alemanha.

- Com base no texto acima, seria válido afirmar que os Dez Mandamentos valorizavam a vida humana, ao contrário do Código de Hamurabi?

Israel e Judá

Depois de muitos anos vagando pelo deserto, os hebreus chegaram a Canaã, mas tiveram de lutar contra outros povos que habitavam a região. Conquistaram o território e o dividiram entre as doze tribos hebreias.

Naquele momento, cada tribo era governada por um chefe com função militar e religiosa, chamado juiz.

Para defenderem suas terras contra os inimigos cananeus e filisteus, as tribos se uniram sob a liderança de Saul, primeiro governante do Reino de Israel (cerca de 1010 a.C.).

Saul foi sucedido por Davi, corajoso guerreiro da tribo de Judá, que derrotou os filisteus por volta do ano 1006 a.C. A cidade de Jerusalém passou a ser a capital do Reino de Israel.

Em 965 a.C., Davi foi sucedido por seu filho, Salomão. A economia do Reino de Israel prosperou nesse período. Salomão construiu uma frota de navios de comércio e ergueu um grande templo religioso em Jerusalém.

Após a morte de Salomão, o aumento dos impostos decretado por seu filho provocou várias revoltas. O reino se dividiu em dois: Reino de Judá, ao sul, com apenas duas tribos, e Reino de Israel, ao norte, com o restante delas.

Em 722 a.C., os assírios conquistaram o Reino de Israel. Em 587 a.C., foi a vez de Judá ser conquistado pelos babilônios. Os hebreus retornaram a Canaã somente em 539 a.C., quando os persas derrotaram os babilônios.

Os reinos de Judá e Israel (c. X a.C.)

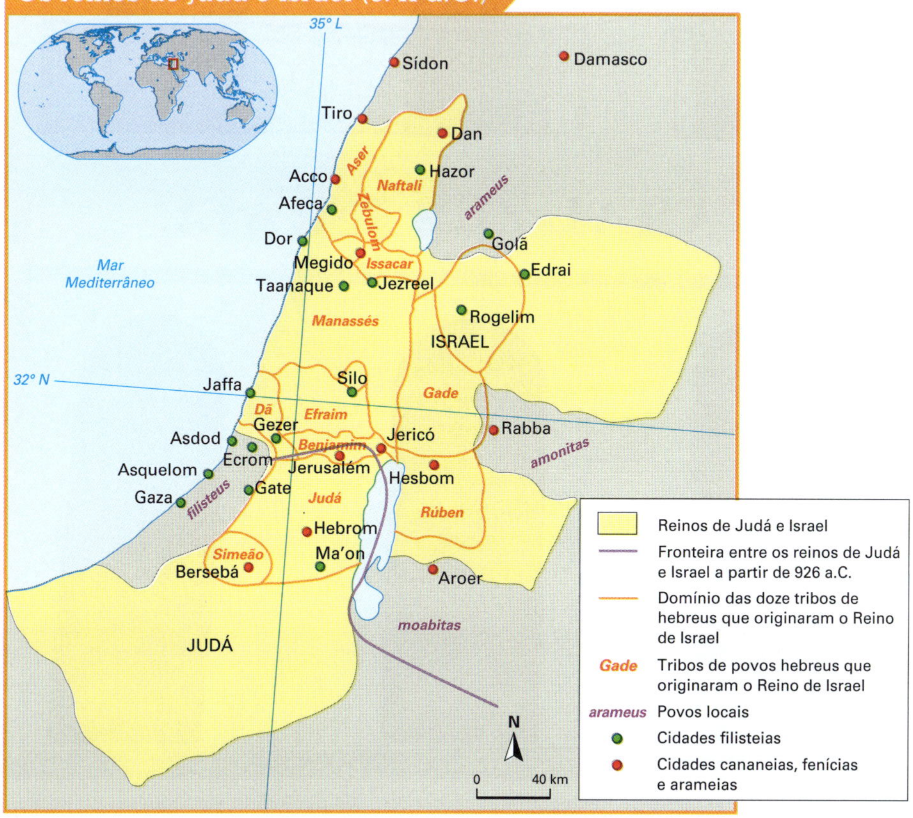

Ericson G. Luciano/Arquivo da editora

Fonte: elaborado com base em VICENTINO, Cláudio. *Atlas histórico*. São Paulo: Scipione, 2012. p. 35.

FIQUE DE OLHO

FINE, Doreen. *O que sabemos sobre o judaísmo?* São Paulo: Callis, 2003.

Nesse livro você encontra informações históricas, culturais e religiosas sobre o judaísmo.

VOCÊ JÁ OUVIU FALAR

... que um dos significados atribuídos à palavra **hebreu** é "gente do outro lado do rio"? A expressão faz referência ao rio Eufrates, localizado na Mesopotâmia. A palavra hebreu, portanto, relaciona-se à região de origem desse povo. Já a palavra **judeu** vem de Judá, um dos bisnetos de Abraão que governou uma das doze tribos de Israel. Após 539 a.C., quando foram libertados da Babilônia pelos persas, os hebreus passaram a ser chamados de judeus, pois a maioria dos que voltaram era da tribo de Judá.

A religião dos hebreus

O SEU LUGAR NA HISTÓRIA

Na sua cidade existem sinagogas? Se houver, identifique uma delas informando como e quando foi fundada. Se não houver, faça a mesma pesquisa na cidade mais próxima da sua região.

Judaísmo é o nome da religião dos hebreus, que foi o primeiro povo a crer em um único Deus, Yahvé, adorado como criador de todo o universo. O livro que conta a trajetória do povo hebreu é chamado **Torá** e corresponde a uma parte da Bíblia, o Pentateuco, que compõe, com outros livros, o Antigo Testamento.

A Torá é lida até hoje nas sinagogas, local de culto do judaísmo, onde é guardada cuidadosamente dentro de uma arca. O líder religioso dos judeus chama-se rabino. Um símbolo importante do judaísmo é a estrela de Davi, de seis pontas, desenhada nos escudos dos guerreiros do rei Davi.

Uma das festas religiosas mais tradicionais do calendário judaico é o Pessach (passagem), nome hebraico para a Páscoa. Nela se comemora a libertação dos hebreus do cativeiro egípcio, liderados por Moisés.

Godong/Glow Images

Estrela de Davi. Grand Choral Sinagog, São Petesburgo, Rússia.

Rubens Chaves/Pulsar Imagens

A sinagoga mais antiga das Américas fica no Brasil. Com o nome de Kahal Zur Israel, foi construída por judeus portugueses no Recife, no atual estado de Pernambuco, em 1636. Esse grupo de judeus havia fugido de perseguições religiosas na primeira metade do século XVII. Ao chegarem ao Brasil, eles queriam continuar praticando sua religião. Fotografia de 2013.

OUTRAS HISTÓRIAS CRENÇAS

Significado da páscoa judaica

Pessach significa "passagem" em hebraico. A páscoa judaica é celebrada por oito dias para comemorar a fuga dos hebreus do Egito. Durante o período de comemoração é proibido comer qualquer alimento preparado com farinha fermentada. Essa proibição faz referência ao fato de os hebreus, na pressa da fuga, não conseguirem fermentar o pão para fazê-lo crescer.

O evento mais importante da páscoa judaica ocorre na primeira noite de comemorações: é o Sêder, um jantar especial que reúne toda a família.

Os pratos servidos nesse jantar representam situações vividas pelos antigos hebreus durante o êxodo. Em um prato são postos, entre outros alimentos, três pães ázimos (pães sem fermento), aipo lavado em água salgada e uma raiz amarga (para lembrar as lágrimas e o sofrimento no cativeiro), um osso da perna de um carneiro (representando o cordeiro sacrificado na véspera do êxodo), uma pasta de fruta e frutos secos (lembrando a massa de barro usada para construir os templos dos faraós).

São lidas passagens do Êxodo e orações que glorificam a Deus.

Thinkstock/Getty Images

Matzah, o pão sem fermento.

- Com base no texto acima e no conteúdo do capítulo 1 deste volume, discuta em grupo a questão: os alimentos da festa da páscoa judaica exprimem uma homenagem à história ou à memória da fuga do Egito?

Jerusalém e o Muro

A cidade de Jerusalém foi, por mais de 600 anos, a capital dos hebreus. É considerada um tesouro cultural da humanidade. Na Jerusalém atual, a parte interna das antigas muralhas é chamada de Cidade Velha, e a parte de fora é conhecida por Cidade Nova.

O templo construído por Salomão foi destruído e saqueado pelos babilônios em 587 a.C. Foi reconstruído em 516 a.C. e durou mais de meio milênio, quando os romanos o destruíram de vez, em 70 d.C., ao expulsarem os hebreus da região.

O que restou do templo de Salomão tornou-se local sagrado para os judeus e é conhecido como Muro das Lamentações.

Aline Fortuna/Shutterstock

No Muro das Lamentações, os judeus fazem orações, cerimônias e pedidos a Deus, escritos em bilhetes colocados entre suas pedras. Fotografia de 2018.

FIQUE DE OLHO

Fenícios no Brasil? Disponível em: <www.historiadomundo.com.br/curiosidades/fenicios-no-brasil.htm>. Acesso em: 4 maio 2018.

Os fenícios eram habilidosos navegadores marítimos. Eles teriam condições de chegar ao Brasil? Alguns estudiosos acreditaram que sim, mas as informações nesse *link* indicam que essa teoria era fantasiosa.

Fenícios

Os fenícios ocupavam a costa oriental do mar Mediterrâneo desde o milênio III a.C.

As condições geográficas dessa região, que corresponde hoje ao Líbano, não contribuíam para as atividades agrícolas, pois não havia rios que pudessem fertilizar suas terras – ao contrário do Egito e da Mesopotâmia.

No entanto, a estreita faixa que os fenícios habitavam era abundante em cedro, árvore que fornecia madeira com a qual eles construíam eficientes navios.

Navegadores do Mediterrâneo

Entre os séculos XII a.C. e VIII a.C., os fenícios se tornaram os principais comerciantes e navegadores do mar Mediterrâneo. Comercializavam produtos como azeite, cereais, vinhos, perfumes, joias, pedras preciosas, tapetes, tecidos de lã tingidos na cor púrpura, essências aromáticas, incensos, armas decoradas e prisioneiros de guerra, vendidos como escravos.

Os fenícios se tornaram senhores do mar Mediterrâneo, viajando a lugares distantes, dominando rotas até então desconhecidas. Fundaram várias colônias, que também viviam do comércio marítimo. A mais poderosa delas foi Cartago, no norte da África, fundada em 814 a.C., muito próximo de Túnis, atual capital da Tunísia.

As embarcações fenícias usavam velas e eram fáceis de manobrar. Aquarela de Albert Sebille, século XX. Biblioteca de Artes Decorativas, Paris, França.

De Agostini Picture Library/Getty Images

516 a.C.: Reconstrução do templo construído por Salomão.

Os fenícios eram também artesãos muito habilidosos: trabalhavam o ouro, o vidro transparente, a madeira, a cerâmica e o metal. Aprenderam várias técnicas com outros povos e ainda difundiram o que sabiam.

O sistema de escrita dos fenícios foi fundamental para registrar as intensas trocas comerciais que realizavam com outros povos. A escrita fenícia era prática e mais simples do que a escrita egípcia e a dos povos da Mesopotâmia. Era uma escrita fonética, em que as letras registravam sons.

Rotas comerciais e colônias fenícias (XII a.C.-VIII a.C.)

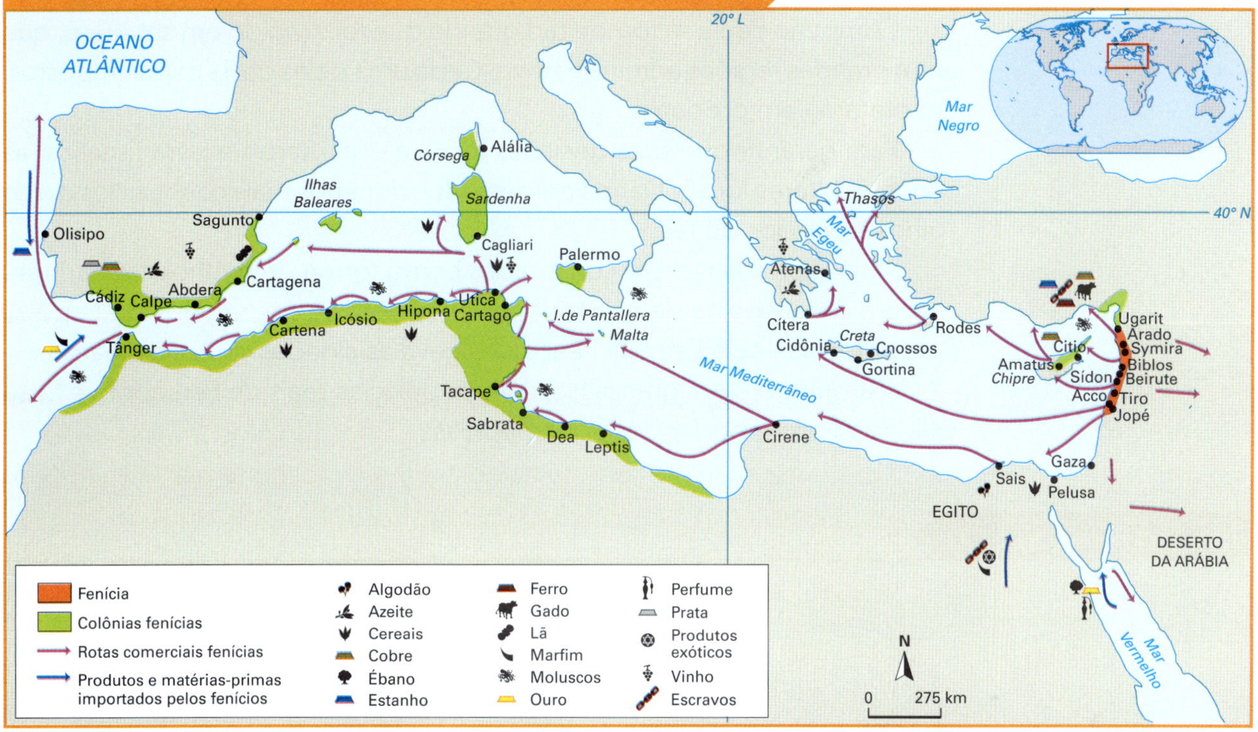

Fonte: elaborado com base em VICENTINO, Cláudio. *Atlas histórico*. São Paulo: Scipione, 2012. p. 36.

Persas

Os persas ocupavam o planalto do Irã desde 1500 a.C.

Durante séculos, o modo de vida dos persas baseou-se na agricultura e na pecuária.

Expansão imperial

Em torno de 539 a.C., Ciro II, rei da dinastia aquemênida, comandou a expansão persa no Oriente Próximo, iniciando a formação de um grande império.

O exército comandado por Ciro venceu o Império Babilônico e pôs fim ao cativeiro dos judeus. Depois, anexou regiões do Crescente Fértil, como a Síria, e estendeu o domínio persa até as fronteiras da Índia.

O Império Persa continuou crescendo com o sucessor de Ciro II, o rei Cambises, que derrotou o Egito em 525 a.C.

Oriente Próximo: região da Ásia próximo ao mar Mediterrâneo, que atualmente corresponde a Turquia, Síria, Líbano, Jordânia, Chipre, Israel, territórios palestinos e Iraque.

490 a.C. a 480 a.C.: Guerras Médicas.

330 a.C.: Invasão do Império Persa pelos macedônios.

Ásia Menor: península do Oriente Próximo que se projeta para o Ocidente, banhada pelo mar Egeu, no Mediterrâneo oriental (pertence à atual Turquia).

Foi no reinado de Dario I, porém, que o Império Persa atingiu sua extensão territorial máxima. O exército de Dario invadiu a Ásia Menor e anexou territórios no mar Egeu, ameaçando os interesses comerciais das cidades gregas.

O exército dos persas era forte, bem equipado e numeroso. Eles foram os primeiros na história a pagar soldos, ou seja, a remunerar os soldados, incluindo os voluntários das províncias dominadas.

Soldo: salário pago aos soldados pelos serviços prestados.

Administração persa

O Império Persa se tornou tão grande que foi dividido em satrapias, que eram grandes regiões administrativas. Cada uma delas devia pagar impostos, em prata ou em produtos.

Para garantir que suas decisões fossem executadas e para fiscalizar as ações de líderes locais, Dario I nomeava funcionários reais conhecidos como "olhos e ouvidos do rei".

Várias estradas foram construídas como forma de melhorar a comunicação e o transporte de mercadorias entre as diversas regiões do Império Persa. Destaca-se a Estrada Real, que ligava as cidades de Susa e Sardes.

A arquitetura era grandiosa, com os palácios reais de Persépolis e Susa exibindo todo o poder dos aquemênidas.

Império Persa (VI a.C.)

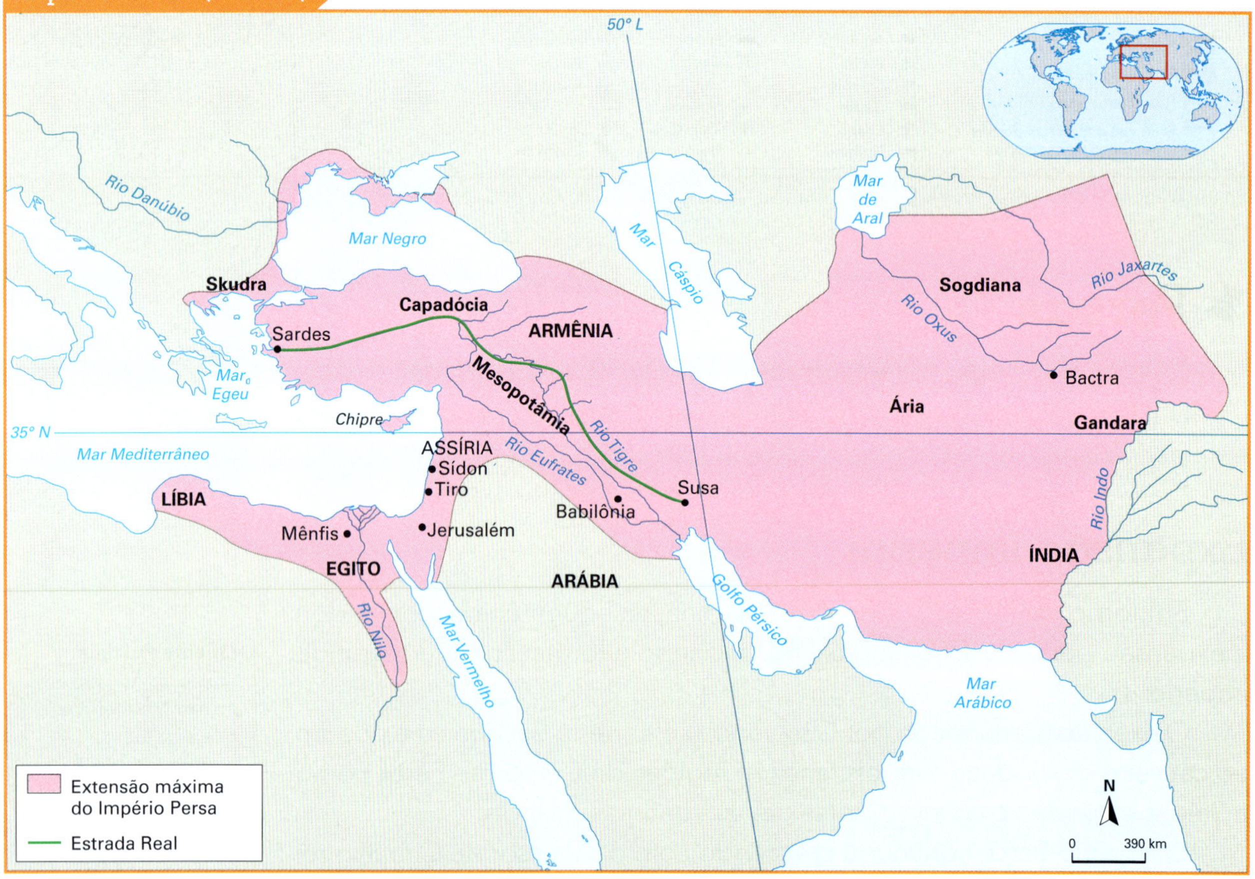

Fonte: elaborado com base em KINDER, Hermann; HILGEMANN, Werner. *Atlas histórico mundial*. Madrid: Istmo, 1982. p. 44.

70 d.C.: Expulsão dos hebreus pelos romanos e destruição do templo de Salomão.

A queda do Império Persa

Os persas não impuseram seus costumes aos povos conquistados, permitindo que cada um continuasse a praticar sua religião. Entretanto, cobraram altos impostos, o que levou à revolta de muitas províncias no século VI a.C.

O maior desafio, porém, ocorreu no estrangeiro. Os persas haviam atacado colônias gregas na parte oriental do mar Mediterrâneo e, em 490 a.C., os gregos reagiram.

Com o apoio de Atenas, principal cidade grega, a cidade de Mileto se rebelou contra o domínio persa. Os gregos ganharam algumas batalhas, os persas outras, mas a vitória final foi dos gregos, em torno de 480 a.C. A derrota enfraqueceu o Império Persa, que, em 330 a.C., foi invadido pelos macedônios.

Os persas entre o bem e o mal

A religião dos persas era o zoroastrismo, palavra que se originou do nome de seu fundador, Zoroastro (ou Zaratustra), homem nascido em meados do século VII a.C. Segundo Zaratustra, havia um deus associado ao bem e à verdade, chamado Ormuz, e um deus associado ao mal e à morte, conhecido como Arimã. Os dois deuses poderiam influenciar a vida das pessoas de acordo com o comportamento de cada uma delas.

Alguns estudiosos sugeriram que a religião persa era monoteísta: Ormuz era o deus; Arimã era o diabo. Mas isso não é exato. Os persas cultuavam dois deuses principais: um do bem, outro do mal.

O zoroastrismo tornou-se a religião oficial do Império Persa entre os séculos VI e IV a.C. Seus seguidores acreditavam no fim do mundo e num julgamento final, quando viria um salvador da humanidade. Eles não representavam seus deuses em imagens nem os cultuavam em templos.

Por tudo o que estudamos, prevalece a ideia de que os únicos monoteístas do Oriente Próximo eram os hebreus. Moisés renovou a aliança de Abraão com Deus ao libertar os hebreus do cativeiro. Mas Moisés era mesmo hebreu? Há quem duvide, sugerindo que ele era filho do faraó. Um príncipe do Egito.

eFesenko/Shutterstock

Templo religioso do zoroastrismo, conhecido como Templo de Fogo, em Yarzd, cidade do Irã.

PUXANDO PELA MEMÓRIA

Após o estudo do capítulo, você manteria sua resposta à pergunta da página 74?

Créditos das imagens de baixo para cima: Archiv Gerstenberg/Ullstein Dild DTL/Getty Images; Erich Lessing/Album/Latinstock; Thinkstock/Getty Images; Rubens Chaves/Pulsar Imagens; De Agostini Picture Library/Getty Images.

ROTEIRO DE ESTUDOS

O QUE APRENDEMOS?

1 | Com o auxílio de um mapa-múndi e das informações do capítulo, identifique quais são os países atualmente localizados nas regiões ocupadas pelos seguintes povos da Antiguidade: hebreus, persas e fenícios.

2 | Qual é a principal diferença entre a religião dos hebreus e as religiões de outros povos da Antiguidade?

3 | Por que o reinado de Salomão foi o apogeu do Reino de Israel?

4 | Relacione o conceito de Êxodo ao feriado judaico do Pessach.

5 | Quais são as características da escrita desenvolvida pelos fenícios?

6 | Qual a relação de Ciro II, rei persa, com a expansão da dinastia aquemênida?

7 | Qual foi a importância da rede de estradas no Império Persa?

8 | Qual é a relação entre a expressão "olhos e ouvidos do rei" e o governo do Império Persa?

9 | Por que a Ásia Menor foi importante para o Império Persa?

10 | Identifique por que a seguinte frase é falsa:

As principais atividades econômicas dos fenícios eram a agricultura e o pastoreio.

PESQUISA

A pintura abaixo representa Davi, um jovem que servia ao rei Saul, segurando a cabeça cortada do gigante Golias.

De acordo com a Bíblia, Davi derrubou Golias com uma pedrada na cabeça. Qual fato histórico está presente nessa narrativa fantasiosa do Antigo Testamento? Pesquise.

SuperStock/Keystone

Davi com a cabeça de Golias, óleo sobre tela de Caravaggio, 1610. Galeria Borghese, Roma, Itália.

De Agostini Picture Library/Getty Images

IMAGENS CONTAM A HISTÓRIA

A numismática é a ciência que estuda moedas e medalhas. O conhecimento produzido pela numismática contribui para o estudo da História, pois fornece informações sobre as atividades econômicas de diversas sociedades com base na descrição e na análise de suas moedas. A moeda, portanto, pode ser analisada como um documento histórico. Por exemplo: com frequência, o desenho cunhado em uma moeda representa uma característica ou um personagem da sociedade que a produziu.

Observe a imagem ao lado, de uma moeda de prata fenícia. Para analisar os seus desenhos, podemos dividi-la em duas partes: a inferior e a superior.

Na parte inferior, podemos ver um hipocampo, criatura mitológica que é metade cavalo, metade peixe. Segundo se acreditava, o hipocampo era um animal marinho.

Erich Lessing/Album/Latinstock

Moeda fenícia. Museu Nacional de Arqueologia, Beirute, Líbano.

- Agora, descreva o desenho da parte superior da moeda fenícia. Em seguida, relacione esse desenho com o que você aprendeu sobre os fenícios.

O PASSADO PRESENTE

A terra prometida aos hebreus chamava-se Canaã, segundo o relato bíblico. Estima-se que os hebreus tenham se fixado na região por volta do século XX a.C., mas somente no século XI a.C. é que surgiu o Reino de Israel, cujo primeiro rei foi Saul. Depois de muitas lutas e perseguições, em 70 d.C., os hebreus foram expulsos da Palestina, que era província do Império Romano. Assim, esse povo se espalhou por vários continentes.

No século XX, os judeus sofreram a maior perseguição de todos os tempos, movida por uma ditadura surgida na Alemanha – o nazismo –, que os considerava inimigos da humanidade. Cerca de 6 milhões de judeus europeus foram mortos pelos alemães na Segunda Guerra Mundial. Depois da guerra, os sobreviventes migraram em massa para a Palestina, empenhados em construir um Estado judeu, um país judeu. Nessa época, a região era habitada, principalmente, por povos árabes de religião muçulmana, e pertencia ao Império Britânico. Com o apoio dos Estados Unidos e de outros países ocidentais, a Organização das Nações Unidas (ONU) decidiu criar dois Estados na região: um judeu e um árabe. Este último não saiu do papel. O Estado de Israel foi criado em 1948, contrariando a oposição dos países árabes no Oriente Médio. Desde então, a região é palco de um conflito permanente entre os países árabes e o israelense. A população palestina de origem árabe vive refugiada nos países próximos ou mesmo em Israel. Os palestinos não têm um país para eles. Vários acampamentos palestinos ou de guerrilheiros anti-israelenses são bombardeados pelo Estado de Israel, um dos mais militarizados do mundo.

Em grupo, faça uma pesquisa a partir das perguntas a seguir.

1 | A origem da palavra **Palestina**, segundo algumas interpretações, é filistina. O que isso tem a ver com a antiga história dos hebreus?

2 | É possível dizer que o Estado de Israel, na atualidade, repete contra os palestinos a mesma intolerância de que foi vítima no passado?

maudanros/Shutterstock

VAMOS ESTUDAR

» O MUNDO GREGO
» AS PÓLIS E A DEMOCRACIA
» A ROMA ANTIGA
» A EXPANSÃO ROMANA
» OS DEUSES GREGOS E A MITOLOGIA
» AS ARTES E OS PENSADORES

Créditos das imagens de baixo para cima: Education Images/UIG/Getty Images; Zev Radovan/BibleLand Pictures/Alamy/Fotoarena; Lanmas/Alamy/Fotoarena.

Ruínas do teatro grego de Taormina, Itália. Fotografia de 2017.

UNIDADE 3

SOCIEDADES ANTIGAS DO MEDITERRÂNEO OCIDENTAL

Gregos e romanos dominaram por séculos o mar Mediterrâneo. Navios circularam por vários portos com os produtos mais diversos. Os gregos criaram um sistema de governo completamente diferente dos que existiam no mundo antigo: a democracia, em que parte da população participava ativamente das decisões mais importantes na cidade. Esse sistema permanece até os dias de hoje, ainda que bem diferente daquela época.

Já os romanos ficaram muito conhecidos pela elaboração do Direito, que influenciou profundamente, durante muito tempo, a legislação de vários países.

Monumentos, esculturas, novas ideias e pensamentos sobre o mundo e sobre o ser humano foram contribuições da cultura greco-romana.

akg-images/Latinstock

A era de Péricles, pintura de Philipp Foltz, 1877. Coleção particular.

CAPÍTULO 6

O MUNDO GREGO

Péricles nasceu em uma rica família da cidade de Atenas em 495 a.C. Desde criança, era muito estudioso, interessando-se por música, pelas artes e pela filosofia. Sua paixão pelo teatro fez com que ele financiasse peças, como *Os persas*, escrita por Ésquilo em 472 a.C., narrando a Batalha de Salamina em 480 a.C., que foi parte de um conflito envolvendo gregos e persas.

Filho de um grande general, Péricles tornou-se militar aos 18 anos e participou de várias expedições com grande coragem, na maioria expedições navais. Entretanto ele se tornaria famoso principalmente por sua carreira política e por sua grande habilidade em falar em público.

Péricles foi muito dedicado ao povo de Atenas, cidade que governou durante vários anos, e contribuiu para que ela ficasse cada vez mais conhecida e importante na Grécia.

O território ocupado pelos gregos antigos não é o mesmo do Estado da Grécia de hoje. Os gregos nunca formaram um Estado unificado, mas sua área de influência foi estendida por uma enorme parte da Europa e da Ásia. São os gregos da Antiguidade clássica que iremos estudar neste capítulo.

PUXANDO PELA MEMÓRIA

Você conhece a expressão "disciplina espartana"? Sabe o que ela significa?

Créditos das imagens de baixo para cima: Universal History Archive/UIG via Getty Images; The Bridgeman Art Library/Fotoarena; John Griffiths/Museu Britânico, Londres, Inglaterra; The Bridgeman Art Library/Fotoarena; Lanmas/Alamy/Fotoarena.

Antecedentes dos gregos

Durante a Antiguidade, o mar Egeu teve grande importância para várias cidades que viviam do comércio marítimo.

Entre 3000 a.C. e 2000 a.C., a ilha de Creta já era habitada e já se produziam artefatos de cobre, bronze, prata e ouro. Foram erguidos grandes palácios, sendo o de Cnossos o mais famoso e importante, composto de várias salas decoradas com afrescos coloridos. Lá, eram realizados os ritos religiosos.

O comércio dos cretenses cresceu bastante devido à existência de portos naturais e à extração de madeira para a construção de navios. Vinho, tecidos coloridos, madeira e cerâmica eram comercializados nas ilhas do mar Egeu e no Egito. Os cretenses eram excelentes artesãos e faziam joias delicadas, que também eram exportadas.

No II milênio a.C., a história de Creta sofreu uma transformação. Diversos povos originários da Ásia migraram para a península Balcânica. O primeiro deles foram os aqueus.

Em torno de 1450 a.C., os aqueus invadiram a ilha de Creta e fundaram a cidade de Micenas, iniciando o período que os estudiosos chamaram de Micênico ou Creto-micênico.

Os micênicos eram grandes conquistadores e guerreiros. Utilizavam instrumentos de guerra poderosos, como carros de combate trazidos do Oriente Próximo. Em decorrência do seu poderio militar, o comércio marítimo do mar Egeu e de parte do mar Mediterrâneo oriental foi assumido por eles.

VOCÊ JÁ OUVIU FALAR

... que a Grécia antiga era chamada de Hélade e seus habitantes se autodenominavam helenos? O termo **grego** foi atribuído a eles pelos romanos tempos depois.

The Bridgeman Art Library/Fotoarena

Afresco do Palácio de Cnossos, século XVI a.C. Museu Arqueológico de Heraclião, Grécia.

McClatchy-Tribune/Getty Images

Máscara de Agamenon, filho do rei Atreu, de Micenas. Museu Arqueológico Nacional de Atenas, Grécia.

FIQUE DE OLHO

ROCHA, Ruth. *Ruth Rocha conta a Odisseia*. São Paulo: Salamandra, 2011.

Livro que reconta o regresso de Ulisses (ou Odisseu), um dos heróis da guerra de Troia, a Ítaca, ilha da qual era o rei.

A Grécia antiga (séculos XVIII a.C. a XII a.C.)

Fonte: elaborado com base em ARRUDA, José Jobson de. *Atlas histórico básico*. São Paulo: Ática, 2009. p. 8.

Tempo difícil: Período Homérico

O Período Homérico se iniciou no século XII a.C., com a entrada dos dórios na península do Peloponeso, conquistando a civilização creto-micênica. O nome foi uma homenagem aos poemas de Homero que, utilizados como fontes documentais, permitiram aos estudiosos reconstruir essa fase da história da Grécia.

Misturando suas crenças e sua cultura com as de outros povos que já estavam na região, os dórios formaram o chamado mundo grego, que durante os séculos seguintes teria grande influência na região do mar Mediterrâneo.

Os dórios eram grandes guerreiros e usavam armas feitas de ferro, até então desconhecidas na região. Cidades foram destruídas, palácios foram incendiados e, com isso, os contatos comerciais diminuíram. A população passou a viver apenas da agricultura e da criação de animais. E assim a civilização creto-micênica chegou ao fim.

A comunidade rural

As comunidades gregas passaram a se organizar em famílias, chamadas de genos ou comunidades gentílicas, lideradas por um chefe guerreiro. A terra era coletiva e todos produziam para consumo próprio. Os escravos faziam o trabalho mais pesado. Eram integrantes de outros genos que haviam se tornado prisioneiros de guerra.

Século XII a.C.: Invasão dos dórios e destruição de Micenas.

No final no século VIII a.C., a comunidade gentílica entrou em crise. A população cresceu mais do que a quantidade de alimentos e, enquanto algumas famílias se apropriaram das melhores terras, outras não conseguiram sobreviver por conta própria. Muitas decidiram deixar a região e se fixar em outros lugares.

The Bridgeman Art Library/ Keystone Brasil

Estatueta de cavalo em bronze, século VIII a.C. Altes Museum, Berlim, Alemanha.

OUTRAS HISTÓRIAS PERSONAGENS

Homero

Não há documentação suficiente para comprovar se Homero realmente existiu. Acredita-se que tenha nascido em alguma ilha do mar Egeu por volta do século IX a.C., sendo considerado o poeta mais antigo do mundo ocidental. Tinha paixão pelas artes e pela poesia, mas uma doença lhe deixou cego. Seu nome significa "aquele que não vê", e passou a ser chamado assim após a cegueira.

Homero andava de cidade em cidade recitando seus poemas. Escreveu obras que contavam partes da história da Grécia. As mais famosas e importantes são a *Ilíada*, que narra os acontecimentos finais da Guerra de Troia, e a *Odisseia*, que conta a história do retorno do herói Ulisses para sua terra natal depois do fim dessa guerra.

Os estudiosos chamam de Homérico o período compreendido entre os séculos XII a.C. e VIII a.C., pois muitas informações sobre a sociedade grega dessa época foram descritas nos livros atribuídos a ele.

- A imagem abaixo retrata um dos episódios da *Odisseia*, em que Ulisses, ao passar pela ilha de Capri, na costa da Itália, encontra várias sereias. Você já ouviu falar no poder do canto das sereias? Tente imaginar de que modo Ulisses e seus marinheiros conseguiram se livrar delas. Na imagem, elas estão representadas como seres alados. Você conhece outro tipo de representação das sereias? Discuta com os colegas.

The Bridgeman Art Library/Fotoarena

Ulisses e as sereias, óleo sobre tela de John William Waterhouse, 1891. Galeria Nacional de Vitória, Melbourne, Austrália.

A colonização grega

Com a crise da comunidade gentílica, os gregos iniciaram um processo de migração, fundando cidades no sul da península Itálica, na península Ibérica, na costa do mar Negro, no norte da África e na Ásia Menor. Esse movimento migratório ficou conhecido como colonização grega.

Algumas cidades gregas se dedicaram mais à agricultura, principalmente ao cultivo do trigo, da vinha e da oliveira. Outras viviam do comércio. Várias cidades fundaram colônias, que tinham seu próprio governo. A cidade de Mileto, por exemplo, fundou dezenas de colônias espalhadas pelo mar Mediterrâneo.

Esse período da história da Grécia, que vai do século VIII a.C. ao século V a.C., ficou conhecido como Período Arcaico.

No Período Arcaico, o comércio marítimo cresceu muito. Navios gregos circulavam por vários portos no mar Mediterrâneo e no mar Egeu. Vinho e azeite eram trocados por trigo. A quantidade de produtos era tanta que se desenvolveu também a produção de vasos e recipientes de cerâmica para transportá-los.

Os vasos gregos ficaram famosos por suas pinturas e podem ser vistos ainda hoje em alguns museus.

Gianni Dagli Orti/The Art Archive/Agência France-Presse

Ânfora grega, cerca de 750 a.C. Museu Arqueológico Nacional de Atenas, Grécia.

Colonização grega e fenícia (séculos IX a.C. a VI a.C.)

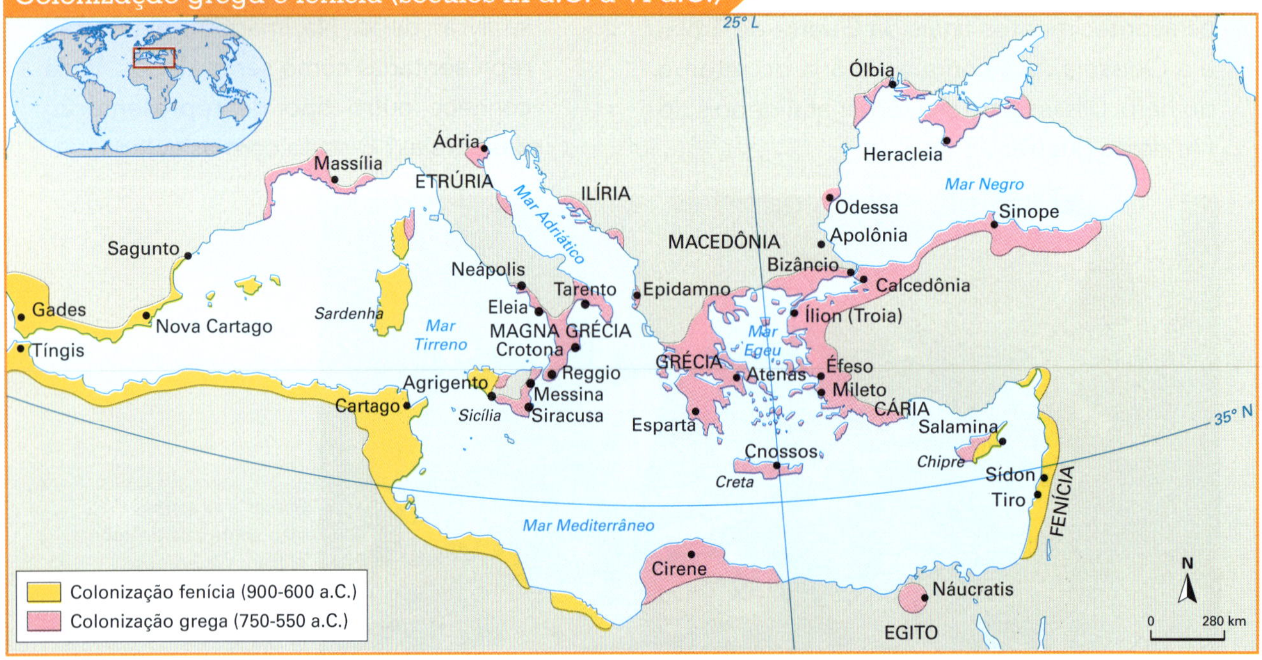

Ericson G. Luciano/Arquivo da editora

Fonte: elaborado com base em ARRUDA, José Jobson de. *Atlas histórico básico*. São Paulo: Ática, 2009. p. 8.

A formação da pólis

A Grécia não teve um governo unificado como o Egito, os reinos da Mesopotâmia e a Pérsia. As cidades gregas que se formaram no Período Arcaico eram independentes, cada qual com seu próprio governo, suas leis, sua moeda e até seu deus principal. Por serem diferentes das outras cidades do mundo antigo, foram chamadas de cidades-Estado ou pólis. Tornaram-se numerosas a partir de 700 a.C., e as mais importantes foram Atenas e Esparta.

O espaço da pólis também tinha características diferentes das de outras cidades. O local onde os cidadãos se reuniam para discutir os problemas da cidade, das pessoas ou mesmo para tomar decisões políticas importantes era a ágora, a praça central da cidade. Além de sua importância política, também era local de comércio, de realização de festas e de competições esportivas. A ágora era o coração da cidade.

As decisões políticas não eram tomadas por todos os habitantes da pólis, e sim pelos homens livres e proprietários das melhores terras. Esses habitantes eram chamados de cidadãos. Mulheres, estrangeiros e escravos não participavam das decisões políticas, apesar de habitarem os limites da cidade.

A parte mais elevada da cidade, geralmente um morro, era chamada de acrópole, fundamental para proteger os habitantes contra ataques de inimigos. Na acrópole também eram construídos os templos e os prédios religiosos.

Ágora: palavra de origem grega que significa "assembleia", "lugar de reunião" ou de "tomar decisões".

VOCÊ JÁ OUVIU FALAR

... que a palavra **política** vem de pólis? Política é a forma pela qual os povos são governados, organizados e dirigidos por um Estado.

Anualmente, milhares de turistas visitam a acrópole da cidade de Atenas, na Grécia. Fotografia de 2018.

Ivan Kuznetsov/Alamy/Fotoarena

1 Atenas, um modelo de cidade grega

Atenas foi uma das maiores e mais prósperas cidades do mundo grego. Fundada no século X a.C., está localizada no litoral do mar Egeu, o que facilitou o desenvolvimento de sua principal atividade econômica: o comércio marítimo.

A sociedade ateniense estava dividida em grupos sociais. Os eupátridas eram os grandes proprietários de terras, ricos, descendentes dos primeiros habitantes da cidade.

Eupátrida: palavra grega que significa "bem-nascido".

Havia também pequenos proprietários, comerciantes, artesãos, camponeses e escravos, estes últimos prisioneiros de guerra. Os **metecos** eram os estrangeiros, e só podiam ser comerciantes e artesãos, pois estavam proibidos de possuir terras. Se não cumprissem as leis da cidade, tornavam-se escravos.

Desde o século VII a.C., Atenas era governada pelos eupátridas. Eles eram os únicos cidadãos, ou seja, eram os únicos que decidiam tudo em Atenas. Os cidadãos mais velhos formavam um conselho, chamado areópago.

O primeiro código de leis escrito foi redigido por Dracon em torno de 620 a.C. Esse código era bastante rigoroso: previa a escravização daqueles que não conseguissem pagar suas dívidas e determinava que o areópago puniria crimes graves com a morte ou a expulsão da cidade.

O descontentamento da população com essas leis, chamadas draconianas, e sua vontade de participar das decisões políticas da cidade levaram a uma nova reforma. Em 594 a.C., Sólon, outro legislador de Atenas, determinou várias mudanças.

De acordo com a nova reforma, todos os homens nascidos em Atenas que tivessem renda, fossem proprietários ou não de terras, se tornariam cidadãos e poderiam participar da vida política da cidade.

Sólon determinou também o fim da escravidão por dívidas, a criação de um tribunal de justiça (Helieu), de uma assembleia popular dos cidadãos com mais de 18 anos (Eclesia) e de um conselho (Bulé) de 400 membros para preparar as leis que seriam votadas na Eclesia.

The Bridgeman Art Library/Fotoarena

Busto de Sólon. Museu Nacional Arqueológico de Nápoles, Itália.

Legislador: aquele que elabora leis.

Rumo à democracia

As reformas limitaram o poder dos grandes proprietários de terra, mas as tensões entre os grupos sociais continuaram fazendo com que o governo de Atenas fosse tomado pela força: foi o período conhecido como tirania.

Contudo, em 508 a.C., depois de assumir o poder, um grande proprietário ateniense, chamado Clístenes, propôs uma reforma no sistema de governo da cidade de Atenas, instituindo a democracia. Assim, inaugurava-se um novo período na história da Grécia: o Período Clássico (500 a.C. a 338 a.C.), marcado pela força e pela influência da Grécia no mundo antigo.

A maior novidade da democracia ateniense foi reconhecer a cidadania de todos os homens livres com mais de 18 anos, ricos ou pobres, que passaram a atuar na assembleia popular dos cidadãos. Apesar disso, a participação política continuou restrita. Excluíram os estrangeiros, as mulheres e, certamente, os escravos, considerados propriedades de seus senhores e não indivíduos. Em 461 a.C., Péricles, que já havia ingressado na política, foi eleito para o Conselho dos 500, ou Bulé, para governar a cidade. Ficou no poder por mais de 30 anos, e elaborou leis que ampliaram o sistema democrático, possibilitando a indivíduos que não tinham tantos recursos o acesso a cargos políticos. Péricles também instituiu que os cidadãos tinham de ser filhos de pais e mães atenienses.

VOCÊ JÁ OUVIU FALAR

... que as tribos eram divisões administrativas chamadas de **demos**, que em grego significa "povo"? Já a palavra **cracia** significa "governo". Assim, **democracia** significa "governo do povo".

Busto em mármore de Péricles, século II a.C. Museu do Vaticano, Vaticano, Itália.

Lanmas/Alamy/Fotoarena

DOCUMENTO

As reformas de Clístenes

As reformas feitas pelo ateniense Clístenes foram fundamentais para a democracia grega. Leia o texto abaixo e, depois, responda às questões apresentadas.

> [...] Tendo assumido a chefia do povo, três anos após a queda dos tiranos, sob o arcontado de Iságoras, Clístenes começou, primeiramente, a repartir todos os atenienses em dez tribos ao invés de quatro, com intenção de misturá-las a fim de que mais indivíduos participassem do poder... [...]
>
> [...] Aconteceu, com efeito, que as leis de Sólon caíram em desuso porque os tiranos não as aplicaram. As novas foram promulgadas por Clístenes para ganhar a massa. Entre outras, figura o ostracismo [...].
>
> Aristóteles, Constituição de Atenas XX, 1-4; XX; XXII, 1-3. In: PINSKY, Jaime. *100 textos de História antiga*. São Paulo: Contexto. p. 80-81.

1 | Procure o significado das palavras que você não compreendeu no texto.

2 | Quem são os tiranos mencionados no texto?

3 | Quem era considerado cidadão no governo de Sólon?

508 a.C.: Reforma de Clístenes e implantação da democracia em Atenas.

478 a.C.: Criação da Liga de Delos.

AO MESMO TEMPO

Gregos e egípcios

Em 525 a.C., quando os atenienses estavam se aproximando do período mais famoso de sua história – o Período Clássico –, os egípcios estavam sendo conquistados pelos persas.

- Cite um personagem da história grega ligado ao Período Clássico.

John Griffiths/Museu Britânico, Londres, Inglaterra.

Elmo espartano. Museu Britânico, Londres, Inglaterra.

1 Esparta, cidade dos guerreiros

A cidade de Esparta estava localizada no sul da península do Peloponeso. Foi fundada no I milênio a.C. pelos dórios, povo que valorizava muito a formação militar.

Foi por essa razão que Esparta se tornou uma sociedade governada por guerreiros, chamados de **esparciatas**. Os demais grupos foram excluídos do poder, fossem comerciantes, artesãos ou camponeses, que eram a maioria da população.

Educação espartana

Ancient Art & Architecture Collection Ltd/Alamy/Fotoarena

Estátua em bronze de um guerreiro espartano. Século VI a.C. Coleção particular.

A educação dos filhos de famílias esparciatas ficou muito conhecida pelo rigor e pela disciplina. Ao nascer, o menino era examinado por membros do Conselho de Anciãos. Se fosse observada qualquer deficiência física, o bebê era morto.

A partir dos sete anos, os meninos eram entregues ao governo da cidade e ficavam sob os cuidados de professores especializados. Esses professores deveriam educá-los para serem bons soldados, preparados para todas as situações durante uma guerra.

Ao longo de sua formação, os meninos e jovens praticavam exercícios físicos, aprendiam jogos e treinavam com diversas armas. Eram obrigados a andar descalços, para deixar os pés resistentes, e a usar uma roupa feita de tecido rústico, tanto no verão como no inverno, para aprender a suportar temperaturas diferentes. Aos 20 anos, entravam para o exército.

As meninas também recebiam uma educação especial: faziam exercícios físicos, praticavam atividades esportivas e aprendiam dança, música e canto. O objetivo dessa educação era prepará-las para o casamento e a procriação.

Persas inimigos

Gregos e persas se enfrentaram durante muito tempo. O conflito se originou da expansão do domínio persa sobre as colônias gregas da Ásia Menor.

Já sabemos que os gregos se tornaram grandes comerciantes. Azeite, vinho, frutas secas, tecidos e prata eram produtos que lotavam os navios gregos e eram desembarcados nos portos do mar Mediterrâneo para serem vendidos. Compravam produtos do Egito, da Pérsia e da Arábia.

Os persas, no entanto, também queriam os pontos de comércio dominados pelos gregos, principalmente as colônias gregas na Ásia Menor. Assim, dominaram a região da Jônia e obrigaram as cidades gregas a pagar impostos.

As colônias gregas, especialmente Mileto, se revoltaram e pediram socorro às outras pólis gregas, que se uniram para combater o inimigo. Atenas, Esparta e outras cidades juntaram forças para caminhar rumo à vitória. Esses conflitos ficaram conhecidos como Guerras Greco-Pérsicas (499 a.C. a 448 a.C.).

Em 490 a.C., um exército persa, estimado em 50 mil soldados, desembarcou na planície de Maratona, ao norte de Atenas. Mas foi inesperadamente derrotado pelos atenienses.

Dez anos depois, os invasores venceram a Batalha da Termópilas, apesar da heroica resistência dos espartanos.

Atenas foi saqueada e destruída, especialmente a acrópole.

Mas a guerra logo se tornou favorável aos gregos, após algumas vitórias atenienses, como foi o caso da Batalha de Salamina, em 480 a.C., quando os persas foram derrotados. Sob o comando de Atenas, diversas cidades gregas criaram a Confederação ou Liga de Delos.

As cidades contribuíram financeiramente para construir uma poderosa frota naval e atacar territórios sob domínio dos persas.

As fortes perdas navais da Pérsia levaram-na a assinar o Tratado de Susa, em 448 a.C., que pôs fim aos conflitos. Os persas aceitavam o domínio grego no Mediterrâneo oriental e na Ásia Menor. Iniciava-se, assim, a hegemonia de Atenas.

O SEU LUGAR NA HISTÓRIA

Em Esparta, meninos e meninas tinham educação diferente, pois os homens deveriam ter uma formação guerreira. Mas conhecer essa característica da sociedade espartana nos mostra que a educação variou ao longo do tempo.

Como a sua educação se diferencia daquela relatada no texto?

Delos: pequena ilha localizada no mar Egeu.

Hegemonia: supremacia de um povo ou Estado sobre outro ou outros, através da introdução de sua cultura ou por meios militares.

Escultura em mármore de um guerreiro espartano. Museu Arqueológico, Esparta, Grécia.

The Bridgeman Art Library/ Fotoarena

431 a.C. a 404 a.C.: Guerra do Peloponeso.

Guerras Greco-Pérsicas (499 a.C. a 448 a.C.)

Ericson G. Luciano/Arquivo da editora

Fontes: elaborado com base em *Atlas da História do Mundo*. São Paulo, 1995. p. 74; *Historical Atlas of the World*. Bath: Parragon Books, 2010, p.73.

Atenas poderosa

Depois da vitória sobre os persas, Atenas tornou-se muito poderosa. Os atenienses mantiveram a Confederação de Delos, exigindo que as outras pólis gregas continuassem a pagar tributos. Péricles, governante da cidade, conseguiu a aprovação para que os atenienses utilizassem esses recursos para reconstruir a cidade, parcialmente destruída pelos persas. Ele contratou os melhores arquitetos e artistas para construir muralhas, templos e edifícios, com destaque para o Partenon, edifício localizado na acrópole em homenagem à deusa Atena, protetora da cidade.

Partenon, templo localizado na acrópole de Atenas e construído sob o governo de Péricles. Fotografia de 2018.

Mikhailava Alesia/Shutterstock

No interior do Partenon, o artista Fídias esculpiu uma grande estátua da deusa Atena, de 12 metros de altura, composta em madeira e revestida por ouro e marfim.

No governo de Péricles, a cidade enriqueceu ainda mais. O comércio marítimo se expandiu e navios de vários lugares chegavam ao porto do Pireu. A influência da cidade de Atenas cresceu como nunca.

Esse período foi tão próspero que os estudiosos chamaram o século V a.C. de "século de ouro" ou "século de Péricles", tanto pelo desenvolvimento econômico como pela importância das reformas políticas.

FIQUE DE OLHO

REDE, Marcelo. *A Grécia antiga*. São Paulo: Saraiva, 2007. (Coleção Que História é Esta?).

Baseado em pesquisas arqueológicas, o livro aborda desde a formação do povo grego até o período helenístico, apresentando aspectos políticos, econômicos, culturais e religiosos.

A Guerra do Peloponeso

A influência e o poder de Atenas sobre as outras cidades eram tão intensos que começaram a incomodar os espartanos.

Esparta não queria mais pagar tributos a Atenas. Assim, decidiu retirar-se da Confederação de Delos e juntar-se a outras cidades, para fundar a Liga do Peloponeso.

O conflito entre Esparta e Atenas era inevitável. Entre 431 a.C. e 404 a.C., essas duas cidades e suas aliadas se enfrentaram na Guerra do Peloponeso, ocasião em que Péricles pôs à prova toda sua habilidade de estrategista, resistindo o quanto pôde.

Em meio à guerra, uma epidemia se instalou em Atenas, e Péricles faleceu em 429 a.C., sem ter visto a vitória final de Esparta, que passou a dominar o mundo grego. Atenas foi conquistada e seu sistema político foi derrubado.

Guerra do Peloponeso (431 a.C. a 404 a.C.)

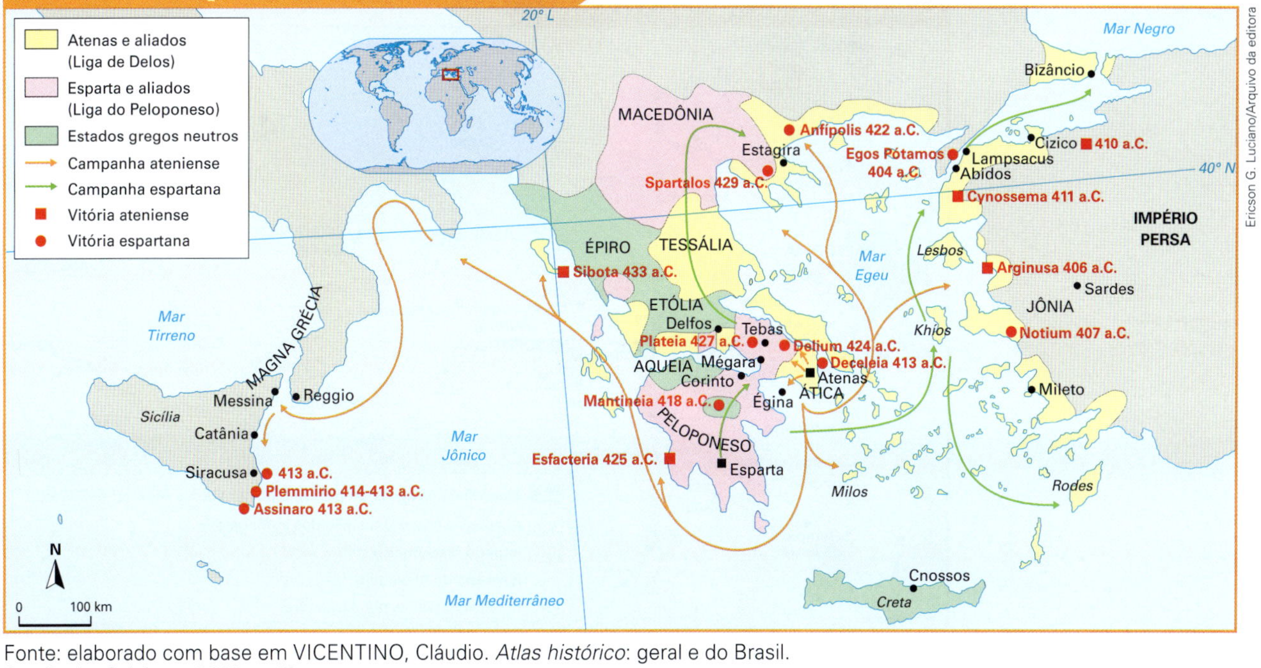

Ericson G. Luciano/Arquivo da editora

Fonte: elaborado com base em VICENTINO, Cláudio. *Atlas histórico*: geral e do Brasil. São Paulo: Scipione, 2012. p. 42

336 a.C.: Alexandre assume o governo do Império Macedônico.

323 a.C.: Morte de Alexandre e fragmentação do Império Macedônico.

A Macedônia e o Helenismo

FIQUE DE OLHO

MACDONALD, Fiona. *Como seria sua vida na Grécia antiga?* São Paulo: Scipione, 1996. (Coleção Como Seria Sua Vida?).

Como é que os antigos gregos passavam os dias? Como cultivavam azeitonas e construíam cidades? Como estabeleceram a democracia? De que forma conhecemos seu modo de vida? Ao responder a essas perguntas, esse livro resgata as diversas manifestações do cotidiano humano na Grécia antiga.

Não foi por acaso que o rei Alexandre III da Macedônia, região localizada ao norte da Grécia, foi chamado de "o Grande". Considerado um dos maiores generais da Antiguidade, Alexandre conquistou um império enorme, que se estendia da Grécia ao Oriente. Para melhor compreender o reinado de Alexandre e a expansão do Império Macedônico, vamos conhecer um pouco da vida de seu pai, Filipe II.

Antes de se tornar rei, Filipe II havia sido aprisionado na cidade grega de Tebas por sete anos, por conta de seu envolvimento em um conflito na região. Durante esse período, aprendeu estratégias e táticas militares. Quando foi libertado pelos tebanos e retornou para sua terra natal, aplicou o que aprendeu no exército macedônico, que se tornou cada vez mais forte e eficiente.

Desde que foi coroado rei, em 359 a.C., Felipe II desejava dominar a Grécia. O passo decisivo ocorreu em 338 a.C., quando conseguiu derrotar as cidades de Atenas e Tebas na Batalha de Queroneia. Iniciava-se aí uma nova fase da história da Grécia, agora sob a influência dos macedônios: o Período Helenístico, que durou até 146 a.C., quando Roma conquistou a Grécia.

O rei Filipe II morreu assassinado em 336 a.C. Seus passos foram seguidos por um de seus filhos: Alexandre, educado pelo filósofo grego Aristóteles.

Alexandre assumiu o reinado aos 20 anos de idade e deu continuidade à expansão macedônica. Reprimiu uma revolta de cidades gregas e conquistou os persas em 331 a.C. Depois, rumou para a Fenícia e para o Egito. Em alguns anos, o império havia atingido um tamanho gigantesco, chegando até parte da Índia.

O Império Macedônico (IV a.C.)

Ericson G. Luciano/Arquivo da editora

Fonte: elaborado com base em ARRUDA, José Jobson de. *Atlas histórico bászico.* São Paulo: Ática, 2009. p. 9.

Após a morte de Alexandre, em 323 a.C., o Império Macedônico foi dividido entre alguns de seus generais, formando reinos independentes. O primeiro reino compreendia a Síria, a Ásia Menor, a Mesopotâmia e a Pérsia. O segundo abrangia o Egito, a Fenícia e a Palestina. Já o terceiro abrangia toda a Grécia, incluindo a Macedônia.

O Império Macedônico foi importante não apenas pelo domínio político e pela expansão militar, mas também por ter criado um novo ambiente cultural, que possibilitava o contato entre os costumes gregos, persas, mesopotâmicos, egípcios, entre outros.

A cultura dos gregos foi disseminada por outras regiões, da mesma forma que as culturas dessas regiões a influenciaram. O resultado foi o surgimento de uma nova cultura: a helenística, originária também de ações e de influências de alguns indivíduos marcantes na história destes povos, como foi o caso da Grécia antiga, com nosso personagem Péricles. A riqueza cultural do período helenístico certamente o inspiraria a embelezar cada vez mais sua cidade natal, Atenas, que tanto brilhou sob seu comando.

A HISTÓRIA NÃO ESTÁ SOZINHA

Arte

Em um museu, podemos conhecer de perto os vestígios que várias culturas e povos deixaram ao longo do tempo, assim como suas expressões artísticas. Obras de arte, como pinturas, esculturas e desenhos, que estão reproduzidas em livros ou na internet, podem ser vistas em um museu.

Museólogo é o profissional responsável pelo funcionamento do museu. Seu trabalho é classificar, organizar e conservar os objetos e documentos ali mantidos. O museólogo também organiza exposições e orienta e incentiva a troca de peças com outros museus.

Por esse motivo, podemos afirmar que, além de ser um lugar para conhecer vestígios históricos, o museu é um espaço que define aquilo que vamos ter na memória a respeito de um povo ou de uma cultura. Isso porque não são todos os vestígios históricos que serão expostos. O museólogo, principalmente, define o que será visto e o motivo de sua importância.

Para saber mais sobre a história da Grécia e de Roma, além do Museu Arqueológico de Atenas, um dos museus mais bonitos e completos é o Altes Museum, na cidade de Berlim, na Alemanha. Ele abriga uma das coleções mais incríveis sobre a Antiguidade clássica.

- Em sua opinião, visitar algum museu poderia ajudar no seu conhecimento sobre a história? Justifique.

PUXANDO PELA MEMÓRIA

Após o estudo do capítulo, você manteria sua resposta à pergunta da página 90?

Créditos das imagens de baixo para cima: Universal History Archive/UIG via Getty Images; The Bridgeman Art Library/Fotoarena; John Griffiths/Museu Britânico, Londres, Inglaterra; The Bridgeman Art Library/Fotoarena; Lanmas/Alamy/Fotoarena.

ROTEIRO DE ESTUDOS

O QUE APRENDEMOS?

1 | Por que o período compreendido entre o século XII a.C. e o século VIII a.C. foi chamado de Homérico?

2 | Explique as razões que levaram os gregos a colonizar outras regiões no final do século VIII a.C.

3 | Dê duas características da pólis grega.

4 | O que diferencia os cidadãos do restante dos habitantes da pólis?

5 | Podemos afirmar que o sistema de governo dos faraós no Egito era muito diferente do sistema de governo da cidade de Atenas? Justifique sua resposta. Se necessário, consulte o capítulo 5.

6 | Por que a ágora foi importante na cidade de Atenas?

7 | O que Alexandre, rei da Macedônia, tem que ver com a formação da cultura helenística?

8 | Quem eram os esparciatas na sociedade espartana?

9 | Como podemos relacionar a Liga de Delos à Guerra do Peloponeso?

10 | Por que a frase seguinte é falsa?

Na cidade de Atenas, todas as camadas sociais participavam da vida pública.

PESQUISA

As imagens abaixo representam o Minotauro, figura mitológica da Grécia antiga. Pesquise sobre o Minotauro, que fez parte da história dos cretenses.

Erich Lessing/Latinstock

VPC Travel Photo/Alamy/Fotoarena

Universal History Archive/UIG via Getty Images

Há diversas representações do Minotauro, como na pintura desta ânfora ática (acima à esquerda, século VI a.C., Museu do Louvre, Paris, França) e neste busto (à direita, Museu Arqueológico Nacional de Atenas, Grécia).

IMAGENS CONTAM A HISTÓRIA

Observe a imagem ao lado e escreva um texto descrevendo-a.

Em seguida, responda:

- Qual é a situação retratada no vaso da figura? Como ela pode ser relacionada com a deusa Atena e com o presente que ela deu à cidade de nome semelhante?

De Agostini/Getty Images

Ânfora grega, século VI a.C. Museu Britânico, Londres, Inglaterra.

O PASSADO PRESENTE

Diferentemente da democracia ateniense, a democracia hoje é regida por constituições escritas, que determinam os direitos políticos e sociais dos indivíduos em uma sociedade. Responda:

1 | Como é a democracia no Brasil de hoje?

2 | De quando data nossa última Constituição?

3 | Quem pode votar?

Ricardo Azoury/Pulsar Imagens

Promulgação da Constituição brasileira, 1988. Distrito Federal, Brasil.

Asterix, Obelix e Ideiafix. *Asterix, o Gaulês*, 1967.

1974 Albert Uderzo e René Goscinny/Les Éditions Albert-René/Goscinny–UderzoAlamy/Fotoarena

CAPÍTULO 7

O MUNDO ROMANO

"Esses romanos são loucos!!", gritou várias vezes Obelix para seu amigo Asterix, principais personagens de uma série de revistas em quadrinhos criada em 1959 pelos franceses Albert Urdezo e René Goscinny. As histórias se passavam no Período Imperial romano.

Asterix morava em uma aldeia da Gália, no norte da França atual. Os habitantes da aldeia de Asterix se tornavam muito fortes e conseguiam lutar contra os soldados romanos para não serem conquistados graças a uma poção mágica feita pelo druida Panoramix.

Obelix era o único que não precisava tomar essa poção para ficar forte, porque havia caído dentro dela quando era bebê e ficou com os poderes para sempre. Era guloso, adorava comer javalis e tinha um cachorrinho inseparável, o Ideiafix.

De uma maneira divertida, os autores mostraram muitos aspectos da história dos romanos, que agora vamos conhecer, e de outros povos que viviam nas proximidades das fronteiras do Império Romano.

As revistas de Asterix e Obelix foram traduzidas para muitos idiomas, incluindo o português. Já foram produzidos filmes e vários outros produtos com os personagens.

PUXANDO PELA MEMÓRIA

O que você sabe sobre a relação existente entre as línguas portuguesa, espanhola, francesa e italiana e os romanos?

Créditos das imagens de baixo para cima: Lou armor/Shutterstock; image Broker/Glowimages; The Bridgeman Art Library/Keystone Brasil; VPC Travel Photo/Alamy/Fotoarena

1 Gladiador, escravo e rebelde

Nascido na região grega da Trácia em 109 a.C., o soldado Espártaco poderia ter seguido sua carreira no exército romano até o fim de sua vida, mas não... Desertou das tropas, foi capturado e escravizado. Foi mandado por seu dono, o mercador Lêtulo Betiato, a uma escola de gladiadores no sul da península Itálica, pois era forte e habilidoso.

Os gladiadores eram escravos que participavam de torneios nas arenas lutando entre si ou com animais. Utilizavam nos combates lanças, tridentes, escudos, redes, e podiam vir montados em cavalos ou em cima de carros puxados por eles. A luta terminava somente quando um dos dois gladiadores era morto, desarmado ou ferido, sem poder continuar o combate.

Esses espetáculos agradavam muito aos romanos, e os imperadores estimulavam essas lutas para oferecer diversão à população. Os gladiadores aprendiam a lutar em escolas específicas, recebendo um treinamento rigoroso para se tornarem excelentes lutadores.

Em torno de 73 a.C., Espártaco liderou uma revolta de escravos que treinavam com ele. Era o Período Republicano da história romana. Durante sua fuga, Espártaco e seu grupo saquearam um carregamento de armas, garantindo a defesa de todos até a chegada ao topo do vulcão Vesúvio, onde se esconderam. Espártaco deu trabalho às legiões romanas, pois essa revolta ameaçou um dos pilares da economia romana: a escravidão.

Como vimos em capítulos anteriores, os povos na Antiguidade tiveram como base para seu desenvolvimento econômico o trabalho escravo. Os escravos eram capturados nas guerras de conquista e expansão territorial. Assim foi com os gregos e também com os romanos, que iremos estudar agora. A população escrava de Roma fez toda a diferença para que a cidade se tornasse importantíssima no Império.

Druida: na sociedade céltica, pessoa responsável por diversas tarefas ligadas ao saber. Podia exercer a função de filósofo ou mesmo de conselheiro militar.

Desertar: fugir do serviço militar..

Legiões romanas: divisões do exército romano. Uma legião tinha entre mil e 8 mil soldados.

Universal History Archive/UIG/Getty Images

A morte de Espártaco, ilustração de Hermann Vogel, 1882. Coleção particular.

A Monarquia romana

A região que hoje conhecemos como Itália era povoada, desde o século IX a.C., por diferentes povos que viviam na Etrúria (hoje conhecida como Toscana). Também desde o século VIII a.C., os gregos já habitavam o sul da Itália e a ilha da Sicília.

Roma era uma pequena aldeia fundada pelos latinos, que chegaram à Itália em torno de 2000 a.C. e se fixaram na região do Lácio. No século VII a.C., os etruscos conquistaram os latinos e Roma transformou-se numa cidade maior e cercada de muralhas. Esse período da história romana foi chamado de Monarquia.

CÁ ENTRE NÓS

Em 2010 foram encontrados nos arredores da cidade de York, na Inglaterra, quase cem esqueletos de gladiadores que haviam lutado e morrido em combates com animais. Os arqueólogos descobriram que alguns deles tinham um dos braços mais comprido que o outro, indicando um rigoroso treinamento ainda muito jovens. Os músculos do ombro e do braço eram bem fortes e o tamanho do crânio bem diferente, mostrando que vinham de várias partes do Império. Muitos estavam com a cabeça separada do corpo, sinal de que haviam sido decapitados na luta.

Decapitar: cortar a cabeça.

Povos pré-romanos na península Itálica (séculos X a.C.-VIII a.C.)

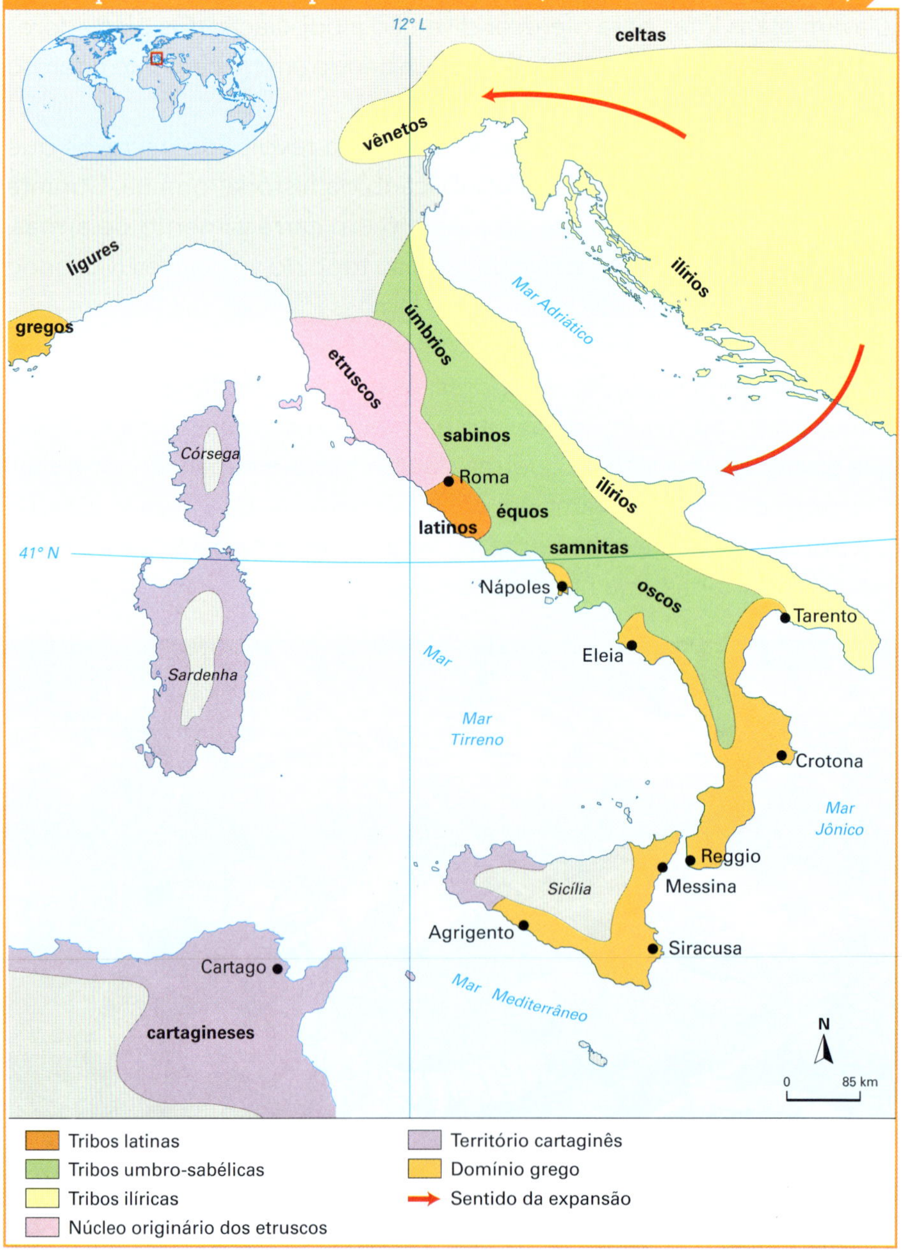

Fonte: ARRUDA, José Jobson de. *Atlas histórico básico.* São Paulo: Ática, 2007, p. 10.

OUTRAS HISTÓRIAS PERSONAGENS

Rômulo e Remo

Os romanos acreditavam que sua história havia começado com o nascimento de dois meninos gêmeos, filhos de Reia Silvia, uma mulher mortal, e de Marte, o deus da guerra.

Reia era filha de Numitor, o rei de Alba Longa, um reino no centro da península Itálica. Quando Amúlio, irmão de Numitor, descobriu que sua sobrinha havia se tornando mãe, ele a prendeu e tentou matar os gêmeos, jogando-os num cesto no rio Tibre. Ele se viu ameaçado pelos filhos de Reia, que poderiam tornar-se reis.

A correnteza acabou levando o cesto com os gêmeos para as margens do rio, em uma região próximo ao monte Palatino. Os meninos foram encontrados por uma loba, que os amamentou e cuidou de ambos como se fossem seus filhotes.

Certo dia, eles foram encontrados e levados por um pastor, chamado Fáustulo, que lhes deu os nomes de Rômulo e Remo. Já crescidos, ao saberem de toda a história de seu nascimento, os irmãos retornaram a Alba Longa e expulsaram Amúlio do reino, devolvendo o trono para o avô. Numitor recompensou os netos permitindo que eles fundassem uma cidade.

A história dos meninos criados pela loba é a lenda da fundação da cidade de Roma, na altura do ano de 753 a.C. Sabemos que os povos da Antiguidade tinham muitas crenças e imaginaram muitas lendas. Porém, pesquisas arqueológicas indicam que Roma foi fundada por comunidades de agricultores em uma das margens do rio Tibre, local cercado por sete morros, ou colinas.

The Bridgeman Art Library/Fotoarena

Rômulo e Remo recolhidos por Fáustulo, óleo sobre tela de Pietro de Cortone, 1643. Museu do Louvre, Paris, França.

- Você já ouviu a expressão "Todos os caminhos levam a Roma", usada quando todas as alternativas para resolver um problema levam a uma mesma solução? Essa frase estabelece relação com a própria história de Roma. Procure explicar a relação entre a frase e a história da Roma antiga.

FIQUE DE OLHO

Como seria sua vida na Roma antiga? São Paulo: Scipione, 1997.

Como era a vida na Roma antiga? Nesse livro você descobrirá curiosidades sobre o cotidiano de soldados, cidadãos e escravos, como se divertiam, que medos tinham, sua religiosidade e como moravam.

ANDREVON, Jean-Pierre. *Heróis e vilões da Roma antiga*. São Paulo: Companhia das Letras, 2004.

Nesse livro, a história de Roma é contada por meio da vida dos personagens que enfrentaram gauleses e etruscos nas disputas por território, pastores e carpinteiros que deram corpo à expansão do cristianismo e gladiadores rebeldes que se voltaram contra o sistema escravocrata.

Política e sociedade

O rei etrusco elaborava as leis, julgava os crimes e organizava os cultos religiosos. A monarquia etrusca também contava com um conselho responsável pela aprovação das leis, composto de pessoas mais velhas vindas das principais famílias.

Os grandes proprietários de terras, que descendiam das famílias mais antigas da cidade, eram os únicos que podiam ocupar cargos administrativos. Cediam parte de suas terras a camponeses e suas famílias em troca de serviço militar e proteção. Eles eram chamados de **patrícios**.

Os pequenos agricultores, comerciantes e artesãos eram os **plebeus**, e serviam nas tropas auxiliares do exército.

Por fim, na base dessa sociedade, estavam os **escravos**, que eram prisioneiros de guerra ou aqueles que não haviam conseguido pagar suas dívidas. Trabalhavam na lavoura e realizavam serviços domésticos.

Fim do domínio etrusco

Os etruscos queriam expandir seu território. Avançaram em direção ao sul da península Itálica para conquistar a Magna Grécia, ocupada pelos gregos. Porém, enfrentaram dificuldades que os enfraqueceram, o que criou condições para que os romanos se libertassem de seu domínio.

Mesmo sob domínio etrusco, Roma se desenvolveu, beneficiando principalmente os patrícios romanos, senhores das maiores e melhores terras. Como não exerciam o poder político, os patrícios encabeçaram uma conspiração e atraíram os plebeus para sua causa, prometendo dividir com eles o poder. Expulsaram o rei e conquistaram o poder, mas não o repartiram com os plebeus.

A morte de Lucrécia, óleo sobre tela de Eduardo Rosales Gallinas, 1871. Interpretação lendária do passado romano: a revolta que levou à República romana foi atribuída à tentativa de Sexto Túlio, filho do rei etrusco Tarquínio, em se relacionar com Lucrécia, mulher casada com um importante patrício, levando-a ao suicídio. Os patrícios se rebelaram e fundaram a República romana. Museu do Prado, Madri, Espanha.

A República romana

O fim da Monarquia e o início da República, no começo do século VI a.C., levaram a grandes transformações na vida política romana. Com os patrícios na liderança das decisões políticas, os cargos políticos se diversificaram. Veja alguns dos principais:

» **Senadores:** responsáveis por elaborar e aprovar as leis. O cargo era vitalício e ocupado pelos chefes das famílias patrícias mais importantes. O poder e a função dos senadores aumentaram bastante no período republicano.
» **Cônsules:** aplicavam as leis aprovadas pelo Senado, organizavam os cultos religiosos e comandavam o exército.
» **Pretores:** encarregados de zelar pela aplicação das leis. Eram subordinados aos dois cônsules.
» **Edis:** responsáveis pelo abastecimento, pelo policiamento da cidade e pela organização das festas.
» **Questores:** encarregados de arrecadar os tributos e observar os gastos da administração civil e militar.
» **Censores:** responsáveis por zelar pelos bons costumes e por realizar a contagem dos cidadãos e de seus bens, que poderiam ser utilizados em tempos de guerra para comprar armas.
» **Ditador:** a ditadura era uma função legal, prevista na legislação republicana de Roma. Era adotada em momentos de crise social ou política, quando o Senado indicava um dos dois cônsules para exercê-la. O ditador prestava contas do seu trabalho ao Senado.

As principais decisões e atividades políticas e públicas de Roma ocorriam no fórum romano, que era um tribunal – uma praça que exercia função semelhante à da ágora, na Grécia antiga. Era o principal local em que a vida política acontecia na cidade.

O SEU LUGAR NA HISTÓRIA

A palavra **senado** vem do latim *senatus*, que significa "ancião, velho".

Já sabemos como era o Senado na época da Roma antiga. Agora, vamos ver como é no Brasil atualmente?

Você sabe quais são as funções do Senado brasileiro e como ocorrem as eleições para o cargo de senador? Pesquise.

Ruínas do fórum romano. Roma, Itália. Fotografia de 2018.

Lou armor/Shutterstock

FIQUE DE OLHO

ROSS, Stewart. *Roma antiga*. São Paulo: Companhia das Letrinhas, 2007.

Sabina e Publius acabam sendo vendidos no mercado de escravos e são levados de Roma para trabalhar. Ao acompanhar a trama, você vai descobrir como era fazer parte de um dos maiores impérios de todos os tempos.

CÁ ENTRE NÓS

O Direito Romano foi modificado até por volta do século VI. Atualmente, apesar de não ser o fundamento legal de nenhuma nação, ainda é utilizado nos cursos de Direito como instrumento educativo.

Conquistas dos plebeus

Os plebeus apoiaram os patrícios na deposição e expulsão do último rei etrusco, mas continuaram afastados das decisões políticas. Por esse motivo, começaram a pressionar os patrícios para obter direitos de cidadania e exercer cargos políticos, gerando um longo conflito.

Em 494 a.C., povos inimigos ameaçavam invadir Roma. Diante dessa ameaça, os plebeus decidiram que só iriam lutar novamente em defesa de Roma caso algumas de suas reivindicações fossem atendidas. Então, o Senado decidiu criar o Tribunato da Plebe que, ocupado somente por plebeus, exercia o poder de recusar as leis que não fossem de seu interesse.

As reivindicações dos plebeus continuaram. Em 450 a.C., conseguiram que todas as leis da época fossem escritas em tábuas de bronze, chamadas Lei das Doze Tábuas, e fossem expostas publicamente para conhecimento de todos. A promulgação da Lei das Doze Tábuas foi o primeiro passo para a elaboração do Direito Romano, um conjunto de leis para serem aplicadas na cidade de Roma.

Em 444 a.C., foi autorizado o casamento entre patrícios e plebeus; em 366 a.C., foi determinado que um dos cônsules deveria ser um plebeu, e por fim, em 326 a.C., a escravização de plebeus por dívidas foi proibida.

Silvestre David Mirys/Biblioteca Nacional, Paris, França.

Exibição das tábuas de bronze com a lei, desenho de Silvestre David Mirys, 1799. Biblioteca Nacional da França, Paris, França.

E Roma se expandiu

A partir do século V a.C., os romanos iniciaram a expansão de seu território, primeiro na região do Lácio, onde Roma se localiza, seguindo em direção ao norte da península Itálica, e depois ao sul (Magna Grécia). No início do século III a.C., depois de ocupar toda a península Itálica, o exército romano iniciou a conquista de outras regiões do mar Mediterrâneo. A primeira dessas regiões foi a ilha da Sicília, também ambicionada por Cartago.

Cartago era uma antiga colônia fenícia localizada no norte do continente africano, onde hoje é a Tunísia. Os cartagineses eram poderosos comerciantes marítimos e seus navios circulavam principalmente na parte ocidental do mar Mediterrâneo. Roma, entretanto, desejava se tornar uma potência marítima. Assim, entre 264 a.C. e 146 a.C., romanos e cartagineses, ao disputarem o controle do comércio marítimo, iniciaram um longo conflito que ficou conhecido como Guerras Púnicas, assim denominadas porque os romanos chamavam os cartagineses de "púnicos".

As Guerras Púnicas ocorreram em três fases, todas elas vencidas pelos romanos, apesar da poderosa frota naval cartaginesa. Com o fim desse conflito, a República romana assegurou a posse da Sicília e de uma parte do norte da África. Nas décadas seguintes, os romanos se apoderaram da península Ibérica, do sul da atual França, da Grécia, do Egito e da Ásia Menor.

Expansão territorial romana (séculos IV a.C. a III a.C.)

Fonte: elaborado com base em ARRUDA, José Jobson de. *Atlas histórico básico*. São Paulo: Ática, 2007. p. 10.

Transformações sociais no mundo do trabalho

A expansão territorial causou profundas transformações na sociedade romana. As regiões conquistadas foram divididas em províncias e deviam pagar tributos ao governo romano. A conquista de novas terras também aumentou o número de proprietários. Parte dos plebeus enriqueceu com o comércio, com a cobrança de impostos em nome do governo e com a posse de novas terras.

A quantidade de escravos cresceu muito por conta do grande número de prisioneiros de guerra, provenientes dos povos conquistados. Eles trabalhavam na agricultura, nas obras públicas, na mineração, nas casas, nas atividades artesanais e no comércio. As cidades cresceram.

A expansão territorial, contudo, não beneficiou a todos os romanos. Muitos plebeus eram pequenos proprietários rurais; quando eram obrigados a participar das campanhas militares, deixavam suas terras praticamente abandonadas; assim, a produção diminuía drasticamente. Ao voltar das campanhas, muitos se viam empobrecidos, por conta das grandes dívidas familiares.

Muitas vezes tinham que prestar serviços a um grande proprietário de terras, que pagava sua dívida em troca de trabalho no latifúndio, uma espécie de servidão temporária, pois o trabalhador não recebia salário. Trabalhava por um tempo no latifúndio para pagar o que devia, a critério do senhor que o empregava. Era a servidão por dívida, mas não era escravidão, porque ele não podia ser vendido. Os pobres do campo, passando ou não pelo estágio de servidão, perdiam suas terras e iam para as cidades ganhar a vida como trabalhadores livres. Empregavam-se no setor de serviços – comércio, carregador de mercadorias, etc. – e nos ofícios urbanos, mas os salários eram muito baixos e as oportunidades de emprego, muito raras.

Latifúndio: grande propriedade de terras.

Servidão: tipo de serviço em que a pessoa não tem direitos.

Ourives: artesão que trabalha o ouro e a prata.

Oleiro: pessoa que trabalha com cerâmica.

A Roma republicana, depois da vitória nas Guerras Púnicas, tornou-se uma sociedade escravista em franca expansão. Na península Itálica quase não havia mais espaço para o trabalho livre. Nos latifúndios dedicados à produção de grãos ou de vinho, a escravidão prevaleceu.

O mesmo ocorreu na mineração, na construção naval e nas obras públicas.

Até mesmo no artesanato especializado, como o dos ourives, dos ferreiros, dos oleiros, etc., passou-se a usar a mão de obra de escravos, embora fosse uma atividade em que predominava o trabalho livre assalariado (em troca de um salário). Mas, nos leilões, escravos artesãos especializados valiam um grande preço.

O uso da mão de obra escrava em vários serviços tirou o trabalho de muitos plebeus. A miséria em que boa parte se encontrava acabou gerando revoltas entre eles.

Reforma agrária

Dois irmãos – Tibério e Caio Graco –, eleitos para o Tribunato da Plebe, elaboraram propostas para tentar superar as dificuldades enfrentadas pelos plebeus. Tibério Graco, em 131 a.C., propôs a distribuição das terras que excedessem 125 hectares aos plebeus pobres. Os patrícios foram contrários a essa medida, pois não queriam ceder suas terras, e o Senado rejeitou a proposta.

O irmão de Tibério, Caio Graco, eleito em 123 a.C., conseguiu fazer com que algumas leis favoráveis aos plebeus fossem aprovadas pelo Senado. Tentou retomar as propostas de reforma agrária de seu irmão, mas os senadores romanos conseguiram impedir sua reeleição e anularam as leis que ele havia criado.

Image Broker/Glow Images

Cenotáfio de Tibério e Caio Graco, escultura de Eugène Guillaume, 1853. Museu d'Orsay, Paris, França.

A crise republicana

A situação da República romana chegou a um ponto bastante crítico, com os plebeus cada vez mais insatisfeitos e os povos dominados reclamando dos altos tributos.

Na opinião de alguns senadores, os generais eram os únicos que poderiam superar essa profunda crise social. Nessa época, o exército já havia se profissionalizado e os soldados recebiam o soldo. Fortalecidos e respeitados, os generais passaram a querer participar das decisões políticas de Roma. Com o prestígio e a riqueza que alcançaram, ambicionavam mais poder.

Soldo: remuneração ou salário por serviços militares prestados.

Foi nesse período difícil e de grande tensão na história dos romanos que Espártaco iniciou sua revolta, em 73 a.C. Ele teve razões de sobra para isso: as condições de vida dos escravos eram péssimas, sendo tratados com crueldade e considerados unicamente uma propriedade. Muitas vezes eram submetidos a duros trabalhos físicos, sobretudo os que trabalhavam nas minas. Antes de Espártaco, outras revoltas de escravos aconteceram, que foram sufocadas e nem se compararam com o tamanho e impacto desta.

O grupo dos rebeldes foi aumentando com a chegada de mais escravos fugidos e de camponeses pobres, formando um grande exército, entre 70 e 100 mil homens, que atacou várias regiões da Itália.

As autoridades romanas tentaram capturar os revoltosos, mas Espártaco e seu grupo foram novamente vitoriosos. Até que um último ataque foi implacável, liderado pelo general Crasso, que derrotou os rebeldes no sul da península Itálica. O castigo foi cruel: 6 mil rebeldes foram crucificados na então principal estrada romana, a Via Ápia.

A vitória de Crasso, ao longo do tempo, lhe rendeu maior prestígio em sua carreira política. Em 59 a.C., além dele, dois generais importantes combinaram entre si uma forma de dividir e usufruir do governo das províncias romanas. Pompeu e Júlio César se uniram a Crasso em um consulado tríplice, que foi chamado de Triunvirato.

FIQUE DE OLHO

CORASSIN, Maria Luiza. *Sociedade e política na Roma antiga*. São Paulo: Atual, 2002. (Coleção Discutindo a História).

Esse livro apresenta um panorama das mudanças ocorridas nas instituições e nas práticas políticas romanas desde a Monarquia até o Império.

Triunviratos

Pouco tempo depois da criação do Primeiro Triunvirato, Crasso morreu em uma campanha para conquistar a Pérsia.

Júlio César fez várias conquistas importantes, como a Gália (atual França), e, quando o Senado exigiu que ele retornasse a Roma, rebelou-se e derrotou o exército de Pompeu. César tornou-se ditador e passou a governar Roma com toda a autoridade a partir de 45 a.C. Sua popularidade cresceu em todo o exército e entre a população romana. Ele fez várias mudanças na administração, determinou a construção de templos, palácios e obras públicas, distribuiu terras aos plebeus, estendeu a cidadania romana a diversos povos conquistados e criou o calendário juliano, constituído de 12 meses que somavam 365 dias.

Júlio César governava sozinho, a ponto de os senadores acharem que ele iria impor um governo vitalício e acabar com o Senado. Morreu assassinado por um grupo de senadores em 44 a.C.

Vitalício: que dura a vida inteira.

Para superar essa nova crise política, o Senado criou o Segundo Triunvirato (43 a.C.-33 a.C.), formado por Otávio, Lépido e Marco Antônio. Mas eles também entraram em conflito, e quem acabou vitorioso foi Otávio, passando a governar sozinho. A República romana chegava ao fim.

G Dagli Orti/De Agostini Picture Library/Easypix

Morte de César, óleo sobre tela de Vincenzo Camuccini, cerca de 1804. Museu de Capodimonte, Nápoles, Itália.

DOCUMENTO

A Gália

Júlio César dominou a região da Gália (parte das atuais França e Bélgica) em torno de 58 a.C. a 51 a.C., em uma campanha que ficou conhecida como Guerras da Gália. Esse também foi o título dado ao livro escrito pelo vitorioso general.

O trecho abaixo foi retirado dessa obra. Leia o texto, procure o significado das palavras que você não conhece e, em seguida, responda à questão.

> Toda a Gália está dividida em três partes, uma habitada pelos belgas, outra pelos aquitanos, a terceira por aqueles que nós chamamos gauleses (em sua língua celta). Essas nações diferem entre si pela língua, pelos costumes e pelas leis. [...] São os belgas os mais valorosos desses povos; estranhos aos elegantes costumes e à civilização da Província romana, não recebem, do comércio exterior, os produtos de luxo que contribuem para enfraquecer a coragem: além disso, vizinhos dos germanos que vivem do outro lado do Reno estão continuamente em guerra com eles. [...]
>
> JÚLIO CÉSAR. A Gália. Citado em: PINSKY, Jaime. *100 textos de História antiga.* São Paulo: Contexto, 1988. p. 128

- De acordo com o texto, que conhecimento Júlio César tinha dos povos citados?

O Império Romano

Otávio recebeu muitos títulos do Senado romano. Ao receber o de Augustus, que significa "divino", "sagrado", o novo governante máximo ficou conhecido como Otávio Augusto. Era considerado o "primeiro cidadão" de Roma e exerceu a função de chefe militar e religioso por mais de 40 anos, de 27 a.C. a 14 d.C.

Durante seu governo, Otávio Augusto promoveu diversas mudanças. Reorganizou a administração das províncias e pacificou aquelas que se encontravam em conflito. Tornou mais eficiente o sistema de cobrança de impostos e criou novos cargos na administração. Também reorganizou o exército e determinou a construção de vários templos, bibliotecas públicas, estradas, aquedutos e prédios residenciais.

Education Images/UIG/Getty Images

Ruínas das Termas de Caracalla, em Roma. Construídas em 216 d.C., tinham espaço para cerca de 1500 pessoas. Uma das grandes diversões dos romanos era ir às termas, espécie de clube cuja atividade principal era tomar banho. Algumas tinham até biblioteca, locais de encontro, espaço para exercícios e piscina. Fotografia de 2014.

OUTRAS HISTÓRIAS LUGARES

Pompeia, a cidade soterrada

Uma tragédia ocorreu há muitos séculos na cidade de Pompeia, na península Itálica.

Em 79, o vulcão Vesúvio entrou em erupção, lançando ao seu redor um rio de fogo, fumaça, lava, cinzas e pedras incandescentes. Muitos que conseguiram se salvar das lavas morreram por conta do calor insuportável ou do sufocamento causado pelos gases tóxicos espalhados por uma chuva de cinzas que cobriu a região durante três dias.

A lama e a cinza que soterraram a cidade de Pompeia preservaram casas, objetos e os corpos das vítimas, petrificados na exata posição em que foram atingidos. Famílias reunidas foram encontradas mortas em suas casas. Comida, ânforas de vinho, joias, moedas de ouro e prata foram petrificadas. Pelas ruas da cidade, foram encontradas várias pessoas que estariam orando, abraçadas a parentes ou amigos, de mãos dadas com seus filhos, tentando fugir ou simplesmente assustadas e pegas desprevenidas pela erupção do vulcão.

Pompeia tinha cerca de 20 mil habitantes. Estima-se que 80% de sua população tenha morrido. A cidade foi encontrada em 1748, e foram anos e anos de trabalho para escavá-la. Atualmente, Pompeia é um imenso sítio arqueológico, visitado todos os anos por milhares de turistas.

Robert Harding/Agência France-Presse

Rua com formação estruturada e paralelepípedos no sítio arqueológico de Pompeia. Pompeia, Itália. Fotografia de 2018.

- As ruínas da cidade de Pompeia são uma importante fonte histórica para o conhecimento de uma cidade da Roma antiga. Diante disso e com base no texto lido, responda: o que podemos conhecer a respeito daquela época ao analisar o que sobrou da cidade de Pompeia?

O século de Augusto

Otávio Augusto iniciou um período que ficou conhecido como *Pax Romana*, ou Paz Romana. Nesse período, que se estendeu até o século II, praticamente não houve revoltas nas províncias nem rebeliões urbanas.

O exército romano, com um grande número de soldados, dedicou-se a defender as fronteiras do Império.

Fronteira: região que divide dois países.

Como resultado desse período de tranquilidade, a economia se expandiu de tal maneira que o mar Mediterrâneo foi chamado pelos romanos de *Mare Nostrum*, que significa "nosso mar". Produtos de luxo, cereais, azeite, vinhos, minérios, especiarias, cerâmica, vidros e mármores, remédios e escravos foram comercializados, enriquecendo os mercadores e o Império. Roma era o centro do mundo, aonde chegavam produtos de todas as partes. Foi criada uma moeda comum.

Também foram importantes as rotas fluviais e terrestres, conhecidas como "vias romanas". O grande número de vias que cortavam o Império originou dois famosos ditos populares: "Todos os caminhos levam a Roma" e "Quem tem boca vai a Roma".

VPC Travel Photo/Alamy/Fotoarena

Augusto de Prima Porta, escultura de autoria desconhecida, século I. Museu do Vaticano, Cidade do Vaticano.

FIQUE DE OLHO

O gladiador. EUA, 2000. Direção: Ridley Scott. Scott Free Productions/ Red Wagon Entertainment. 155 min.

O general romano Maximus Decimus Meridius é favorito na sucessão do trono, mas é traído quando o ambicioso filho do imperador mata o pai, toma o trono e condena o rival a se tornar escravo gladiador.

Foi um tempo tão brilhante na história romana que ficou também conhecido como o Século de Augusto, e um dos meses do calendário foi renomeado como *augustus* (agosto) em sua homenagem. A história da vida de Otávio Augusto foi gravada em duas colunas de bronze no Campo de Marte, em Roma, onde se encontram até hoje.

Continuidade do Império

Com a morte de Otávio Augusto, no ano 14, o governo do Império Romano foi exercido por diferentes dinastias;

» a júlio-claudiana, que teve início com o próprio Otávio e permaneceu até 68;

» a Flaviana, nos anos de 69 a 96;

» a dos Antoninos, de 96 a 192;

» a dos Severos, de 193 a 235.

O século II foi o período em que o Império atingiu o maior crescimento territorial e populacional. A cidade de Roma tinha cerca de um milhão de habitantes. A luta de Espártaco deixou algum fruto, pois os escravos conseguiram melhorar um pouco sua situação, conquistando alguns direitos legais, como a punição de seus donos por assassinato e a obrigatoriedade de serem vendidos, se maltratados.

A expansão romana (século II a.C.)

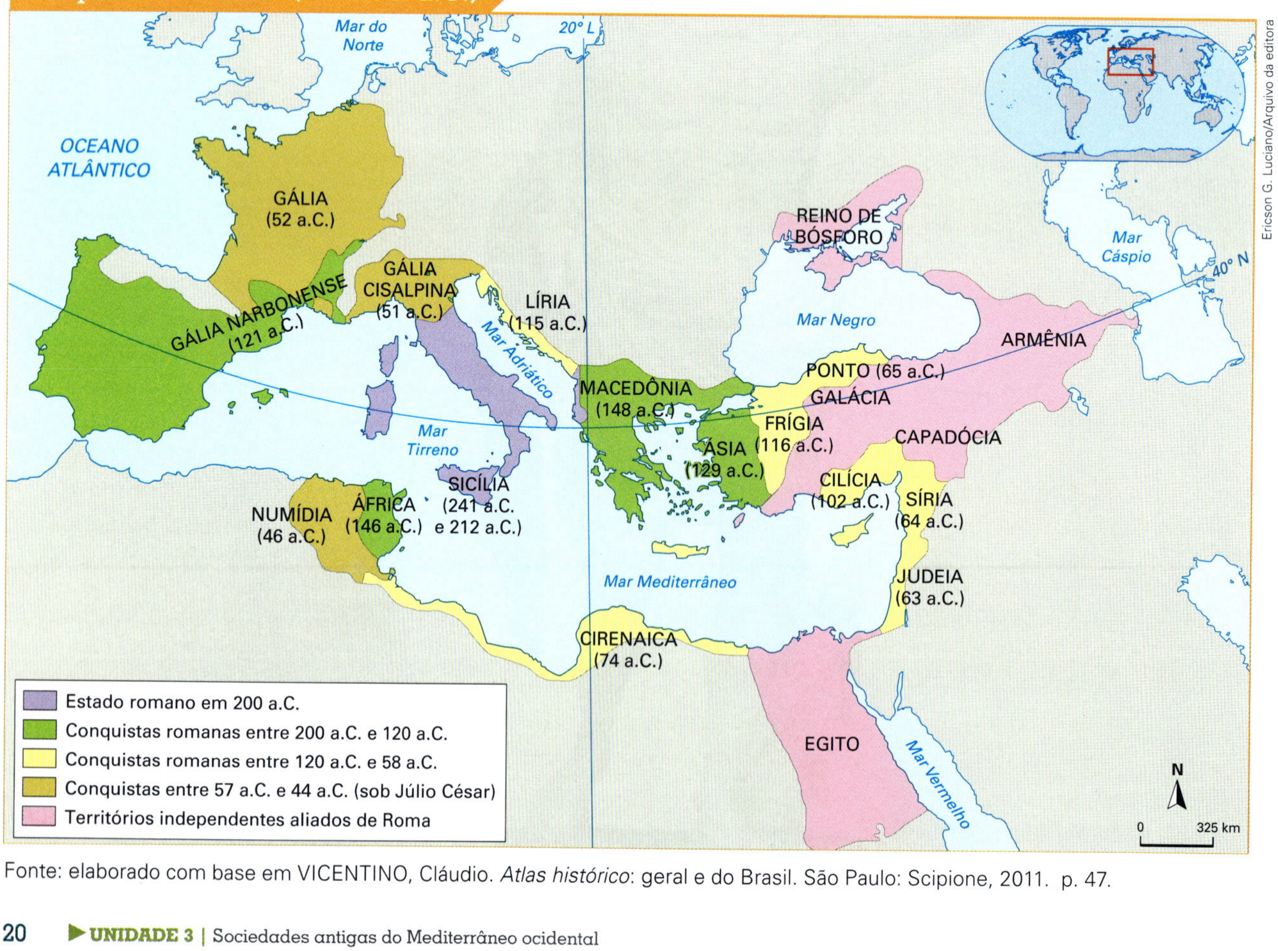

Fonte: elaborado com base em VICENTINO, Cláudio. *Atlas histórico*: geral e do Brasil. São Paulo: Scipione, 2011. p. 47.

Coliseu

O enorme teatro que vemos na imagem abaixo, chamado Coliseu, começou a ser construído na cidade de Roma em 72 d.C., na época do imperador Flávio Vespasiano. Levou cerca de dez anos para ficar pronto e chegou a ter quatro andares. Foi usado durante 400 anos e considerado um dos maiores teatros do mundo antigo.

O Coliseu tornou-se um símbolo do poder imperial romano. Nele ocorriam vários tipos de espetáculo para distrair a população, que entrava de graça e recebia alimentos. O poeta romano Juvenal, na altura do ano 100, disse que o povo estava recebendo "pão e circo" do governo, ou seja, comida e diversão.

Um dos espetáculos mais famosos era a luta de gladiadores. Animais vindos da África, como leões, tigres, panteras, leopardos e elefantes, também eram apresentados, lutando entre si ou sendo caçados em plena arena. Ali ainda eram realizadas batalhas navais. Canais subterrâneos jorravam água suficiente para encher a arena, formando um tanque onde tripulantes de embarcações guerreavam entre si.

Arena: terreno circular fechado onde se realizam espetáculos.

A festa de inauguração ocorreu durante o governo do imperador Tito e durou mais de cem dias, com espetáculos de que participaram centenas de gladiadores e animais.

No começo do século V, um terremoto destruiu o Coliseu, que logo foi reconstruído. Bastante preservado, é um dos principais sítios arqueológicos de Roma e um ponto turístico muito famoso na cidade, recebendo todo ano cerca de 3 milhões de visitantes.

Sonia Alves-Polidori/Shutterstock

Vista do interior do Coliseu de Roma, Itália. Fotografia de 2018.

- O Coliseu romano tinha capacidade para cerca de 50 mil espectadores sentados e possuía 80 entradas. Para ter uma noção do tamanho do Coliseu, faça uma pesquisa sobre um estádio de futebol de sua cidade ou estado. Compare o número de pessoas que cabem nesse estádio com o Coliseu. Registre suas observações.

PUXANDO PELA MEMÓRIA

Após o estudo do capítulo, você manteria sua resposta à pergunta da página 106?

Créditos das imagens de baixo para cima: Lou armor/Shutterstock; image Broker/Glowimages; The Bridgeman Art Library/Keystone Brasil; VPC Travel Photo/Alamy/Fotoarena

VPC Travel Photo/Alamy/Fotoarena

ROTEIRO DE ESTUDOS

O QUE APRENDEMOS?

1 | Compare a Monarquia e a República romanas, apontando suas diferenças e semelhanças.

2 | Explique o papel do Senado na República romana.

3 | Durante a República romana, os plebeus conquistaram alguns direitos. Cite dois deles e explique-os.

4 | Relacione as Guerras Púnicas com a expansão do Império Romano.

5 | Cite duas medidas importantes do governo de Júlio César.

6 | Que tipos de evento eram realizados no Coliseu?

7 | O que Júlio César tem a ver com a crise social do fim do período republicano em Roma?

8 | O que significou, na história romana, a expressão "pão e circo"?

9 | Identifique por que a frase seguinte é falsa:

O período conhecido como *Pax Romana* foi uma fase de grande expansão militar e territorial do Império Romano no governo de Otávio Augusto.

10 | Por que o mar Mediterrâneo, chamado de *Mare Nostrum*, foi importante na época do imperador Augusto?

PESQUISA

Leia abaixo um trecho que relata a história da ópera Dido e Enéas, criada em 1689 pelo compositor britânico Henry Purcell (1659-1695). Pesquise-a na internet e escute alguns de seus trechos. Em seguida, responda às questões.

> [...] O enredo segue a história de amor entre a lendária rainha de Cartago, Dido, e o refugiado troiano Enéas, narrada no livro IV da *Eneida* de Virgílio. Quando o mítico herói e sua tropa naufragam em Cartago, ele e a rainha se enamoram. Mas, por inveja, as bruxas conspiram contra os amantes e convencem Enéas a partir, pois seu destino, traçado pelos deuses, é o de fundar uma nova Troia, a cidade de Roma. Enéas, mesmo blasfemando contra a inclemência dos deuses, aceita seguir viagem e comunica a Dido que partirá naquela manhã. A rainha, esmagada pela dor, imola-se, apesar de Enéas, comovido e mudando o desígnio, afirmar preferir enfrentar a cólera dos deuses a abandoná-la.

Disponível em: <www.musica.ufrj.br/index.php?option=com_content&view=article&id=651:dido-e-eneas-em-concertos-ufrj&catid=99:temporada-2011&Itemid=203>. Acesso em: 29 maio 2018.

Ópera: tipo de peça teatral encenada com canto e música instrumental.

Refugiado: pessoa que se encontra fora de seu país de origem e que não pode regressar.

Blasfemar: maldizer uma divindade.

Imolar: cometer sacrifício.

Desígnio: vontade, intenção, propósito.

Cólera: raiva.

1 | Nos capítulos anteriores, estudamos Troia e Cartago. Escreva um parágrafo sobre o que você conhece a respeito desses lugares.

2 | Como podemos relacionar o tema da ópera Dido e Enéas, criada no século XVII, com o conteúdo do capítulo que estudamos?

IMAGENS CONTAM A HISTÓRIA

Observe a imagem abaixo e responda à questão.

The Bridgeman Art Library/Keystone Brasil

Rômulo e Remo, óleo sobre tela de Peter Paul Rubens, 1615-1616. Palácio dos Conservadores, Roma, Itália.

- Descreva a imagem que você vê e os personagens que a compõem. Que relação podemos estabelecer entre a imagem e o capítulo?

O PASSADO PRESENTE

A origem de algumas características dos casamentos em certas culturas e religiões de hoje em dia é encontrada na cultura romana.

Leia o trecho a seguir, a respeito do casamento na Roma antiga. Em seguida, responda às questões.

> A aliança de casamento, em geral simples para simbolizar a virtude, era colocada no dedo anular da mão esquerda, porque acreditavam que ali havia um nervo que ia direto para o coração. A noiva usava uma toga branca com um véu colorido, e havia uma festa na casa do pai da noiva, onde um bolo era servido aos convidados. Em geral, os casamentos eram arranjados entre os pais dos noivos, e as meninas podiam se casar a partir dos 13 anos de idade; os rapazes casavam-se um pouco mais tarde. Os pais da noiva davam um dote em dinheiro e mercadorias para a família do noivo. A maioria das mulheres era considerada propriedade do marido e elas só recuperavam a posse de si mesmas com a morte dele. [...]
>
> GUY, John. *Romanos*: vida cotidiana. São Paulo: Melhoramentos, 2002. p. 19.

1 | Com base em sua leitura, cite algumas características do papel da mulher na Roma antiga.

2 | Identifique duas características em comum entre o casamento na Roma antiga e a cerimônia que você conhece hoje.

Poeta sentado com máscaras de comédia. Relevo em mármore branco, século I a.C. Museu de arte de Princeton, Princeton, Estados Unidos.

Reprodução/Coleção Museu de Arte da Universidade de Princeton, Nova Jersey, EUA

CAPÍTULO 8

A CULTURA GRECO-ROMANA

PUXANDO PELA MEMÓRIA

Você sabe o que são as Olimpíadas?

Os gregos trouxeram muitas novidades para o mundo na Antiguidade. A religião, as artes, a medicina, a maneira de governar, os esportes, o pensamento da humanidade sobre as coisas... Foram muitos setores da vida que ganharam novas expressões.

Depois, no processo de conquista territorial, outros povos foram influenciados pela cultura grega, como os macedônios e os romanos, daí o termo "cultura greco-romana".

Uma das manifestações mais significativas da cultura greco-romana foi o teatro.

Teatro é uma palavra de origem grega que significa "interpretação de personagens de uma história, lenda, mito ou situações da vida comum". Nas festividades para celebrar um dos deuses gregos, Dioniso, eram contadas histórias com música, fantasias e máscaras, surgindo daí esta arte que atravessou os séculos. Vamos então conhecer algumas manifestações culturais, religiosas e artísticas dos gregos e romanos?

Créditos das imagens de baixo para cima: Alamy/FotoArena; Zev Radovan/BibleLand Pictures/Alamy/Fotoarena; Marie-Lan Nguyen/Wikipedia/Wikimedia Commons 1.0; Education Images/UIG/Getty Images; Reprodução/Coleção Museu de Arte da Universidade de Princeton, Nova Jersey, EUA; Lucas Uebel/Getty Images.

Século VIII a.C.: Poeta Hesíodo escreve o poema *Teogonia*.

Deuses parecidos com homens

Zeus era o principal deus dos gregos. Filho dos deuses Cronos e Reia, foi representado em diversos templos gregos, sendo o principal local de culto na cidade de Olímpia.

Antes de Zeus nascer, os deuses Gaia e Urano avisaram Cronos de que ele seria expulso do governo do mundo por um de seus filhos. Cronos não pensou duas vezes: engoliu seus cinco primeiros filhos. Quando Zeus, o último filho, nasceu, sua mãe escondeu-o numa caverna na ilha de Creta e enganou Cronos, dando-lhe uma pedra para engolir como se fosse o filho.

Quando Zeus se tornou adulto, resolveu se vingar de Cronos, dando a ele uma poção que o fez vomitar os cinco irmãos. Depois, ao lado deles, lutou por dez anos e conseguiu derrotar o pai, passando a governar o Universo.

Os gregos acreditavam que os deuses também se relacionavam com os seres humanos. Da união de Zeus com Dânae, filha do rei Acrísio, da cidade de Argos, por exemplo, nasceu Perseu. Ele e todos aqueles que eram gerados da união entre deuses e seres humanos eram chamados de semideuses ou heróis – metade deus, metade humano.

Júpiter de Esmirna, escultura do século II. Depois de entrar em contato com os gregos, os romanos passaram a cultuar divindades gregas, mas atribuíram nomes latinos a elas. Júpiter era o nome latino para Zeus. Museu do Louvre, Paris, França.

Marie-Lan Nguyen/Wikipedia/Wikimedia Commons 1.0

A mitologia grega

"Mito" significa narrativa, um relato sobre alguma coisa ou acontecimento que mistura realidade e fantasia, ou só fantasia, enquanto "logia" significa estudo, conhecimento. Assim, as histórias dos deuses, ao misturarem situações da vida comum dos homens e histórias inventadas, foram denominadas mitologia grega. Por meio dessas histórias, os gregos explicaram a origem do mundo, os fenômenos da natureza que não eram compreendidos, as situações do dia a dia, a morte e até a fundação de cidades.

As narrativas sobre a criação do mundo são encontradas no poema *Teogonia*, escrito no século VIII a.C. pelo poeta Hesíodo. O poema conta que, no início, o mundo era um grande vazio, chamado Caos. Dali surgiu a Terra, chamada Gaia, que criou o Céu, chamado Urano, e os dois foram os primeiros senhores do Universo.

A união entre Gaia e Urano gerou várias criaturas. Primeiro foram os 12 titãs (seis homens e seis mulheres), seres muito fortes e altos, depois foram os três ciclopes, gigantes de um só olho, e os três hecatônquiros, seres de 100 mãos e 50 cabeças.

Um dos titãs, Cronos, pai de Zeus, destronou Urano e o matou. O sangue de Urano, quando respingou no mar, deu origem a Afrodite, a deusa do amor, e, quando tocou a terra, deu origem a criaturas chamadas Gigantes.

Tuul and Bruno Morandi/Alamy/Fotarena

Vênus ou Afrodite de Milo, escultura do século II a.C. Museu do Louvre, Paris, França.

FIQUE DE OLHO

GRENIER, Christian. *Contos e lendas dos heróis da Grécia antiga*. São Paulo: Companhia das Letras, 2009.

Nesse livro você vai conhecer homens e mulheres responsáveis por grandes descobertas, revoluções e conquistas: Alexandre, Sócrates, Péricles e Aspásia. Todos eles grandes personagens de passagens reais da Antiguidade Clássica.

Registros da mitologia

A mitologia grega foi registrada em obras como *Ilíada* e *Odisseia*, escritas há quase 3 mil anos pelo poeta Homero, em poemas e peças teatrais, e também pintada em vasos ou esculpida em colunas.

O historiador Heródoto (485 a.C. a 420 a.C.), que viajou pelas cidades do mundo grego e pelo Egito, registrou várias dessas histórias e mitos que ouvia aqui e ali, alguns com versões diferentes.

Busto de Homero (928 a.C.-898 a.C.). Museu Britânico, Londres, Inglaterra.

Zev Radovan/BibleLand Pictures/Alamy/Fotoarena

A HISTÓRIA NÃO ESTÁ SOZINHA

Mitologia e Ciências da Natureza

Você já parou para pensar sobre a origem dos nomes dos planetas do Sistema Solar?

Os planetas Mercúrio, Vênus, Netuno, Júpiter, Marte e Saturno receberam esses nomes em homenagem a alguns deuses da mitologia greco-romana. Esses planetas já eram conhecidos desde a Antiguidade. Marte, por exemplo, que é o deus romano da guerra, foi associado ao planeta de cor vermelha por conta do sangue das batalhas. Netuno, o planeta de cor azul, está relacionado ao deus do mar, que é azul. Júpiter, o maior planeta do Sistema Solar, recebeu esse nome porque Júpiter, ou Zeus para os gregos, era o maior de todos os deuses.

O Sistema Solar.

SPL/Fotoarena

- Reúna-se com mais três colegas e pesquisem o motivo pelo qual os planetas Mercúrio e Vênus receberam esses nomes. Vocês podem criar cartazes com as explicações pesquisadas e com imagens que as ilustrem. Depois, compartilhem as descobertas com o resto da classe.

Os deuses do Olimpo

O Olimpo é o monte mais alto da Grécia. Está situado próximo ao mar Egeu, na região da Tessália. Os gregos antigos acreditavam que os 12 deuses mais importantes de seu panteão moravam no monte Olimpo, que era considerado um santuário, lugar sagrado. Esses deuses eram representados com a forma humana e possuíam sentimentos bons e ruins, personalidade própria, qualidades, defeitos, diferentes interesses. Mas, ao contrário dos seres humanos, eram imortais, ficavam invisíveis e viajavam grandes distâncias rapidamente.

Panteão: conjunto dos deuses de uma determinada religião.

Zeus era considerado o deus soberano dos próprios deuses e dos seres humanos. Teve vários filhos com sua irmã e esposa Hera, protetora do casamento, e com outras deusas. Dentre os filhos de Zeus destacaram-se Atena, deusa da sabedoria; Ares, deus da guerra; Apolo, deus do Sol; Dioniso, deus do vinho; Héfeso, deus do fogo; Ártemis, deusa da Lua, da caça e da fertilidade, entre outros. Além deles, também moravam no Olimpo Poseidon, deus dos mares; Deméter, deusa da agricultura e da fertilidade; e Hermes, mensageiro dos deuses.

Outros deuses estavam ligados diretamente à natureza, como Pã, o deus bode das florestas; as ninfas, das nascentes dos rios; as dríades, espírito das árvores; e as nereidas, que habitavam o mar.

Marie-Lan Nguyen/Wikipedia/Wikimedia Commons 1.0

Perseu com a cabeça da Medusa, escultura de Antonio Canova, 1797-1801. O herói Perseu ficou conhecido por ter decapitado Medusa, monstro feminino que transformava em pedra quem a olhasse diretamente. Para se livrar desse perigo, Perseu utilizou o reflexo de seu escudo de bronze para conseguir decapitar o monstro. Museu Pio-Clementino, Cidade do Vaticano.

DOCUMENTO

O aparecimento dos deuses gregos

O texto abaixo é um trecho do poema *Teogonia*, de Hesíodo (século VIII a.C.). Leia-o e responda às questões.

> [...] Primeiro a Terra concebeu, grande como ela, o Céu estrelado, capaz de cobri-la inteira, o qual ia ser para os deuses bem-aventurados um assento infalível para sempre. Em seguida, concebeu os altos montes, aprazíveis moradas das deusas, as Ninfas, que vivem nos montes ondulados [...]. Em seguida, tendo-se unido ao Céu, deu à luz o Oceano [...].
>
> HESÍODO. Teogonia, 116-138; 154-182. In: PINSKY, Jaime. *100 textos de História antiga*. São Paulo: Contexto, 1988. p. 51.

1 | Sobre qual tema o autor trata nesse trecho do poema?

2 | Pesquise quem eram as Ninfas na mitologia grega.

Pitonisa ou pítia (serpente): sacerdotisa do templo de Apolo, em Delfos, na Grécia antiga.

Delfos: local dos Jogos Píticos e do oráculo que ficava dentro do templo dedicado ao deus Apolo. Delfos era reverenciado pelos gregos antigos como o centro do Universo

Oráculos, cultos, festivais

Na Grécia antiga, a comunicação entre os seres humanos e os deuses se fazia através das pitonisas nos oráculos, locais onde os deuses respondiam às perguntas feitas pelas pessoas. O oráculo de Delfos, situado na cidade de Delfos, foi dedicado ao deus Apolo e considerado um dos centros religiosos mais importantes do mundo grego.

Os gregos acreditavam também que os deuses interferiam diretamente em suas vidas. Eles eram cultuados nos templos por meio de orações, ofertas de alimentos e sacrifícios de animais.

Cada cidade organizava cultos e realizava festivais, procissões, oferendas e sacrifícios em homenagem a seus deuses protetores.

OUTRAS HISTÓRIAS CRENÇAS

Hércules

Segundo a mitologia grega, Zeus havia se apaixonado por uma mortal, Alcmena, que era casada. Para se unir a ela, Zeus se fez passar por seu marido. Dessa união nasceu Héracles, conhecido como Hércules pelos romanos.

Furiosa com a traição, Hera, esposa de Zeus, resolveu se vingar. Enviou duas serpentes ao pequeno Hércules com o objetivo de matá-lo, mas o bebê as esmagou com as próprias mãos.

Hera não desistiu. Quando Hércules já havia se tornado adulto, provocou nele um ataque de fúria, que o fez matar a própria esposa e seus três filhos. O crime foi tão horrível que o oráculo de Delfos o puniu com 12 difíceis tarefas, conhecidas como os Doze trabalhos de Hércules. Ele concluiu todos os trabalhos. Como prêmio, tornou-se imortal e foi viver no Olimpo.

Wikipedia/Wikimedia Commons 1.0

Hércules e a Hidra de Lerna, têmpera sobre madeira de Antonio Pollaiuolo, 1475. Galeria Uffizi, Florença, Itália.

1 | Forme um grupo com seus colegas. Juntos, pesquisem quais foram os Doze trabalhos de Hércules. Compartilhem o resultado da pesquisa com a turma.

2 | O escritor brasileiro Monteiro Lobato (1882-1948) foi um dos primeiros autores de literatura infantil do Brasil. Ele escreveu a famosa coleção O Sítio do Picapau Amarelo, da qual faz parte um livro chamado *Os doze trabalhos de Hércules*. Peça ajuda ao professor de Língua Portuguesa e faça uma pesquisa sobre como os personagens de Monteiro Lobato se envolveram com essa história da mitologia grega.

Competindo para homenagear Zeus

As origens dos Jogos Olímpicos estão ligadas à mitologia grega. A palavra **olímpico** vem de Olímpia, cidade que fica próximo ao monte Olimpo e era considerada um santuário para os gregos antigos.

Segundo a mitologia grega, Olímpia foi o local onde Zeus derrotou seu pai, Cronos, na disputa pelo governo do Universo. Zeus era homenageado com competições esportivas desde 2500 a.C., mas o primeiro registro até agora conhecido de competições em Olímpia data de 776 a.C.

Os Jogos Olímpicos ocorriam de quatro em quatro anos, nos meses de julho a agosto, em Olímpia. Reuniam pessoas de diversas cidades gregas para homenagear Zeus e para competir entre si.

O evento era tão importante que até as guerras e os conflitos entre as cidades gregas eram suspensos por três meses de modo a tornar seguras as viagens dos atletas e dos espectadores.

A primeira competição disputada nos Jogos Olímpicos foi a corrida. Ao longo do tempo, foram incluídos lançamento de disco e de dardo, luta, pentatlo, salto em distância e corridas de carros puxados por cavalos.

Os vencedores recebiam uma coroa feita de ramos vegetais e eram tratados como verdadeiros heróis em suas cidades de origem, podendo receber dinheiro, alimentação gratuita por toda a vida e lugar cativo em teatros. Eram homenageados em pinturas, esculturas e poemas.

Os Jogos Olímpicos foram proibidos pelo imperador romano Teodósio, em 393 d.C. Convertido ao cristianismo, ele proibiu o culto aos deuses gregos e todas as manifestações relacionadas a eles. Retornaram somente em 1896, em Atenas, por iniciativa do barão francês Pierre de Coubertin.

CÁ ENTRE NÓS

Acender a tocha olímpica é uma prática que acontece desde o início dos Jogos Olímpicos na Grécia antiga. Como o fogo era considerado sagrado para os gregos, um atleta levava uma tocha para acender o altar onde se fariam os sacrifícios a Zeus.

Desde 1936, nos Jogos de Berlim, na Alemanha, a tocha olímpica é transportada da Grécia até o estádio onde se realizarão os jogos. Centenas de atletas se revezam para que ela chegue ao seu destino. Dependendo do local, a tocha pode usar diferentes meios de transporte. Em 1948, foi levada de barco pelo canal da Mancha. Em 1952, seguiu de avião até Helsinque, na Finlândia. Em 2012, 8 mil atletas levaram a chama por mil cidades diferentes, de Olímpia a Londres, durante 70 dias.

Reprodução/Museu de Arte Metropolitano, Nova Iorque, EUA.

Christian Larrieu/RMN-Grand Palais/Museu do Louvre, Paris, França.

As provas dos Jogos Olímpicos foram retratadas em ânforas e louças gregas.

CÁ ENTRE NÓS

Os historiadores denominam Idade Antiga ao espaço de tempo que vai do aparecimento da escrita, no IV milênio a.C., até a queda do Império Romano, no século V d.C. É um longo período que abrange vários territórios e culturas do Oriente, da África e da Europa. Já Antiguidade clássica é o termo utilizado para se referir às culturas grega e romana, entre o século VIII a.C., assim delimitado por ser o século dos poemas do grego Homero, até o século V d.C., que marca o fim do Império Romano do Ocidente.

Pensadores

Alguns cidadãos gregos, e depois os romanos, começaram a tentar explicar o mundo não mais pelos mitos. Essa nova maneira de pensar foi chamada de **Filosofia**, palavra que significa "amor pelo conhecimento, pela sabedoria".

Tradicionalmente, considera-se que o primeiro filósofo foi Tales de Mileto, nascido na colônia grega de Mileto em 623 a.C. Ele também era matemático e astrônomo. Elaborou uma explicação para a origem do Universo que não fazia referência a nenhum deus – dizia que a origem de todas as coisas era a água. Assim, pela primeira vez, a origem do mundo foi explicada sem a interferência dos deuses.

No século V a.C., período do auge das manifestações da cultura grega, da democracia, do esplendor da cidade de Atenas, surgiram filósofos que ficaram conhecidos como sofistas. Eram sábios que ensinavam de cidade em cidade a arte do convencimento, ou retórica, instruindo os jovens a debater com políticos e preparando-os para ocupar cargos políticos. Os sofistas tinham muito prestígio e eram respeitados.

Sócrates

Enquanto os sofistas estavam preocupados em ensinar a arte do convencimento, outros pensadores estavam mais interessados em saber o que era a verdade, como Sócrates.

Nascido em 470 a.C., Sócrates era filho de um escultor e de uma parteira. Não tinha a vocação necessária para ajudar o pai em seu ofício, e foi estudar com outros filósofos.

Sócrates dedicou sua vida ao conhecimento e ao ensino. Gostava de debater sobre diversos assuntos em locais públicos. Estimulava seus alunos a alcançar o conhecimento pelo esforço individual de cada um, em vez de dar lições de sua sabedoria. Não cobrava pelas aulas, ao contrário dos sofistas. Esse método de ensino ficou conhecido como **maiêutica**, palavra grega que significa "dar à luz", gerar o conhecimento.

Busto de Sócrates, escultura de mármore, cópia romana. Museu Nacional Romano, Roma, Itália.

De Agostini/Getty Images

Acusado de desrespeitar os deuses gregos e de ser má influência para a juventude, Sócrates foi condenado pelas autoridades atenienses, em 399 a.C., a nunca mais voltar a Atenas ou ter a língua cortada. Mas ele foi fiel às suas ideias e, ao não se decidir por nenhuma das duas alternativas, foi condenado à morte, sendo obrigado a beber um veneno chamado cicuta.

Sócrates foi tão importante que os estudiosos dividiram parte da história da Filosofia na Antiguidade em dois períodos: o pré-socrático e o pós-socrático, ou seja, antes e depois de Sócrates. O período pós-socrático correspondeu ao final do século IV a.C., tendo Platão e Aristóteles como os filósofos mais importantes.

Platão e Aristóteles

Platão, nascido em 428 a.C., foi o principal discípulo de Sócrates. Originário de uma rica família, conheceu o mestre aos 20 anos de idade, tendo estudado com ele durante oito anos. Foi um dos maiores pensadores gregos.

Discípulo: aquele que recebe ensinamentos de alguém.

Uma de suas afirmações de maior destaque foi a de que existem dois mundos: o mundo das coisas concretas, que podemos ver com os olhos, e o mundo das ideias, que podemos alcançar somente pela razão.

Em 387 a.C., fundou a Academia, escola de Filosofia que tinha por objetivo difundir o pensamento de Sócrates.

Entre os discípulos de Platão, destacou-se Aristóteles. Aos 17 anos, foi para Atenas estudar na Academia, permanecendo lá por 20 anos.

Aristóteles organizou um novo conhecimento chamado **Lógica**, uma maneira de explicar como funciona o raciocínio que leva à conclusão correta.

Um bom exemplo para entendermos a Lógica é: "Todos os homens são mortais. Sócrates é homem. Logo, Sócrates é mortal". A partir das duas primeiras frases, conseguimos chegar à terceira como conclusão.

A Escola de Atenas, afresco de Rafael, 1506-1510. Ao centro, estão Platão e Aristóteles. Museu e Galerias do Vaticano, Cidade do Vaticano.

CÁ ENTRE NÓS

As realizações romanas também foram muito importantes para a época. O sistema de abastecimento e canalização de água existiu em várias civilizações da Antiguidade. O mais bem desenvolvido, entretanto, foi o dos romanos, que criaram os aquedutos, construções elevadas por onde a água, através de condutores internos de tijolo revestido de cimento, escoava até um grande reservatório. O desnível da parte superior da construção permitia à água correr.

Desse reservatório, a água era conduzida através de canos subterrâneos de chumbo ou cobre para as termas e para as casas das pessoas mais ricas. Os mais pobres retiravam a água de que precisavam de fontes públicas, mas precisavam pagar uma taxa ao governo romano.

Acústica: propagação do som.

O teatro grego

Alamy/Fotoarena

Máscaras de teatro em terracota, cerca de 6 a.C. Hermitage. São Petersburgo, Rússia.

Em homenagem ao deus Dioniso, conhecido como Baco entre os romanos, os gregos desenvolveram uma das formas de arte mais importantes no mundo: o teatro. As festas realizadas em homenagem a Dioniso duravam dias, com procissões, danças e músicas. Um coro cantava histórias e mitos relacionados aos deuses. Os participantes utilizavam máscaras e fantasias.

Com o tempo, os cultos dionisíacos evoluíram para representações organizadas por atores que começaram a narrar e encarnar Dioniso em primeira pessoa. Assim surgiu o teatro grego em Atenas, por volta do século VI a.C. Depois, essa nova expressão artística se espalhou por várias cidades gregas, chegando até as cidades da Roma antiga.

Inicialmente, as peças de teatro gregas consistiam em tragédias, que eram histórias ligadas à religião, aos deuses ou aos heróis. Depois, surgiram as comédias, que eram histórias engraçadas, cômicas. Os atores eram sempre homens, não havia cenários e o que diferenciava os personagens era o uso de máscaras.

As máscaras tinham uma função especial: transmitir o sentimento do personagem. Com abertura para os olhos e para a boca, cobriam até o alto da cabeça e cada uma tinha uma expressão. Existiam vários tipos de máscara para a tragédia e para a comédia.

Construções bem pensadas

As peças gregas eram encenadas ao ar livre. Os teatros eram construídos em formato de arena, nos arredores das cidades, ou com muralhas atrás para impedir que ruídos externos prejudicassem a audição.

O teatro mais importante foi o de Dioniso, perto da acrópole de Atenas, construído no século V a.C., com capacidade para 17 mil espectadores. Assim como ele, o Teatro de Epidauro, com espaço para 14 mil pessoas sentadas, tinha acústica notável: todos ouviam tudo perfeitamente, mesmo os que estavam sentados nas últimas fileiras.

Arquitetura, escultura, pintura

A mais importante fase artística grega ocorreu durante o chamado Período Clássico, entre os séculos V a.C. e IV a.C., principalmente na cidade de Atenas. Nesse período, muitos homens talentosos produziram obras de grande valor, como pinturas, esculturas, templos, teatros e edifícios.

O Partenon, templo dedicado à deusa Atena construído na acrópole da cidade, em 447 a.C., é um dos maiores símbolos da arquitetura grega antiga. Levou quase dez anos para ficar pronto e mais alguns para ser decorado com frisos e relevos, que contavam passagens da mitologia grega e outras histórias.

Arquitetura: arte ou técnica de projetar e construir edificações, estruturas e ambientes para as diferentes atividades humanas.

As esculturas ocuparam inúmeros templos e edifícios gregos. Retratavam deuses, grandes heróis e pessoas importantes da história da Grécia. No Período Clássico, as esculturas tiveram seu momento de maior destaque, com as obras de Fídias, que esculpiu Zeus no templo de Olímpia, e de Policleto, que escreveu o livro *Cânone*, sobre como esculpir de modo realista a figura humana.

O Doríforo foi a escultura mais famosa de Policleto. Representa um jovem atleta nu, exemplo de beleza masculina na época, muito valorizada pelos gregos. Outra escultura famosa é o *Discóbolo*, que significa "lançador de disco", de Míron. Essas duas esculturas mostram o resultado da busca pela representação perfeita do corpo humano. Músculos, ossos, articulações e rosto são representados em detalhes.

A pintura grega foi frequentemente apresentada em vasos de cerâmica. Além de sua utilidade para o transporte de vinho, perfumes e unguentos para rituais religiosos, as ânforas de cerâmica também foram objetos decorativos e muito valorizados. Contavam histórias de deuses, de heróis, de batalhas e da vida comum na Grécia antiga.

The Bridgeman Art Library/Keystone Brasil

O Doríforo, cópia romana da escultura original de Policleto. Museu Nacional Arqueológico, Nápoles, Itália.

O QUE HÁ NA IMAGEM?

Colunas em forma de figura feminina mostram a criatividade da arquitetura grega. Elas foram chamadas **Cariátides**, palavra grega que significa "moças de Karyai", nome de uma cidade na Grécia.

Você conhece os estilos de colunas gregas? Pesquise sobre esse assunto.

Serghei Starus/Alamy/Fotoarena

Cariátides do templo do Erecteion, acrópole de Atenas, século V a.C. Fotografia de 2016.

A Medicina

Os relatos dos gregos antigos sobre a origem da Medicina na Grécia eram baseados em interpretações lendárias. Segundo esses relatos, Asclépio, conhecido como Esculápio entre os romanos, era o deus da Medicina. Filho de Apolo com uma humana, perdeu sua mãe logo ao nascer e foi criado por um centauro, com quem aprendeu tudo sobre curas e ervas. Tornou-se tão hábil que era capaz até mesmo de trazer os mortos de volta à vida.

Centauro: criatura da mitologia grega com corpo de cavalo e cabeça e braços de homem.

Asclépio foi morto por um raio a mando de Zeus, aborrecido com todo o poder que o filho de Apolo tinha adquirido. Depois, transformou-o em uma constelação. Asclépio passou a ser cultuado em vários templos, sendo o mais famoso o de Epidauro, procurado pelos doentes.

Constelação: conjunto de estrelas.

Na Grécia antiga, há registros de técnicas de cirurgia para tratar os feridos de guerra e conhecimento de plantas medicinais que remontam ao Período Arcaico (século VIII a.C. a século V a.C.).

Hipócrates, nascido em Cós no século V a.C., foi considerado o pai da Medicina. Estudioso, viajou por muitos lugares e escreveu vários textos sobre o assunto. De acordo com o pensamento de Hipócrates, a doença era um sinal de desequilíbrio do corpo, causado pela alimentação, pela idade, pelo clima e por outros fatores. Até hoje os estudantes que se formam em Medicina fazem um juramento conhecido como Juramento de Hipócrates.

No século IV a.C., o filósofo Aristóteles foi o primeiro a estudar anatomia e a abrir animais para observar seus órgãos. No mundo romano, destacou-se Galeno (120-217), que fez muitas descobertas importantes para o estudo da Anatomia e da Fisiologia.

A cultura helenística

A conquista de muitas cidades gregas por Alexandre, o Grande, rei da Macedônia, no século IV a.C., transformou a cultura grega. Apesar de as cidades gregas terem perdido sua independência política, como vimos em capítulo anterior, toda a sua cultura foi disseminada pelas regiões dominadas pelo grande Império Macedônico, assim como as culturas não gregas foram incorporadas pelas cidades gregas.

A mistura de crenças, formas artísticas, filosofias e costumes das culturas grega, egípcia, babilônica e persa formou a chamada cultura helenística. A cidade de Alexandria, no Egito, tornou-se o centro cultural mais importante daquela época, com uma enorme biblioteca, um observatório astronômico, um museu, um jardim botânico e um zoológico. Algumas áreas do conhecimento tiveram grande desenvolvimento, como a Matemática, a Astronomia, a Medicina e a Filosofia.

Leemage/UIG via Getty Images

Esculápio jovem, cópia romana de escultura grega original do século IV a.C. Museu Arqueológico Nacional de Atenas, Grécia.

A cultura greco-romana

A cultura grega não se misturou apenas com as culturas do Oriente Próximo. No Mediterrâneo ocidental, desde o século II a.C., ela se misturou também com as tradições romanas. Os elementos das duas culturas ficaram tão parecidos que podemos falar em uma cultura greco-romana. Muitas esculturas romanas eram cópias de esculturas gregas. Os templos e teatros romanos também eram muito semelhantes aos gregos.

A religião dos romanos também foi muito influenciada pelos gregos. Os romanos incorporaram e adaptaram grande parte das divindades gregas, alterando somente o nome delas. Júpiter, deus romano, correspondia a Zeus, deus grego, e era avô de Rômulo e Remo, fundadores de Roma, por exemplo. A mais importante das deusas romanas, Juno, responsável pela fertilidade das mulheres, correspondia a Hera, deusa grega. Os romanos também realizavam cultos domésticos para os espíritos dos antepassados das famílias, reverenciados com oferendas de alimentos e animais.

VOCÊ JÁ OUVIU FALAR...

... que o **latim** era a língua oficial do Império Romano? A palavra é derivada de Lácio, nome da região onde Roma foi fundada. À medida que o Império Romano conquistava novos territórios, o latim era disseminado entre povos dominados, misturando-se com as línguas locais. Com o passar do tempo, essa mistura resultou no surgimento de novas línguas, como o italiano, o espanhol, o português e o francês. Essas línguas foram chamadas de neolatinas.

Koba Samurkasov/Alamy/Fotoarena

Partenon, templo localizado na acrópole de Atenas, século V a.C. Fotografia de 2018.

Education Images/UIG/Getty Images

Templo romano Maison Carrée, localizado na cidade de Nîmes, França, século XI a.C. Note como as colunas se destacam tanto em construções gregas – como o Partenon – como nas construções romanas. Fotografia de 2016.

CÁ ENTRE NÓS

No Brasil, na cidade de Brejo da Madre de Deus, Pernambuco, há uma réplica da cidade de Jerusalém usada para uma encenação teatral sobre os últimos dias de vida de Jesus Cristo. A peça acontece todos os anos, durante a Semana Santa, desde 1951, mas somente em 1968 começou a ser encenada em Nova Jerusalém, nome dessa cidade cenográfica.

Nasce o cristianismo

Na Palestina, província romana do Oriente Próximo, surgiu aquela que seria uma das maiores religiões do mundo até hoje: o cristianismo. Jesus, hebreu nascido na cidade de Belém, durante o governo do imperador Augusto (27 a.C. a 14 d.C.), foi o fundador dessa nova crença.

Com cerca de 30 anos, Jesus começou a pregar pela Judeia e pela Galileia. Afirmava que as pessoas deveriam amar a Deus sobre todas as coisas e também ao seu semelhante. Para ele, todas as pesoas eram iguais entre si, e as que aceitassem sua mensagem seriam salvas e viveriam ao lado de Deus quando morressem.

Jesus dizia que Deus era seu Pai. Dizia também que era o messias tão aguardado pelo povo hebreu. Os sacerdotes do templo de Jerusalém, entretanto, condenaram as pregações de Jesus, considerando que elas desafiavam as leis judaicas. Mandaram prendê-lo e o julgaram em um tribunal religioso chamado Sinédrio. Em seguida, por considerá-lo culpado, os sacerdotes hebreus enviaram-no ao governador da província da Judeia, Pôncio Pilatos, alegando, entre outras acusações, que Jesus provocava desordens, condenava o pagamento de tributos e planejava uma revolta contra Roma. O resultado foi a morte de Jesus, pregado em uma cruz, junto a dois ladrões, no monte Calvário, nos arredores de Jerusalém.

Messias: palavra de origem hebraica que significa "o consagrado". Referia-se a um descendente do antigo rei Davi que nasceria para reconstruir o Reino de Israel.

De acordo com a crença cristã, Jesus Cristo ressuscitou e voltou para Deus.

Fórum de Pilatos no teatro de Nova Jerusalém. Brejo da Madre de Deus, Pernambuco. Fotografia de 2015.

Hans von Manteuffel/Opção Brasil Imagens

Perseguição

Depois da morte de Jesus, seus seguidores mais próximos, chamados de apóstolos, continuaram pregando seus ensinamentos. A nova crença entrou em choque com a crença dos romanos e de outros povos.

Os primeiros cristãos foram duramente perseguidos pelas autoridades, e tiveram de se reunir secretamente. Descobertos, muitos foram crucificados e mortos. Vários também foram condenados a enfrentar gladiadores e leões nos circos romanos.

Apóstolo: palavra que vem do grego e significa "aquele que é mandado para longe".

Expansão

Mesmo com as perseguições, as comunidades cristãs se organizavam nas grandes cidades do Império Romano. O estímulo ao amor e à igualdade entre as pessoas, a insistência na paz e a crença em uma vida após a morte junto de Deus atraíram multidões, a maioria agricultores e trabalhadores urbanos pobres, mulheres, escravos e marginalizados pela sociedade romana.

No século III, período da crise romana, as conversões ao cristianismo aumentaram muito. Em 313, o imperador Constantino, já convertido, concedeu liberdade de culto aos cristãos. E, finalmente, em 380, o cristianismo tornou-se a religião oficial do Império Romano. Zeus, bem como todos os outros deuses do Olimpo, perdeu seu lugar, e Jesus Cristo, pouco a pouco, passou a ser cultuado em boa parte do Império Romano.

Expansão do cristianismo no mundo romano (séculos IV a XIV)

Ericson G. Luciano/Arquivo da editora

Fonte: elaborado com base em DUBY, *Georges. Atlas histórico mundial.* Paris: Larousse, 2006. p. 35.

PUXANDO PELA MEMÓRIA

Após o estudo do capítulo, você manteria sua resposta à pergunta da página 124?

Créditos das imagens de baixo para cima: Marie-Lan Nguyen/Wikipedia/Wikimedia Commons 1.0; Education Images/UIG/Getty Images; Reprodução/Coleção Museu de Arte da Universidade de Princeton, Nova Jersey, EUA; Lucas Uebel/Getty Images.

ROTEIRO DE ESTUDOS

VPC Travel Photo/Alamy/Fotoarena

O QUE APRENDEMOS?

1 | Por que podemos afirmar que os deuses da mitologia grega eram parecidos com os humanos?

2 | Por que o monte Olimpo foi importante para a religião grega?

3 | Qual era a atividade dos sofistas no mundo grego?

4 | Cite um pensamento do filósofo Platão ou um de Aristóteles.

5 | O que Dioniso tem a ver com o teatro grego?

6 | Por que podemos afirmar que, na Antiguidade, os Jogos Olímpicos eram também uma celebração religiosa?

7 | Como você definiria a cultura helenística?

8 | A partir de seu conhecimento sobre o Império Romano, responda: por que a crença cristã entrou em choque com o mundo dos romanos?

9 | Qual é a relação entre a palavra **maiêutica** e o pensamento de Sócrates?

10 | Identifique por que a frase seguinte é falsa:

Os oráculos eram locais onde escultores gregos realizavam exposições para vender suas obras aos grandes proprietários.

PESQUISA

No século II a.C., os gregos elaboraram uma lista das obras artísticas e arquitetônicas mais grandiosas da época. A lista ficou conhecida como as "sete maravilhas do mundo".

Das sete obras selecionadas, cinco foram feitas por artistas gregos ou se localizavam na Grécia: a estátua de Zeus no templo de Olímpia, o farol de Alexandria, o templo da deusa Ártemis, o mausoléu de Halicarnasso e o colosso de Rodes.

- Forme um grupo e, juntos, pesquisem o significado e a localização de cada uma dessas obras gregas, o período de sua construção e suas principais características. No dia marcado pelo professor, compartilhem o resultado da pesquisa com toda a turma.

The Bridgeman Art Library/Fotoarena

Colosso de Rodes, gravura de Sidney Barclay, 1879. Coleção particular.

IMAGENS CONTAM A HISTÓRIA

A bandeira olímpica é um dos símbolos dos Jogos Olímpicos. Criada em 1913, é composta de aros coloridos com um fundo branco. A imagem ao lado é a reprodução de uma charge sobre a participação do Brasil nos Jogos Paralímpicos de Londres, em 2012. Observe a charge e responda às questões.

Dum/Acervo do cartunista

Charge representando os Jogos Paralímpicos de Londres, 2012.

1 | Pesquise o significado dos aros coloridos entrelaçados na bandeira olímpica.

2 | Na charge, o aro preto possui uma diferença em relação aos outros quatro aros e também em relação aos da bandeira olímpica. Identifique a diferença e interprete seu significado.

3 | Discuta com os colegas o significado da frase do atleta na charge: "Sim, nós podemos!".

O PASSADO PRESENTE

Diferentemente do que acontecia na Grécia antiga, hoje em dia homens e mulheres, de diferentes nacionalidades, jovens ou com idade avançada, pessoas com ou sem deficiência física e mental podem se tornar atletas e participar de competições de alta *performance*.

Você já ouviu falar dos Jogos Paralímpicos?

As primeiras competições paralímpicas foram realizadas na Inglaterra, na cidade de Stoke Mandeville, em 1948. Os participantes eram soldados com problemas físicos decorrentes de sua participação na Segunda Guerra Mundial.

O primeiro evento organizado mundialmente ocorreu em 1960, em Roma, na Itália, e o sucesso foi tão grande que em 1976 já havia 40 países inscritos na competição, que contava com várias modalidades de esportes.

O Brasil também participa dos Jogos Paralímpicos. Nos Jogos de Londres, em 2012, muitos atletas brasileiros se destacaram na competição, que contou com cerca de 4200 esportistas. Esses atletas são exemplos para o mundo por sua grande capacidade de superação.

1 | Pesquise quantas medalhas o Brasil ganhou nos Jogos Paralímpicos de Londres, em 2012, e do Rio de Janeiro, em 2016, e em que posição ficou no *ranking* geral de medalhas nos dois eventos.

2 | Pesquise uma modalidade olímpica praticada por atletas com deficiências físicas ou mentais e observe como eles se adaptaram para praticar o esporte. Depois, apresente o resultado da pesquisa aos colegas da turma.

Lucas Uebel/Getty Images

A brasileira Maria de Fátima Chaves compete na final feminina dos 5000 m nos Jogos Paralímpicos do Rio, em 2016.

Alamy/Fotoarena

UNIDADE 4

A IDADE MÉDIA: O OCIDENTE CRISTÃO, O ISLÃ E A ÁFRICA

VAMOS ESTUDAR

- POVOS GERMÂNICOS NO IMPÉRIO ROMANO
- A SOCIEDADE FEUDAL
- O SENHORIO E A SERVIDÃO CAMPONESA
- A IGREJA MEDIEVAL
- A PENÍNSULA ARÁBICA E O ISLÃ
- A EXPANSÃO DO ISLÃ NA EUROPA E NA ÁFRICA
- O EGITO E O MAGREB
- FONTES PARA A HISTÓRIA DA ÁFRICA
- OS IMPÉRIOS E OS REINOS AFRICANOS
- A ESCRAVIDÃO NA ÁFRICA

Crédito das imagens de baixo para cima: akg-images/Sambraus; Science Photo Library/AKG-images/Latinstock; Reprodução/Museus e Galerias do Vaticano, Cidade do Vaticano, Roma, Itália.

A imagem representa o contato de duas culturas: a romana, no teatro construído por determinação do imperador romano Augusto, no século I a.C., e a islâmica, na alcazaba, espécie de cidadela fortificada com muralhas, construída no século XI pelo califado berbere. Fotografia de 2017.

Enquanto a Europa ocidental se organizava em pequenos reinos após a crise do Império Romano, os árabes criavam uma nova religião: o islamismo, que se expandiu pelo mundo, a começar pela África, onde havia poderosos impérios. O período que vai do século V d.C. ao XIV d.C. ficou conhecido como Idade Média, abarcando sociedades distintas tanto no Ocidente como no Oriente. Os estudiosos dessa longa fase da História dividiram-na em Alta Idade Média (séculos V d.C. a X d.C.) e Baixa Idade Média (séculos XI d.C. a XIV d.C.) para melhor estudá-la.

Átila seguido por seus guerreiros atropela a Itália e suas artes, pintura de Eugène Delacroix, s/d. Assembleia Nacional Palais-Bourbon, Paris, França.

The Bridgeman Art Library/Keystone

CAPÍTULO 9

GERMANOS E BIZANTINOS

Átila era considerado pelos romanos um homem determinado e agressivo. Foi um dos últimos reis a comandar os hunos, povo originário da Ásia central, considerados grandes cavaleiros e guerreiros muito habilidosos.

Átila ficou no poder entre os anos 434 e 453, e alguns diziam que, por onde seu cavalo passasse, a grama não mais cresceria. Ele invadiu dezenas de cidades e conquistou muitas terras, por vezes de forma violenta e impiedosa. Em 451, quando Átila invadiu a cidade de Troyes, onde hoje é a França, o bispo Lupus de Troyes, ao se render, lhe disse: "Eu sou um homem de Deus!". E Átila respondeu: "E eu sou a cólera de Deus!". Cólera significa ira, raiva.

Os hunos foram um dos povos que contribuíram para que o Império Romano entrasse em crise. Eram considerados "bárbaros" pelos romanos. Vamos saber agora como esse Império tão vasto se dividiu e depois se desagregou, dando origem a pequenos reinos com a entrada de outros grupos em seus territórios.

PUXANDO PELA MEMÓRIA

O que você sabe sobre o termo **bárbaro**? Qual é o sentido dessa palavra para você?

Créditos das imagens de baixo para cima: The Bridgeman Library/Grupo Keystone; Akg-Images/Latinstock; The Bridgeman Library/Grupo Keystone; akg-images/British Library/Album/Fotoarena ; The Bridgeman Art Library/Fotoarena; The Bridgeman Art Library/Keystone Brasil.

330: Transferência da capital do Império Romano para a cidade de Bizâncio pelo imperador Constantino.

A crise do Império Romano

No século II, com a expansão territorial de seu Império, os romanos haviam conseguido mais terras e prisioneiros de guerra, acumulando um grande número de escravos. No entanto, com o fim das guerras expansionistas, não foram conquistadas novas terras e escravos não mais entraram no Império.

No século III, o número de escravos estava bastante reduzido, prejudicando todas as atividades econômicas que dependiam deles, como a agricultura, o artesanato, a atividade mineradora e o transporte.

Como consequência, o preço dos produtos e os impostos aumentaram bastante, e o governo do Império encontrava cada vez mais dificuldade de arrecadar o suficiente para pagar suas despesas, como o salário dos soldados.

Como os romanos conseguiriam proteger as fronteiras de um império tão grande com o pagamento de seus soldados atrasado?

Paul Weston/Alamy/Fotoarena

Trecho da Muralha de Adriano. Essa construção foi destinada a estabelecer os limites do Império Romano. Está localizada na fronteira entre a Escócia e a Inglaterra. A muralha recebeu esse nome em homenagem ao imperador romano Adriano (76-138), que ordenou sua construção. Fotografia de 2017.

Da cidade para o campo

Aos poucos, os habitantes das cidades foram se mudando para as áreas rurais, onde encontravam mehores condições de sobrevivência. Esse processo foi chamado de **ruralização**.

Os grandes proprietários passaram a distribuir pequenas partes de suas terras para camponeses empobrecidos, para artesãos e comerciantes que haviam perdido seus negócios e até para escravos.

Os novos camponeses cultivavam para seu próprio consumo. Em troca, deveriam entregar uma parte da produção para o dono da terra, ficando dependentes dele. Essa nova relação foi chamada de **sistema de colonato**.

Como resultado da migração para as áreas rurais e da criação do sistema de colonato, os grandes proprietários resolveram o problema da falta de trabalhadores em suas terras. Por outro lado, aqueles que haviam perdido tudo poderiam trabalhar no campo e garantir sua subsistência.

395: Divisão do Império Romano em Império Romano do Ocidente e Império Romano do Oriente.

Dividindo o poder

O Império Romano em 395

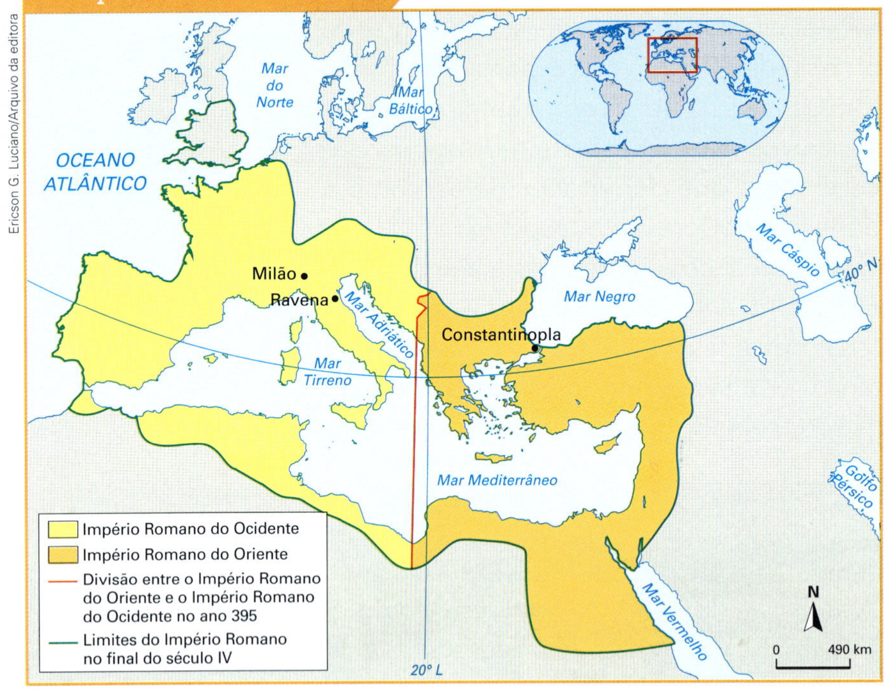

Fonte: elaborado com base em VICENTINO, Cláudio. *Atlas histórico:* geral e do Brasil. São Paulo: Scipione, 2011. p. 50.

O governo romano também atravessava uma grande crise. Funcionários se apoderavam do dinheiro público, os comandantes do exército entravam constantemente em conflito entre si e os imperadores ficavam cada vez menos tempo no poder.

Depois de algumas tentativas de organização administrativa, em 395, o Império foi dividido em duas partes: o Império Romano do Ocidente, com capital em Milão, e o Império Romano do Oriente, com capital em Constantinopla.

Bárbaros ou estrangeiros?

Os romanos não enfrentaram apenas problemas internos. Também precisaram lidar com os povos que se encontravam nas fronteiras e aos quais chamavam de bárbaros: eslavos, escandinavos, árabes, mongóis e germanos.

A palavra **bárbaro** era utilizada pelos gregos para se referir a todos aqueles que tinham costumes diferentes dos deles e que não falavam a língua grega. Os romanos também utilizaram essa palavra para designar os povos que não eram romanos nem tinham recebido a influência cultural romana. Eles consideravam esses povos inferiores.

Os povos germânicos

Entre os povos considerados bárbaros, os germanos foram os que mais tiveram contato com os romanos.

Originários do norte da Europa, iniciaram, por volta de 1800 a.C., uma longa expansão, ocupando terras que passaram a se chamar Germânia, entre os rios Reno, Danúbio e Vístula. Eram divididos em vários grupos menores, que falavam línguas parecidas. Desses grupos, destacaram-se os godos e os francos.

Os povos germânicos se organizavam em aldeias e viviam da caça, da pesca, da criação de animais e da agricultura. O cultivo da terra era coletivo, pois não havia propriedade individual. Quando os recursos naturais da região que habitavam diminuíam, eles se deslocavam para outro lugar, buscando melhores condições de vida. Por esse motivo, foram considerados povos seminômades.

476: Queda de Rômulo Augusto, último Imperador Romano do Ocidente, derrotado por Odroarco, rei dos hérulos.

Os germanos eram guerreiros, pois viviam em disputa constante pela manutenção do domínio de suas terras. Os guerreiros dos grupos eram liderados por um chefe, em geral o mais velho e sábio, a quem deviam obediência e fidelidade. Essa assembleia de guerreiros se chamava ***comitatus***.

O SEU LUGAR NA HISTÓRIA

Os romanos julgavam sua cultura superior à dos outros povos, chamados por eles de bárbaros.

Em grupo, discuta com os colegas essa postura dos romanos e escrevam suas opiniões. Depois, compartilhem as anotações em um debate com todos os colegas da sala.

Átila e os hunos

Romanos e germanos mantinham contato desde o século I. Vários guerreiros germanos foram contratados pelo exército romano para defender as fronteiras do Império. Alguns grupos germânicos lá se estabeleceram e permaneceram pacificamente, ocorrendo até mesmo casamentos entre germanos e romanos. Assim, a entrada dos povos germânicos foi lenta e pacífica até o começo do século V.

Mas quando os hunos, chefiados por Átila, chegaram à Germânia, forçaram vários grupos germânicos a se deslocar para o interior das fronteiras do Império. Átila pretendia avançar sobre Roma, mas foi convencido a recuar pelo papa Leão I, que lhe ofereceu o pagamento de um imposto anual.

Depois de retornarem para suas terras, os hunos já estavam enfraquecidos por conta de várias campanhas militares, doenças e fome. Em 453, quando Átila morreu, o poder dos hunos diminuiu. Não houve uma liderança forte para mantê-los unidos. Povos sob domínio huno revoltaram-se. Com a chegada de novos invasores, os hunos praticamente desapareceram.

O QUE HÁ NO MAPA?

Observe o mapa e responda: você consegue identificar quais países da Europa se formaram nas regiões ocupadas pelos povos germânicos?

As migrações bárbaras (séculos IV e V)

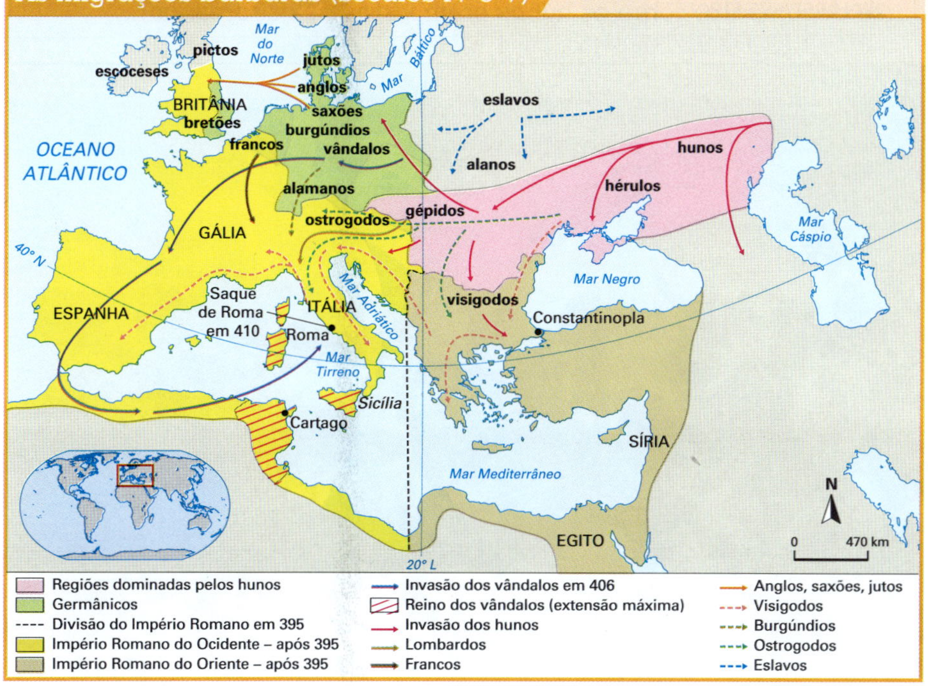

Fonte: elaborado com base em VICENTINO, Cláudio. *Atlas histórico*: geral e do Brasil. São Paulo: Scipione, 2011. p. 51.

DOCUMENTO

Os hunos

Este documento, escrito no século V por Ammiano Marcelino, um funcionário da administração romana, revela muita coisa a respeito do pensamento que os romanos tinham sobre os hunos. Leia-o, pesquise o significado das palavras que você não conhece e responda às questões.

Os hunos excedem em ferocidade e barbárie tudo quanto é possível imaginar de bárbaro e feroz. Sob uma forma humana, vivem em estado de animais. Alimentam-se de raízes de plantas silvestres e de carne meio crua, macerada entre suas coxas e o lombo de suas cavalgaduras. Suas vestimentas consistem em uma túnica de linho e jaqueta de peles de ratazana selvagem. A túnica é de cor escura e apodrece no corpo.

Cobrem-se com um gorro e envolvem as pernas com peles de bode. Quando cavalgam, acredita-se estarem pregados em suas montarias, pequenas e feias, mas infatigáveis e rápidas como relâmpagos. Passam sua vida a cavalo; a cavalo se reúnem em assembleias, compram, vendem, bebem, comem e até mesmo dormem às vezes. Nada se iguala à destreza com que lançam, a distância prodigiosa, suas flechas armadas de ossos afiados, tão duros e mortíferos como o ferro.

MARCELINO, Ammiano. Res Gestae XXXI, 2, 1-11.
Apud GUERRAS, M. S. *Os povos bárbaros*. São Paulo: Ática, 1991. p. 41-42.

1 | Com base na leitura do documento, que aspectos da vida dos hunos podemos conhecer?

2 | Segundo o autor desse documento, como os hunos eram vistos pelos romanos?

A invasão dos bárbaros ou Os hunos em Roma, pintura de Ulpiano Checa, 1887. Coleção particular.

The Granger Collection, Nova York, EUA./Glow Images

496: Conversão de Clóvis ao cristianismo.

Império derrubado: um novo mundo em transformação

No final do século V, os problemas do Império Romano do Ocidente eram tão graves que os povos germânicos conseguiram ocupar territórios e erguer reinos sem grande resistência. Em 476, Rômulo Augusto, último imperador romano, não teve forças para combater Odoacro, rei dos hérulos, que invadiu Roma e criou o Reino da Itália.

Os visigodos dominaram áreas que hoje correspondem à Espanha e a parte da França, enquanto os vândalos, depois de atravessar a península Ibérica, dirigiram-se para o norte da África e para ilhas no mar Mediterrâneo, onde se fixaram.

A migração da população das cidades para o campo, iniciada na época da crise do Império Romano, no século III, aumentou ainda mais com a formação desses reinos germânicos. As cidades que não tinham sido destruídas pelas conquistas foram se esvaziando e perderam sua importância. As grandes propriedades dos romanos foram tomadas pelos reinos germânicos, que mantiveram o sistema de colonato. O comércio foi diminuindo entre as várias regiões. A quantidade de escravos, a maior força de trabalho na Antiguidade, foi muito reduzida.

Todo esse processo de crise do mundo romano e a presença cada vez mais intensa dos povos germânicos na Europa vão marcar o fim da Antiguidade e o início de um novo tempo: a Idade Média. Enquanto o Império Romano do Ocidente caiu, dando origem a vários reinos distintos, o Império Romano do Oriente teve destino completamente diferente.

Reinos germânicos (século VI)

Fonte: elaborado com base em ARRUDA, José Jobson de. *Atlas histórico básico*. São Paulo: Ática, 2009. p. 13.

527: Início do reinado de Justiniano, imperador bizantino.

O Império Bizantino

Como vimos anteriormente, o Império Romano foi dividido em Império Romano do Ocidente e Império Romano do Oriente por conta dos problemas que enfrentava no final do século IV. Se o lado ocidental enfraquecia cada vez mais em decorrência da crise iniciada no século III, no lado oriental isso não aconteceu.

A própria capital do Império Romano foi transferida para a cidade de Bizâncio (localizada no estreito do Bósforo, entre o mar Egeu e o mar Negro) ainda em 330 pelo imperador Constantino. A cidade até mudou de nome, passando a chamar-se Nova Roma e, depois, Constantinopla. Roma sobreviveu, em certa medida, na sua parte oriental. Hoje, ela se chama Istambul e está localizada na Turquia.

O Império do Oriente tinha atividades comerciais mais dinâmicas, estava localizado em uma região que tinha contatos frequentes com os mercadores do Extremo Oriente e suas províncias eram mais ricas. Além disso, geralmente conseguia impedir que povos estrangeiros invadissem seu território, oferecendo dinheiro e assinando tratados de paz. O Império Romano do Oriente durou até o século XV e ficou conhecido como Império Bizantino por causa de sua capital Constantinopla, que originalmente tinha o nome de Bizâncio.

O Império Bizantino (século VI)

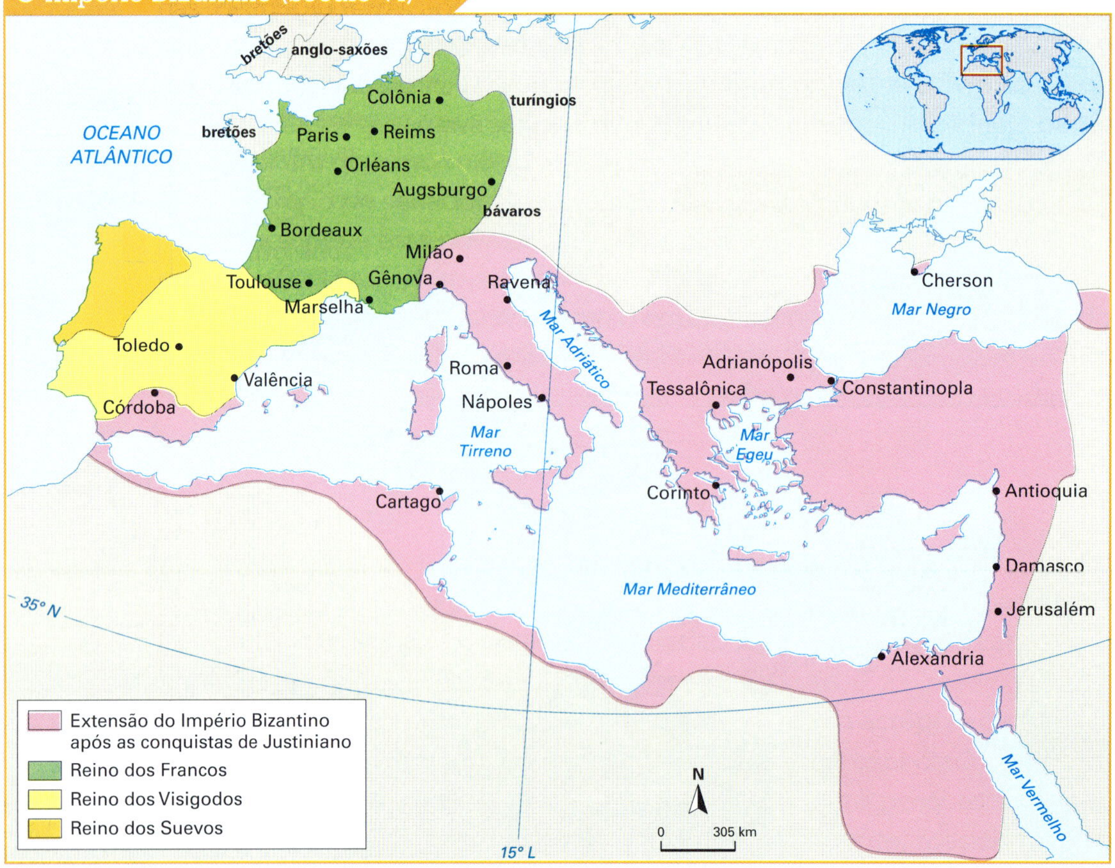

Fonte: elaborado com base em VICENTINO, Cláudio. *Atlas histórico:* geral e do Brasil. São Paulo: Scipione, 2011. p. 58.

A HISTÓRIA NÃO ESTÁ SOZINHA

Computação gráfica

A computação gráfica é uma área da ciência da computação que cria imagens a partir de dados e informações. É utilizada para produzir filmes de animação, jogos de computador, obras de arte, plantas de arquitetura e reconstruções gráficas, como reconstituições históricas de templos destruídos ou cidades soterradas.

O projeto Byzantium1200, criado em 1994, está realizando a reconstrução gráfica em 3D da cidade de Bizâncio em torno do ano 1200. Nesse período a cidade era muito populosa e uma das maiores do mundo. Graças a informações arqueológicas e fontes escritas sobre a geografia de Bizâncio, os técnicos estão conseguindo reproduzir edifícios e várias regiões da cidade.

Reconstituição em 3D do palácio de Blaquerna em Constantinopla. A reconstrução de Bizâncio está disponível no seguinte *site*: <http://imperiobizantino.com.br/2011/06/01/links-bizantinos-e-projeto-%E2%80%9Cbyzantium1200%E2%80%9D/>. Acesso em: 9 out. 2018.

- Para pesquisar o *site* acima, combine com o professor um dia para visitar a sala de informática ou busque em um computador que tenha acesso à internet. Em seguida, descreva dois lugares da cidade que mais chamaram sua atenção. Justifique sua opinião com os elementos observados e com o que foi estudado no capítulo.

Justiniano e a glória dos bizantinos

Em 527, Justiniano assumiu o governo do Império Bizantino, permanecendo no poder durante 38 anos.

Uma de suas primeiras preocupações foi reorganizar a legislação com base nas leis romanas, o que resultou em um novo código de leis, o Código de Justiniano, concluído em 528. Ainda hoje é uma obra fundamental para o estudo do Direito.

751: Governo de Pepino, o Breve, inicia a dinastia carolíngia.

No governo de Justiniano, as fronteiras do Império Bizantino foram ampliadas. Seu exército derrotou os ostrogodos na península Itálica, os vândalos no norte da África e os visigodos no sul da Espanha.

O imperador bizantino pretendia reconquistar as regiões que haviam feito parte do Império Romano, mas que foram tomadas pelos reinos germânicos. Queria recuperar o período de glória dos romanos e ser reconhecido como o herdeiro dos grandes imperadores.

Herdeiro: pessoa que recebe os bens de outra que morreu.

OUTRAS HISTÓRIAS ARTE

Mosaicos

Mosaico é uma imagem feita a partir de pequenos pedaços de materiais de vários tipos: pedras, areia, papel, vidro, mármore, conchas... O objetivo é decorar paredes, pisos, janelas, móveis e outros objetos.

A técnica do mosaico é muito antiga. O primeiro registro conhecido é de 3500 a.C. e foi encontrado na cidade de Ur, na Mesopotâmia.

Egípcios, gregos e romanos também criaram obras de arte em mosaico, mas foi com os bizantinos que elas alcançaram seu maior grau de beleza, com cenas do cristianismo e imagens dos imperadores bizantinos.

The Bridgeman Art Library/Fotoarena

Imperador Justiniano, representado em mosaico na basílica de São Vital. Ravena, Itália.

- Observe a imagem do mosaico e identifique, ao lado do imperador Justiniano, ao menos um grupo social que formava a sociedade bizantina.

As trocas comerciais

As principais rotas comerciais daquele período passavam pelo Império Bizantino, transformando as cidades da região em locais estratégicos de troca e abastecimento para os mercadores. Por esse motivo, essas cidades prosperaram muito e as moedas bizantinas eram aceitas em vários lugares.

Chineses, persas, árabes e indianos forneciam artigos como perfumes, sedas, porcelanas e especiarias, que eram comercializados no Ocidente europeu por meio de rotas organizadas por mercadores bizantinos. Eles também compravam e revendiam trigo, peles, escravos, azeite, vinho e especiarias.

Abastecimento: ato de fornecer, de suprir alguma coisa.

FIQUE DE OLHO

BELTRÃO, Cláudia. *O mundo bizantino.* São Paulo: FTD, 2002. (Coleção Para Conhecer Melhor).

Esse livro aborda o importante papel que Bizâncio, ou Constantinopla, a capital do mundo bizantino, teve na história do Oriente Próximo e da civilização ocidental. Conta a história de um império que, por onze séculos, manteve uma civilização ao mesmo tempo grega, romana e oriental.

Constantinopla

De acordo com os relatos da época, Constantinopla, a capital do Império Bizantino, era muito bonita, populosa, com prédios imponentes, lindos palácios e templos religiosos. Localizada no estreito de Bósforo, região entre o mar Egeu e o mar Negro, foi fundada ainda no século VII a.C., com o nome de Bizâncio.

Em 330, o imperador Constantino transformou-a em capital do Império Romano e mudou seu nome para Nova Roma. Com sua morte, a cidade passou a se chamar Constantinopla

A cidade resistiu a muitas tentativas de invasão, sendo uma das mais bem fortificadas da Antiguidade e da Idade Média, pois várias muralhas foram construídas para protegê-la de ataques inimigos. Mas, apesar da proteção, Constantinopla foi conquistada e dominada pelos turcos otomanos em 1453.

Constantinopla em 330

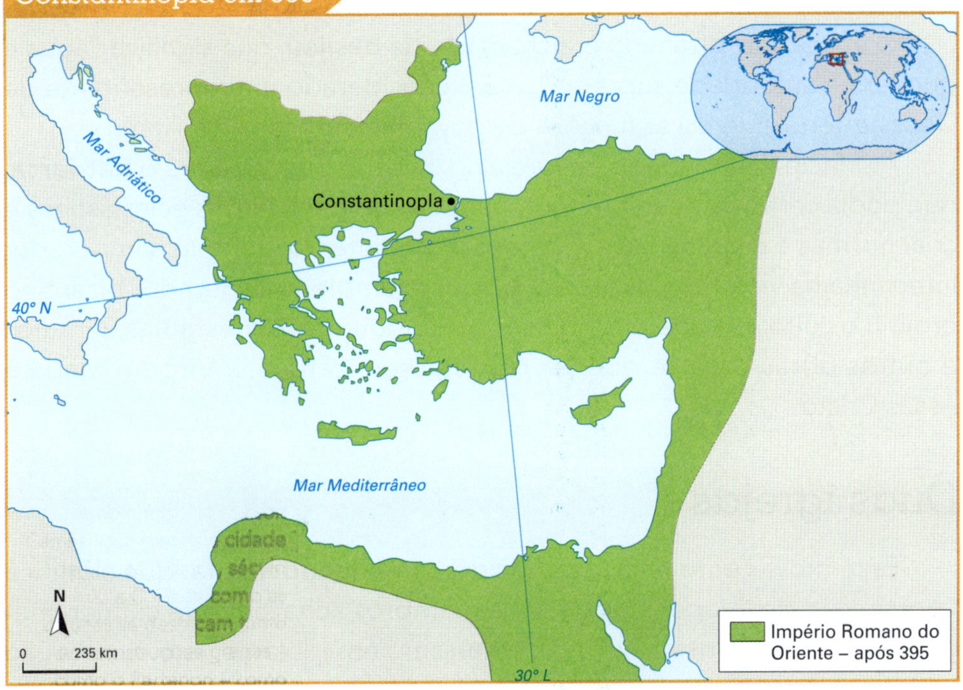

Fonte: elaborado com base em VICENTINO, Cláudio. *Atlas histórico*: geral e do Brasil. São Paulo: Scipione, 2011. p. 51.

Desigualdade e revolta

A sociedade bizantina era muito rica, mas também com muitas desigualdades sociais.

Os grandes proprietários, os grandes comerciantes, os donos de navios mercantes, os comandantes militares e as autoridades da Igreja viviam com muito luxo e compunham a menor parte da população.

Os camponeses pobres, os escravos, os trabalhadores das cidades, os pequenos comerciantes e os artesãos formavam a maioria da população, que pagava pesados impostos e encontrava grandes dificuldades para sobreviver.

Hipódromo: arena descoberta onde se realizam corridas de cavalo e bigas, além de exercícios de equitação.

A situação tornou-se insustentável em 532, durante uma corrida de cavalos no hipódromo de Constantinopla, quando o imperador deu a vitória para o próprio cavalo, apesar de outro, chamado Nika, ter vencido. O povo se revoltou contra tamanha injustiça e iniciou a chamada Revolta de Nika.

A corrida de cavalos não foi a única causa da revolta. Somou-se a outros tantos problemas que a população estava vivendo. No entanto, foi o pretexto para a rebelião que ganhou as ruas. A cidade foi dominada pelos rebeldes, que logo foram violentamente reprimidos pelas autoridades.

A força do imperador

O cristianismo havia se espalhado rapidamente pela parte oriental do Império Romano, que depois se tornou Império Romano do Oriente e, finalmente, Império Bizantino. Naquela região, o cristianismo uniu povos de diferentes origens, contribuindo para que o poder do imperador fosse mais forte.

O imperador bizantino era chamado de **basileu**, que significa "aquele que tem a autoridade suprema", e era considerado um representante de Deus na Terra. Exercia as funções de governante político e militar.

A principal autoridade da Igreja no Império Bizantino era o **patriarca**, que podia convocar reuniões, nomear pessoas para cargos eclesiásticos e criar normas e regras. Havia momentos, no entanto, em que o imperador intervinha na vida religiosa. Em 730, por exemplo, o imperador bizantino proibiu o culto a imagens religiosas e mandou destruir estátuas, pinturas e outras obras de arte que representassem santos, a Virgem Maria e Jesus Cristo.

Duas igrejas

Esse movimento ficou conhecido como **iconoclastia**, que significa "destruição de imagens", pois seus membros achavam que cultuar imagens de santos transformava o cristianismo em idolatria, isto é, devoção a ídolos.

A veneração às imagens religiosas retornou somente em 843, reaproximando o Império Bizantino e a Igreja de Roma.

Outras questões religiosas também opuseram as autoridades da Igreja no Ocidente e no Oriente. Uma delas foi a discordância de alguns dogmas por parte dos orientais, como a discussão sobre a natureza humana e divina de Jesus Cristo, por exemplo. Para os cristãos de Roma, Jesus Cristo foi ao mesmo tempo humano e divino, mas, para os orientais, foi apenas divino. Eles ficaram conhecidos como **monofisistas** e foram considerados hereges, ou seja, aqueles que discordavam de crenças da Igreja de Roma.

Todos esses conflitos levaram ao Cisma do Oriente em 1054 – a divisão da Igreja em Igreja católica do Oriente, ou Igreja ortodoxa (com sede em Constantinopla), e Igreja católica do Ocidente, ou Igreja católica (sediada em Roma). O bispo de Roma ocupava o mais alto posto hierárquico: o de papa.

O fim do Império Bizantino

O fim do Império Bizantino ocorreu somente em 1453, quando Constantinopla foi conquistada pelos turcos otomanos, cuja origem é a mesma dos hunos que, liderados por Átila, invadiram o Império Romano do Ocidente. Portanto, os lados ocidental e oriental do antigo Império Romano tiveram seu destino cruzado com povos de mesma procedência.

O Reino Franco

De todos os reinos que se formaram na Europa ocidental, os francos foram os mais poderosos. Os outros reinos enfrentaram muitos problemas para se organizar, como brigas entre herdeiros e inimizades pessoais.

Clóvis era filho do rei Childerico I, governante de um dos grupos do povo franco que ocupava a região da fronteira entre as atuais França e Bélgica. Aos 15 anos, em 481, sucedeu seu pai. Ainda muito jovem, unificou vários grupos francos e conquistou novos territórios, como a Gália (atual França) e a Renânia.

The Bridgeman Art Library/Keystone Brasil

Entrada do sultão Maomé II em Constantinopla, 29 de maio de 1453. Óleo sobre tela de Jean-Joseph-Benjamin Constant, 1876. Museu dos Agostinianos, Toulouse, França. Até 1453, os bizantinos resistiram a várias guerras e tentativas de invasão por persas, árabes e até cristãos ocidentais.

1054: Cisma do Oriente.

FIQUE DE OLHO

CANTELE, Bruna Renata. *Na Idade Média era assim...* São Paulo: Editora do Brasil, 2000.

Nesse livro, a autora descreve como era a vida das pessoas durante a Idade Média: quais eram as habitações e os alimentos mais comuns, como as pessoas mediam o tempo, entre outros aspectos.

Clóvis fundou a primeira dinastia do Reino Franco, a dos merovíngios. A palavra vem de Meroveu, que alguns dizem ter sido avô de Clóvis. De acordo com algumas lendas da época, Meroveu havia sido gerado de um monstro marinho, que mudava de forma enquanto nadava.

Nunca foram encontrados registros históricos confiáveis a respeito da origem de Meroveu; alguns estudiosos acreditam que ele pode nunca ter existido, não passando mesmo de um personagem lendário.

De qualquer modo, Clóvis é considerado o primeiro rei dos francos.

Poder e religião

A religião foi muito importante para a união dos francos. O rei Clóvis se converteu ao cristianismo e foi batizado em 496 numa igreja da cidade de Saint Remis. Clóvis acabou criando uma aliança com o clero da Igreja de Roma, o que facilitou a conquista de outros povos que já eram cristãos. Com todos seguindo a mesma religião, seria mais fácil governar.

Por outro lado, os membros do clero contavam com o auxílio dos francos para impedir que crenças não cristãs se espalhassem pela Europa ocidental e ameaçassem o poder da Igreja.

O QUE HÁ NA IMAGEM?

Observe a imagem e responda:

1. A imagem representa o batismo de Clóvis pelo papa. Descreva como Clóvis foi representado na imagem e o que isso significava.

2. Pesquise o significado do batismo para a Igreja católica.

akg-images/Latinstock

O batismo de Clóvis, pintura de Mestre de Saint Giles, século XV. Coleção Samuel H. Kress.

Dos merovíngios aos carolíngios

Clóvis reinou até o início do século VI.

Ele conseguiu liderar os francos por 30 anos seguidos, apoiado pelos proprietários de terras, que recebiam novos lotes para serem cultivados. Em troca, esses proprietários prestavam serviço militar, defendendo o reino e indo aos campos de batalha para realizar novas conquistas. A doação de terras também era utilizada como forma de pagamento aos outros funcionários do reino.

Após a morte de Clóvis, o Reino Franco foi dividido entre seus quatro filhos, como uma herança, mas eles tiveram uma atuação muito fraca.

No início do século VIII, os árabes, que já haviam conquistado parte da península Ibérica, dirigiram-se para o território dos francos. Em 732, nas fronteiras do reino, foram derrotados pelo exército de um cavaleiro chamado Carlos Martel. A Igreja temia que a religião dos árabes – o islamismo – se espalhasse pela Europa cristã.

Por causa desse feito, Carlos Martel ficou famoso. Seu filho, Pepino, o Breve, foi coroado rei dos francos em 751, iniciando uma nova dinastia, chamada de **dinastia carolíngia**, em homenagem ao pai.

Os carolíngios tiveram todo o apoio da Igreja católica. Em troca, Pepino doou terras à Igreja e obrigou os súditos a pagar a ela um imposto chamado **dízimo**, que correspondia a 10% da renda mensal ou anual de cada pessoa.

> VOCÊ JÁ OUVIU FALAR
>
> ... que a expressão **Idade Média** foi criada por pensadores do século XV?
>
> Segundo esses pensadores, a Idade Média ficava entre a Antiguidade, ou Idade Antiga, e o tempo em que esses pensadores viviam. Foi considerada por eles uma fase em que a cultura e a vida econômica haviam entrado em declínio e os reis eram fracos. As perseguições religiosas, as guerras, a fome e as doenças fizeram com que alguns até chamassem esse período de Idade das Trevas.
>
> No entanto, historiadores demonstram, por meio de pesquisas, que essa descrição da Idade Média não é fiel ao período.

Carolíngios no poder

O auge do poder carolíngio ocorreu durante o reinado de Carlos Magno, filho de Pepino. Carlos Magno foi coroado rei dos francos em 768 e também imperador romano, título que não era utilizado desde a queda do Império Romano do Ocidente no século V.

A cerimônia de coroação do novo imperador ocorreu na igreja de São Pedro, em Roma, na noite de Natal do ano 800. A aliança entre o Reino Franco e a Igreja católica se fortaleceu.

O objetivo de Carlos Magno era restaurar a glória do antigo Império Romano. Com o apoio da Igreja, conseguiu fortalecer seu poder e conquistar diversos povos, ampliando o território do Império.

Administração

Para facilitar a administração do Império, Carlos Magno dividiu o território em regiões; designou um funcionário que percorria todo o reino para verificar se suas ordens estavam sendo cumpridas; criou leis escritas e um Tribunal do Palácio, que julgava todos os casos até então decididos pelos grandes proprietários. Com essas medidas, Carlos Magno centralizou o governo.

O QUE HÁ NA IMAGEM?

Repare na postura de Carlos Magno diante do papa quando foi coroado.

Descreva essa postura e elabore uma hipótese que a explique.

Rue des Archives/PVDE/Latinstock

Coroação de Carlos Magno, iluminura de Jean Fouquet, século XV. Coleção particular.

A terra era a riqueza

FIQUE DE OLHO

MACDONALD, Fiona. *Como seria sua vida na Idade Média?* São Paulo: Scipione, 1996.

Conheça aspectos importantes da vida das pessoas durante o período medieval, desde os acontecimentos históricos até a vida cotidiana.

Como a atividade econômica mais importante na Alta Idade Média era a agricultura, a terra era utilizada como forma de pagamento aos funcionários do Reino Franco, como vimos, e também ao exército. Esse foi um dos motivos que tornaram Carlos Magno tão poderoso, capaz de conquistar regiões diferentes.

Ao receberem as terras como recompensa pela participação nas conquistas militares, esses guerreiros tornavam-se vassalos de Carlos Magno, ou seja, em troca da posse das terras, juravam fidelidade ao rei.

No período carolíngio, as grandes propriedades de terra eram chamadas de **domínio**. Cada proprietário concedia lotes de terra aos camponeses, que em troca lhes davam parte dos alimentos que cultivavam. Os camponeses também eram obrigados a cultivar outras terras férteis do domínio e a exercer outras tarefas.

Todos os alimentos produzidos no domínio eram consumidos lá mesmo. Desse modo, as trocas comerciais diminuíram bastante.

Na época da dinastia merovíngia, cada região tinha sua própria moeda, o que dificultava as trocas comerciais. Para resolver esse problema, Carlos Magno decidiu que haveria uma única moeda, produzida pelo governo. Mesmo assim, a circulação de moedas diminuiu muito.

A expansão do Reino Franco (481 a 814)

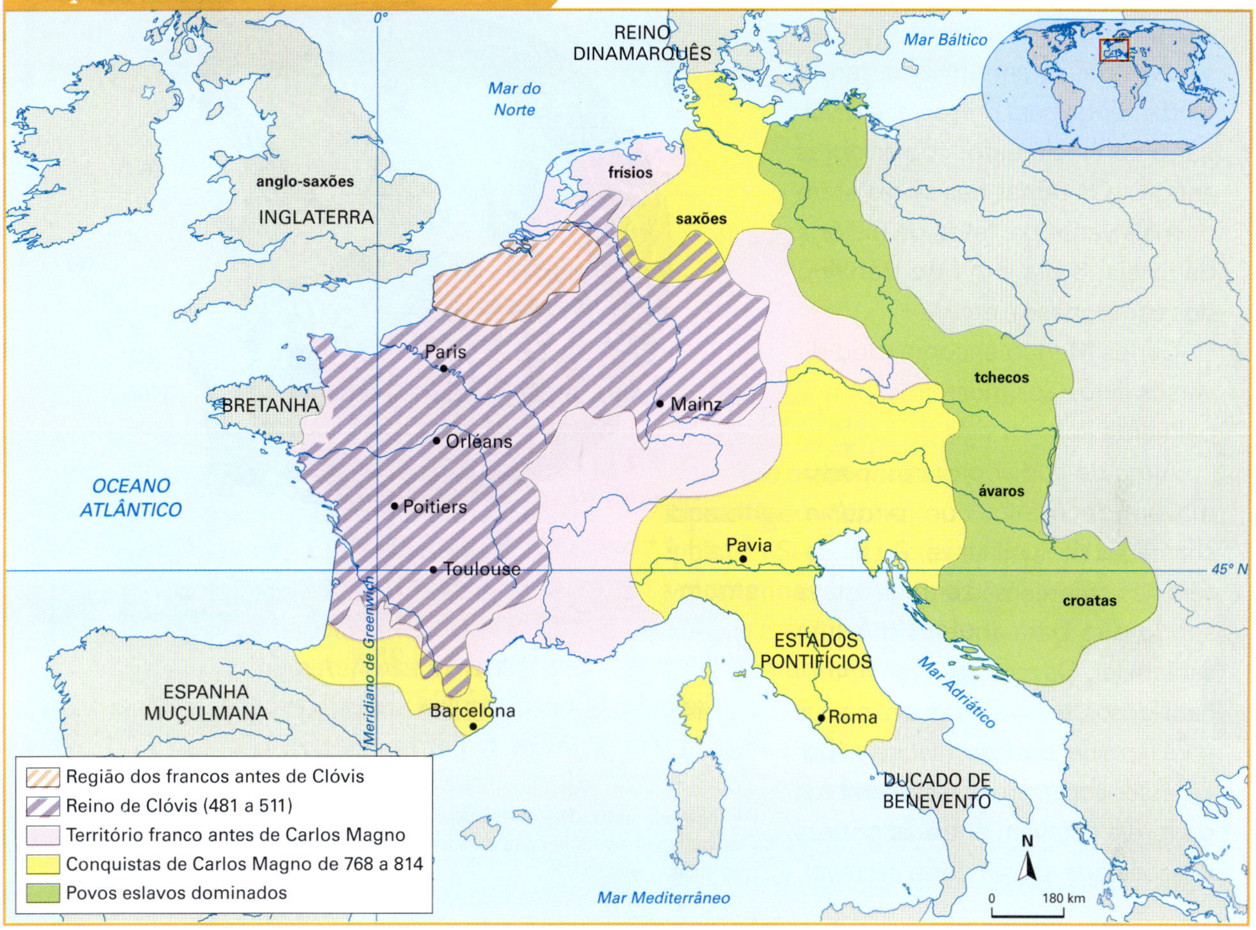

Fonte: elaborado com base em VICENTINO, Cláudio. *Atlas histórico*: geral e do Brasil. São Paulo: Scipione, 2011. p. 60.

Renascença carolíngia

Carlos Magno admirava as artes e a cultura. Por isso, estimulou o desenvolvimento da literatura, da pintura, da arquitetura e da educação.

As imagens de anjos e santos passaram a ser cada vez mais cultuadas dentro das igrejas. A missa passou a ser uma ocasião especial e valorizada, tornando-se obrigatória aos domingos. Os livros foram também decorados com imagens religiosas. Foi a chamada Renascença carolíngia.

Várias escolas foram reformadas, e outras foram construídas, tanto para preparar aqueles que trabalhariam no império quanto os que desejavam ingressar na Igreja. Professores e sábios foram trazidos de outras regiões para dar aulas nessas escolas.

O SEU LUGAR NA HISTÓRIA

Carlos Magno foi sepultado na Catedral de Aquisgrano, na Alemanha. No Brasil, também há um antigo rei enterrado numa igreja: D. Pedro II, que governou o país entre 1831 e 1889. Faça uma pesquisa para descobrir o local onde D. Pedro II foi enterrado.

A HISTÓRIA NÃO ESTÁ SOZINHA

Arte

Em uma época em que não existia imprensa, alguns monges se especializaram em uma tarefa fundamental para preservar e divulgar o conhecimento: copiar obras antigas. Os temas das obras eram os mais variados: fatos da história da Igreja, o dia a dia do trabalho dos camponeses, etc.

Carlos Magno encomendou diversos livros aos mosteiros, principalmente sobre a vida de Cristo.

Além de copiar os livros, costumavam decorá-los com pinturas, chamadas de iluminuras, que ajudavam na compreensão do que estava sendo dito para aqueles que não sabiam ler. Os monges eram muito habilidosos, e às vezes levavam anos para terminar um livro. Naquela época, esses copistas e outros membros da Igreja estavam entre as poucas pessoas que sabiam ler e escrever.

akg-images/Latinstock

Iluminura de autor desconhecido do século IX. Biblioteca Nacional, Paris, França. Na imagem, a cena da ascensão de Cristo foi feita dentro da letra C que inicia o texto.

- Por que a tarefa dos copistas era importante naquela época?

Crise do Império Carolíngio

Com a morte de Carlos Magno, em 814, o governo do Império Carolíngio foi assumido por seu filho Luís, o Piedoso. A partir desse momento, o Império entrou em crise. Os vassalos do rei começaram a se distanciar cada vez mais do soberano, isolando-se em suas propriedades. O enfraquecimento do poder real e o isolamento dos vassalos ocorreram por dois motivos: a diminuição da extensão de terras e as invasões estrangeiras.

As conquistas de novos territórios foram diminuindo e, como o rei não tinha mais terras para doar, os vassalos deixaram de apoiá-lo e se afastaram de seu exército.

Divisão do Império

Com a morte de Luís, o Piedoso, em 843, o território carolíngio foi dividido em três partes. Iniciou-se, então, a fragmentação política da Europa, típica da Idade Média.

Nesse período, os reinos originários do Império Romano ainda enfrentaram invasões de outros povos. Pelo norte da Europa chegaram os normandos, ou *vikings*, vindos da Escandinávia, região que hoje corresponde a Dinamarca, Suécia e Noruega. Os normandos conquistaram parte da Bretanha e o norte da França. Pelo leste chegaram os húngaros, que entraram na Europa oriental provocando grandes destruições e medo na população local. Pelo sul, avançaram os árabes, que, como veremos em breve, dominaram o mar Mediterrâneo.

Com os reis enfraquecidos, os senhores rurais tiveram de se defender por conta própria. O rei não tinha mais terras para pagar ao exército, portanto havia cada vez menos vassalos fiéis.

Diante de toda essa situação, na região onde antes estava o Império Carolíngio restaram três reinos independentes. O mapa da Europa já não era mais o mesmo.

Voltemos aos nossos personagens principais deste capítulo. Átila, chefe dos hunos, foi protagonista da guerra contra o Império Romano do Ocidente, no século V. Ficou conhecido como "a cólera de Deus". Carlos Magno, rei dos francos, tentou restaurar o antigo império, no século VIII. Conseguiu o título de imperador e defendeu o cristianismo, mas não pôde recriar o antigo Império Romano. A Europa do tempo de Carlos Magno era uma sociedade rural com forte tendência à fragmentação política. Uma Europa fechada, quase isolada. O contrário do que tinha sido quando Roma dominava o continente.

A divisão do Império Carolíngio (século IX)

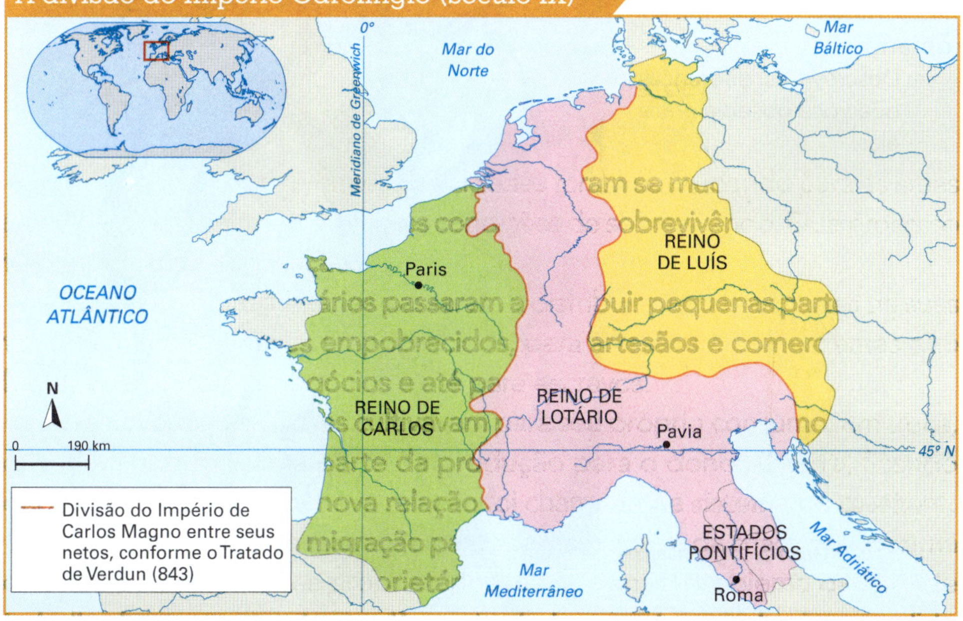

Ericson G. Luciano/Arquivo da editora

Fonte: elaborado com base em VICENTINO, Cláudio. *Atlas histórico*: geral e do Brasil. São Paulo: Scipione, 2011. p. 60.

PUXANDO PELA MEMÓRIA

Após o estudo do capítulo, você manteria sua resposta à pergunta da página 142?

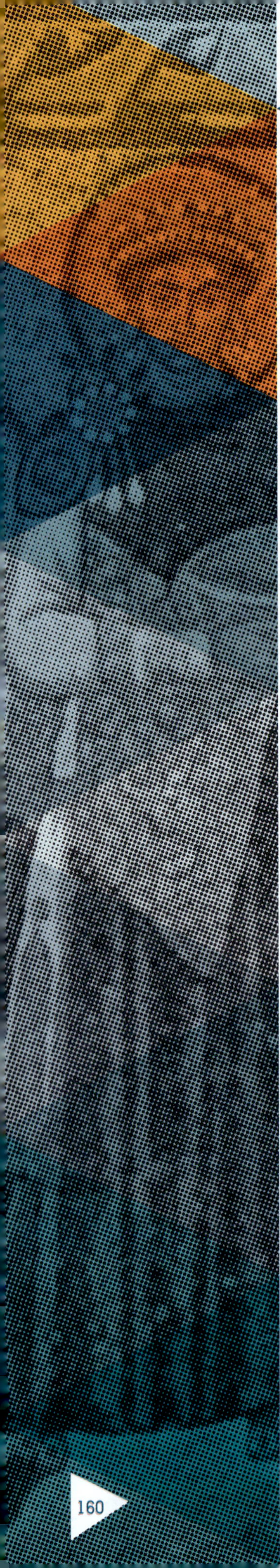

The Bridgeman Art Library/Fotoarena

ROTEIRO DE ESTUDOS

O QUE APRENDEMOS?

1 | Qual é a relação entre a crise econômica do Império Romano e o processo de ruralização?

2 | Escreva um parágrafo comentando as diferenças entre o Império Romano do Oriente e o Império Romano do Ocidente.

3 | Por que o Império Bizantino foi mais duradouro que o Império Romano do Ocidente?

4 | Relacione a corrida de cavalos do ano 532 no Império Bizantino com a desigualdade social na sociedade bizantina.

5 | Por que a Idade Média foi chamada por alguns de Idade das Trevas? Pesquise!

6 | Explique a relação entre Clóvis e o cristianismo.

7 | Por que a vitória de Carlos Martel sobre os muçulmanos em 732 foi tão importante para a Igreja católica?

8 | Qual era a situação dos camponeses na Alta Idade Média? Que relação eles estabeleciam com os grandes proprietários de terras?

9 | Com base nos textos e nos mapas do capítulo, cite dois países que hoje se localizam na região ocupada pelo Reino Franco.

10 | Explique por que a seguinte frase é falsa:

As artes e a cultura no período carolíngio não foram estimuladas.

PESQUISA

Observe a imagem ao lado, que representa guerreiros germânicos.

Em seguida, pesquise imagens de um soldado romano.

- Descreva as diferenças que você observa entre elas.

The Bridgeman Art Library/Keystone Brasil

Guerreiros germânicos, gravura de Philipp Clüver na obra *Germania Antiqua*, 1616. Coleção particular.

IMAGENS CONTAM A HISTÓRIA

Na imagem ao lado, podemos ver uma representação de Carlos Magno, personagem estudado ao longo do capítulo. Nela, que elementos caracterizam Carlos Magno como um imperador cristão que conquistou inúmeros territórios?

Carlos Magno, pintura de Albrecht Dürer, 1513. Museu Nacional Germânico, Nuremberg, Alemanha.

Snyder Collection/Prisma/Easypix

O PASSADO PRESENTE

A ordem monástica dos beneditinos surgiu no ano de 529. Essa ordem existe até os dias de hoje. Leia a seguir um trecho de artigo de jornal, de maio de 2011, sobre os monges dessa ordem nos tempos atuais.

> Os monges beneditinos da Abadia de Portsmouth, em Rhode Island (nordeste dos EUA), estão envelhecendo – cinco deles são octogenários e o mais jovem se aproxima dos 50 anos – e seu número diminuiu para 12, contra [...] 24 em 1969.
>
> Por isso, os monges, que, por séculos, evitaram as distrações mundanas, apelaram para a internet com campanha que inclui vídeos, um *blog* e até um toque para telefone de canto gregoriano.
>
> [...]
>
> Os monges adotaram o Facebook, um novo *site* (portsmouthabbeymonastery.org) que responde a perguntas sobre como se tornar monge ("Eu tenho de abandonar meu carro?" – Sim) e traz anúncios que declaram "Deus está chamando".
>
> [...] Para alguns, a tecnologia pode parecer o oposto da imagem da vida monástica. Nem tanto, dizem os monges: até o Vaticano tem seu canal no YouTube e uma página no Facebook.
>
> A campanha apresenta os frades como "abertos e amistosos, totalmente acessíveis".

VEGA, Tanzina. Monges utilizam a internet para recrutar jovens. Disponível em: <http://www1.folha.uol.com.br/fsp/newyorktimes/ny1605201120.htm>. Acesso em: 29 maio 2018.

- O artigo nos permite refletir sobre a inovação em face da tradição. Em sua opinião, é interessante manter as tradições sem nenhuma inovação ou a atualização dos costumes seria uma alternativa melhor?

Com a ajuda do professor, formem dois grupos em classe. O grupo 1 ficará encarregado de defender, num debate, a opinião de que as tradições, como as da Ordem Beneditina, não deveriam ser alteradas. Já o grupo 2 defenderá que as tradições devem, sim, ser transformadas, a fim de se adequarem ao mundo atual.

Para se preparar para o debate, ambos os grupos devem pensar em argumentos que justifiquem e defendam a sua posição. Devem, também, formular perguntas a serem feitas ao outro grupo.

akg-images/British Library/Album/Fotoarena

Iluminura medieval, da obra *O livro dos santos*, de Aldebrandino de Siena, século XIII, representando os três grupos da sociedade medieval. Biblioteca Britânica, Londres, Reino Unido.

CAPÍTULO 10

O FEUDALISMO EUROPEU

No século XI, um bispo na cidade de Lyon, na França, disse que Deus havia criado no mundo três tipos de homens: aqueles que deveriam rezar por todos; os que tinham por função guerrear para defender a sociedade, e os que deveriam trabalhar para produzir os alimentos. Eram eles os clérigos, os nobres e cavaleiros e os camponeses. A sociedade medieval era, para esse bispo e para a Igreja, composta desses três grupos.

Clérigo: membro do clero, que é o grupo de sacerdotes de uma religião.

Para a maioria do clero, quem nascia servo dificilmente viraria um nobre. Esse pensamento foi tão divulgado que as pessoas passaram a acreditar nele, e os historiadores que estudaram essa época encontraram essa ideia em vários documentos escritos. Perceberam também como a influência da Igreja era grande nessa sociedade. Era a época da Baixa Idade Média, que tinha uma série de características que ficaram conhecidas como feudalismo e que estudaremos neste capítulo.

PUXANDO PELA MEMÓRIA

Procure lembrar o que estudou no capítulo 1 deste volume. Com base nesse conhecimento, quais diferenças você imagina que existam entre a Idade Antiga e a Idade Média?

Créditos das imagens de baixo para cima: Antonio Quattrone/Mondadori Portfolio/Easypix; Christian Guy/Image Broker/Glow Images; Alamy/FotoArena; Alamy/FotoArena; Alamy/FotoArena.

A nobreza feudal

De Agostini Picture Library/Getty Images

Conrad da Suábia caçando com falcões, iluminura do *Codex Manesse*, de 1304, feito em Zurique. Coleção particular.

Guilherme Marechal nasceu na Inglaterra no século XII, em 1146. Aos 8 anos de idade, seu pai o enviou para o castelo de um primo, na França, onde foi educado e tornou-se cavaleiro. Quando concluiu o treinamento, Guilherme recebeu sua espada e foi campeão logo no primeiro torneio de que participou.

A formação guerreira que Guilherme recebeu era muito comum entre a maioria dos nobres daquele período. Eles aprendiam a lutar desde crianças e, quando adultos, recebiam uma espada para enfrentar seus inimigos.

Vários deles tornavam-se especialistas na arte de manejar armas, de guerrear e de cavalgar. Defendiam com coragem suas propriedades e, nas maiores, mandavam construir castelos fortificados.

No século IX, a Europa central estava ameaçada por povos vindos do norte, sobretudo os *vikings*, e do leste. Os conflitos entre os próprios nobres eram comuns, pois quem conquistasse mais terras ficava mais poderoso.

Os nobres mais ricos participavam de grandes banquetes e festas, caçavam como esporte e conquistavam moças para casar. A coragem, a lealdade, a solidariedade e o espírito de aventura eram muito valorizados por esses homens.

Suseranos e vassalos

Guilherme voltou da França à Inglaterra para procurar um tio, mas descobriu que ele havia sido morto quando escoltava a rainha. Por perseguir os assassinos, o rei Henrique II ficou muito grato e, como recompensa, acolheu Guilherme em sua corte e encarregou-o de treinar seu segundo filho, também de nome Henrique, então com 15 anos, para ser um cavaleiro. Corria o ano de 1170. Guilherme Marechal participou de vários torneios com outros nobres e cavaleiros. Venceu muitos deles, e por isso ficou famoso.

Uma das maiores diversões dos nobres nessa época eram os torneios, também chamados de **justas**. Eram simulações de batalhas entre cavaleiros que ocorriam em arenas construídas especialmente para isso. Os vencedores ganhavam prêmios e prestígio.

Os torneios serviam de treinamento para as guerras de verdade, mas também eram uma oportunidade de os cavaleiros mostrarem como eram hábeis e de serem considerados heróis. Montados a cavalo, portando armaduras e escudos, usavam armas como lanças, varas e espadas. Corriam cavalgando um em direção ao outro, com o objetivo de derrubar o adversário.

VOCÊ JÁ OUVIU FALAR...

... que a palavra **nobreza** vem do latim *nobilis*, que significa conhecido, famoso, aquele que é superior?

Na Idade Média, nobre era todo aquele que tinha privilégios, fortuna, terras e por isso fazia parte da camada mais alta da sociedade. Eles se originaram das famílias mais poderosas do tempo dos carolíngios.

FIQUE DE OLHO

LE GOFF, Jacques. *A Idade Média explicada aos meus filhos*. São Paulo: Agir, 2007.

O historiador Jacques Le Goff, um dos maiores especialistas em História medieval, escreveu um livro para contar, de forma simples e divertida, como era a vida nesse período.

Reis, nobres e a população assistiam ao evento. Era uma ocasião festiva, com bailes, música, artistas e banquetes para as famílias mais ricas. Afinal, a guerra e os combates eram as principais atividades dos cavaleiros.

Quando Guilherme passou a servir ao rei Henrique II, recebeu terras, além de pagamento vitalício. Estabeleceu com o rei uma relação de fidelidade e lealdade.

A relação entre Guilherme e o rei não era novidade na época. Havia o costume entre os povos germânicos de doar terras aos guerreiros que se destacavam em troca de fidelidade, como estudamos no capítulo 9. Esse costume germânico foi incorporado pelo Império Carolíngio. Os reis doavam terras a cavaleiros que fossem leais aos seus exércitos, tornando-os seus **vassalos**.

Vitalício: destinado a durar a vida toda.

Compromissos feudais

A partir do século XI, como o poder do rei havia enfraquecido, os nobres precisaram se unir para se proteger de inimigos. Por isso, foram se transformando em vassalos uns dos outros.

Quando um nobre importante concedia um pedaço de terra a um proprietário menor ou a um cavaleiro, ele transformava esse homem em seu vassalo. Em geral, essa terra concedida era chamada de **feudo**. O termo **feudalismo**, nome dado pelos estudiosos a esse período, vem dessa palavra. Em troca do feudo recebido, o vassalo devia:

- ser fiel ao seu senhor, agora chamado de **suserano**, apresentando-se para os combates sempre que convocado;
- contribuir com despesas do suserano, como o casamento de sua filha e a educação de seu filho mais velho;
- participar de um conselho de vassalos, para ajudar o suserano sempre que necessário.

Os maiores suseranos eram os proprietários mais prósperos, e eles podiam ter vários vassalos ao mesmo tempo. Os reis foram um exemplo disso, por terem muitos bens e homens que lhes serviam.

Album/Prisma/Latinstock

Cerimônia de investidura de um cavaleiro, iluminura do século XV da obra *Tristão e Isolda*. Castelo de Chantilly, França.

A homenagem

A relação de fidelidade entre os nobres era tão importante que havia até uma cerimônia para selar essa união.

Chamada de **homenagem**, essa cerimônia geralmente acontecia no castelo do suserano ou em uma igreja. O vassalo se colocava de joelhos diante do suserano, com as mãos juntas e a cabeça descoberta, e jurava a ele lealdade e fidelidade. Em troca, o suserano lhe dava um objeto, que podia ser uma espada, um anel, uma faca ou um punhado de terra, simbolizando o feudo que ele recebia. Essa entrega era chamada de **investidura**.

OUTRAS HISTÓRIAS LUGARES

Castelos medievais

O castelo era uma moradia típica dos cavaleiros e nobres medievais.

Com a crise do Império Romano e as migrações dos povos germânicos, os grandes proprietários de terra ergueram castelos para defender suas propriedades de possíveis invasores. Foi neste momento que surgiram nobres especializados no manejo de armas, os cavaleiros.

Até o século XI, os castelos eram feitos de madeira, mas depois começaram a ser erigidos com blocos de pedra e em locais altos para facilitar a defesa e a vigilância.

Os castelos eram cercados de muralhas e, em torno delas, era cavado um fosso – grande buraco cheio de água para dificultar a invasão dos inimigos. Em tempos de guerra, camponeses se protegiam dentro dos castelos.

Alamy/FotoArena

Castelo de Muiderslot. Muiden, Holanda. Fotografia de 2018.

- Existem ainda hoje em vários países da Europa muitos castelos para visitação turística. Reúna-se em grupo com alguns colegas e, juntos, escolham um castelo e pesquisem sua história. Em seguida, elaborem uma "visita guiada" pela construção. Você e os colegas serão os guias de um passeio pelo castelo. Combinem um dia com o professor para que todos os grupos possam apresentar as "visitas guiadas" e a história dos castelos.

CÁ ENTRE NÓS

Você sabia que no Brasil há um museu em estilo medieval? Ele se localiza na cidade de Gramado, no Rio Grande do Sul, e se chama Museu Medieval Castelo Saint George. Em seu acervo há uma importante coleção de cópias de armas do período medieval que, mesmo não sendo originais, nos dão ideia de como eram as armas daquela época.

O senhorio e a servidão camponesa

Com a morte de Henrique II, Ricardo I assumiu o trono da Inglaterra em 1189. Ele era conhecido também como Ricardo, Coração de Leão, por sua reputação de ser um valente guerreiro. Guilherme Marechal ganhou de presente do novo rei o casamento com uma jovem mulher, já tendo ele em torno de 50 anos. Com ela, Guilherme teve dez filhos. Naquela época, os casamentos eram arranjados pelos pais ou pelo próprio rei, para selar acordos, negócios e até a paz entre inimigos.

A esposa de Guilherme era herdeira de muitas terras, tornando-o assim proprietário de vários feudos, com muitos camponeses trabalhando para produzir gêneros agrícolas.

Na Baixa Idade Média, a produção agrícola continuava sendo a principal fonte de riqueza. Os domínios rurais foram chamados de **senhorios**, onde se produzia tudo o que era necessário para seus habitantes.

O senhorio se dividia nas seguintes partes:

- a **reserva senhorial**, onde estavam localizados a habitação do senhor – que poderia ser um grande castelo, dependendo do tamanho da propriedade – e os campos de cultivo;
- as **terras de uso comum**, que eram utilizadas para a pastagem dos animais, extração de madeira, a coleta de frutos e a caça. Nelas também ficavam os estábulos, as oficinas de artesanato, as construções importantes para a vida diária, como forno, celeiro e moinho, e a igreja;
- as **terras servis**, onde os camponeses plantavam para sua subsistência.

Os senhorios variavam de tamanho conforme a riqueza do proprietário. O senhor era a maior autoridade local e qualquer conflito era resolvido por ele.

Moinho: local para moer grãos.

Erich Lessing/Album/Fotoarena

Representação de um senhorio, iluminura da obra *As horas muito ricas do duque de Berry*, do século XV. Museu Conde, Chantilly, França.

Tributos e obrigações

Os camponeses trabalhavam nos senhorios em regime de servidão e, por isso, eram conhecidos como **servos**.

Em troca da parcela de terra cedida pelo senhor, o servo estava submetido a algumas obrigações e ao pagamento de alguns tributos, como:

» a **talha**, tributo que o obrigava a entregar ao senhor parte dos produtos cultivados;

» a **corveia**, que o obrigava a trabalhar três dias na semana nos campos de cultivo do senhor (reserva senhorial) e a realizar vários serviços que beneficiavam o senhor, como cuidar dos animais, manter as construções em funcionamento (moinho, forno, etc.) e trabalhar na casa do senhor.

Os servos também tinham que pagar ao senhor caso quisessem se casar e também pagavam para usar o forno, o moinho e o celeiro. A família do servo pagava um tributo caso quisesse permanecer na terra que cultivava mesmo depois de sua morte.

A servidão camponesa do feudalismo era diferente da escravidão da Antiguidade. O escravo era propriedade de outro homem, podendo ser vendido, comprado ou trocado e não recebia nada em troca pelo trabalho realizado. Os servos, assim como os escravos, também não ganhavam salário, mas podiam cultivar uma parcela de terra para seu próprio sustento em troca de várias obrigações e impostos. Dessa forma, ao contrário do que ocorria na escravidão, nem todos os produtos cultivados pelo servo eram entregues ao senhor.

Os pouquíssimos escravos ainda remanescentes na Idade Média eram herança da Antiguidade, não se constituindo como força de trabalho fundamental no feudalismo.

FIQUE DE OLHO

Projeto *A Idade Média em sala de aula*.

Disponível em: <www.idademedianaescola.com.br>. Acesso em: 16 maio 2018.

Resultado de um projeto da Universidade de Brasília, esse *site* disponibiliza imagens, documentos escritos e jogos para você aprofundar os conhecimentos sobre a Idade Média.

DOCUMENTO

A sociedade feudal

Quem escreveu o texto abaixo foi Adalberto de Laon, bispo da cidade de Lyon, na França, no século XI. Ele fala da sociedade feudal.

> Os nobres são os guerreiros, os protetores das igrejas, defendem todo o povo, aos grandes da mesma forma que aos pequenos e ao mesmo tempo se protegem a eles mesmos. A outra classe é a dos servos, esta raça de desgraçados não possui nada sem sofrimento, fornecem provisões e roupas a todos pois os homens livres não podem valer-se sem eles [...].
>
> LAON, Adalberto de. Carmem ad Rotbertum regem francorum. In: PINSKY, Jaime (Org.). *O modo de produção feudal*. São Paulo: Brasiliense, 1979. p. 71.

- Que personagens você identifica nesse texto? Quais eram suas funções na sociedade feudal?

Transformações no feudalismo

Durante o período carolíngio, a produção de alimentos era escassa e os instrumentos de trabalho eram ruins. Mas, a partir do século XI, os instrumentos agrícolas foram aprimorados, tornando-se mais eficientes e resistentes. Um exemplo foi a **charrua**, um arado de ferro puxado por bois e cavalos que revolvia a terra profundamente para torná-la mais produtiva. Assim, a produção de trigo, cevada, centeio, aveia e outros alimentos cresceu bastante.

A quantidade de terras para o plantio também aumentou, pois parte das florestas foi transformada em área de cultivo. Além disso, o terreno passou a ser dividido em três partes. Enquanto duas delas eram cultivadas, a terceira parte permanecia descansando. No ano seguinte, a terra que havia descansado passava a ser plantada, e assim sucessivamente. Depois de três anos, cada uma das três partes teria descansado um ano.

Por fim, o clima da Europa se alterou, ficando mais quente e beneficiando a agricultura. Com todas essas transformações, a população passou a se alimentar melhor, tornando-se mais saudável e mais resistente às doenças. Consequentemente, houve crescimento populacional, pois o número de nascimentos passou a ser bem maior do que o número de mortes.

A Igreja medieval

Não foi à toa que um dos locais em que se realizava a homenagem feudal era dentro de uma igreja. A religião cristã fazia parte do dia a dia das pessoas que viviam na Idade Média. Elas acreditavam que Deus estava em todas as coisas, influenciando suas vidas nos menores detalhes.

Desde o batismo de Clóvis, fundador da dinastia merovíngia, a ligação entre a Igreja católica e o Reino Franco foi se fortalecendo pouco a pouco. Essa aliança ficou ainda mais forte quando Carlos Magno, da dinastia carolíngia, foi coroado imperador pelo papa.

A conversão desses dois reis ao catolicismo contribuiu para a expansão da religião na Europa. Quanto maior o número de cristãos, maior era a força da Igreja católica. Reis, nobres e pessoas comuns, acreditando que estariam servindo a Deus, doavam dinheiro e terras para a Igreja, que também recebia o dízimo, imposto que determinava o pagamento de 10% do que as pessoas ganhavam ou produziam.

Igreja de Nossa Senhora, a grande. Poitiers, França. Fotografia de 2014.

Christian Guy/Image Broker/Glow Images

As Cruzadas

Pouco tempo depois de assumir o trono inglês, Ricardo I partiu em 1189 para a Terra Santa, com os reis da França e do Sacro Império Romano-Germânico. Era a terceira cruzada, também chamada de Cruzada dos Reis. Mas Guilherme Marechal não foi. Ele já havia estado lá anos antes, tendo permanecido vários meses na Síria.

As Cruzadas foram expedições militares iniciadas no século XI e lideradas por nobres e religiosos. O nome vem de cruz, que era representada nas vestimentas de muitos cavaleiros que participavam dessas expedições.

O objetivo das Cruzadas era reconquistar Jerusalém, cidade que havia sido tomada no século VII pelos turcos seljúcidas. Eles estavam dificultando as peregrinações dos cristãos a Jerusalém, que iam para lá cultuar as relíquias e os lugares sagrados de sua religião.

Os turcos seljúcidas eram islâmicos e queriam espalhar sua religião pelo mundo, e, por isso, foram considerados pela Igreja inimigos e infiéis a serem combatidos.

Em 1095, na cidade de Clermont, na França, o papa Urbano II convocou a população para uma missão sagrada: reconquistar Jerusalém, prometendo aos cruzadistas o perdão dos seus pecados. Eles acreditavam estar em uma "Guerra Santa" e lutavam em nome de Deus. Mas essa promessa não foi a única motivação daqueles que participaram das expedições.

FIQUE DE OLHO

GALDINO, Luiz. *As Cruzadas*. São Paulo: Quinteto Editorial, 2006.

Esse livro apresenta as características de cada Cruzada, seus personagens e objetivos. Faz parte da trilogia sobre a Idade Média de Luiz Galdino, antecedida pelos títulos *Os cavaleiros da Távola Redonda* e *Os cavaleiros do Graal*.

Integrantes de diferentes camadas sociais participaram das Cruzadas. Os nobres estavam animados pelo espírito guerreiro. O duelo e o combate eram um modo de realização do cavaleiro. Por meio das Cruzadas, os cavaleiros podiam provar seu valor.

Muitos nobres também estavam interessados nos produtos de luxo do Oriente. Receberam dinheiro e armas de mercadores das cidades italianas de Gênova e Veneza, que esperavam obter grandes lucros com o comércio na região caso os cruzadistas alcançassem a vitória.

De Agostini Picture Library/Easypix

Papa Urbano II pregando no Concílio de Clermont, iluminura do *Livro de Passagens de Ultramar*, 1474. Coleção particular.

1180: Início do governo de Felipe Augusto, na França.

1189: Ricardo I assume o trono da Inglaterra.

Os combates

A chamada Cruzada Popular foi realizada em 1096 e liderada pelo monge francês Pedro, o Eremita, reunindo camponeses fugidos, pobres, desempregados e mendigos. Foi uma cruzada não oficial e, mesmo sem organização, com pouca comida e sem armamentos, Pedro e seus cruzadistas conseguiram chegar a Constantinopla, mas foram massacrados pelos turcos.

A Primeira Cruzada oficial, que foi convocada pelo papa Urbano II e organizada pelos nobres, também ocorreu nesse ano e foi vitoriosa. Com um exército de mais de 30 mil homens, os cruzadistas conseguiram tomar Jerusalém em 1099, porém à custa de muitas mortes de cristãos e muçulmanos. Depois da conquista, os cavaleiros criaram o Reino Latino de Jerusalém.

Mesmo já instalados na região, os cristãos entraram diversas vezes em conflito com os muçulmanos. Em 1118, alguns cavaleiros se organizaram em um grupo chamado Ordem dos Templários, com o objetivo de proteger a região contra os muçulmanos e garantir aos cristãos a peregrinação e o culto aos locais sagrados de Jerusalém.

Defesa das conquistas

Até o século XIII foram organizadas várias outras cruzadas com o objetivo de proteger as conquistas dos cristãos no Oriente. Essas expedições trouxeram muitas transformações para a Europa. O avanço dos cruzadistas limitou o número de mercadores muçulmanos no mar Mediterrâneo, e a navegação ficou livre para os mercadores europeus. Muitos nobres perderam tudo, pois investiram todos os seus recursos nas expedições. Com a ausência de muitos senhores feudais, várias famílias camponesas fugiram dos domínios em que viviam para tentar uma vida melhor nas cidades.

Cruzadas cristãs (séculos XI a XIII)

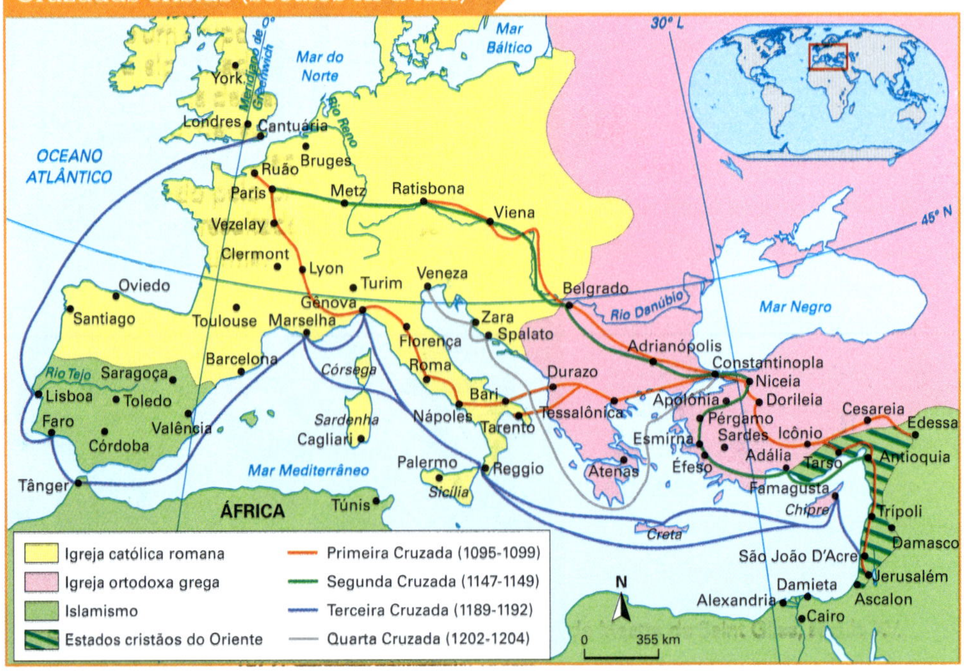

Ericson G. Luciano/Arquivo da editora

Fonte: elaborado com base em ARRUDA, José Jobson de. *Atlas histórico básico*. São Paulo: Ática, 2009. p. 16.

OUTRAS HISTÓRIAS CRENÇAS

A canonização

Santa Clara, São José, Santa Rita, Santa Tereza, Santo Antônio, São Francisco... Quantos santos você conhece? Se um cristão foi muito bom, desempenhou ações importantes para ajudar as outras pessoas, se teve uma vida voltada para Deus, de acordo com as regras da Igreja, e se há milagres que podem ser atribuídos a ele, a Igreja pode considerá-lo santo.

A canonização é o processo por meio do qual uma pessoa se torna santa pela Igreja católica. Os santos têm orações específicas para eles. Quem julga se a pessoa pode ou não ser considerada santa são os altos membros da Igreja e o papa, depois de uma investigação bem demorada.

Havia na Idade Média um livro famoso chamado *Legenda Áurea*, escrito em 1260, que contava a vida de muitos santos. Desde o século VII, os santos ganharam um dia de homenagem para todos, daí o nome Dia de Todos os Santos. No século IX, o papa Gregório III estabeleceu o dia 1º de novembro para essa comemoração.

Alamy/Fotoarena

A Crucificação com os santos, 1441-1442, afresco de Fra Angelico (1400-1455). Convento de São Marcos, Florença, Itália.

1 | Pesquise a história da vida de algum santo canonizado durante a Idade Média.

2 | Qual é a santa ou o santo mais cultuado no Brasil?

A Reforma Gregoriana

Assim como o antigo Reino Franco, o Sacro Império Romano-Germânico (ver página 176 neste capítulo) estabeleceu forte aliança com a Igreja católica e por isso se tornou muito poderoso na Baixa Idade Média.

Essa aliança, porém, teve um preço: os imperadores germânicos chegavam a sugerir nomes para a escolha dos papas, e senhores feudais acabavam escolhendo os padres que atuariam nas igrejas de suas regiões.

Para reverter essa situação, no final do século XI o papa Gregório VII decidiu fazer uma reforma interna na Igreja católica, que ficou conhecida como Reforma Gregoriana. Esta reforma pretendeu, em resumo, barrar a interferência do imperador e dos senhores feudais nos assuntos da Igreja, além de disciplinar o próprio clero e impedir o comércio de objetos sagrados.

A reforma contrariou o imperador do Sacro Império Romano-Germânico, Henrique IV. Um acordo selado em 1122, chamado de Concordata de Worms, determinou que caberia à própria Igreja escolher aqueles que atuariam como padres, bispos e papas.

J.D. Dallet/age Fotostock/Keystone

Martírio de Thomas Becket, afresco de Tommaso Dolabella, 1627. Catedral de Notre-Dame de Bayeux, Calvados, França. Thomas Becket foi um arcebispo inglês contrário ao privilégio dos nobres de nomear os membros do clero. Ele foi assassinado por seguidores do rei que queriam manter esse privilégio.

O combate aos hereges

O século XIII foi para a Igreja um tempo de transformações. Em 1213, o papa Inocêncio III convocou o IV Concílio de Latrão, que reuniu autoridades da Igreja católica de toda a Europa; foi considerado o mais importante da Idade Média e um dos maiores de toda a História.

Concílio: reunião de autoridades do clero católico voltada para debater temas doutrinários.

Diversos assuntos foram tratados nesse Concílio, como a importância do papa para os cristãos; a conduta esperada dos padres, que deviam ser estudiosos, corretos, honestos e bem preparados para exercer sua função nas igrejas; e o combate aos grupos chamados hereges, indivíduos que contestavam os dogmas ou a autoridade da Igreja.

Dogma: crença ou princípio de uma religião.

Em 1235, a Igreja criou o próprio tribunal para julgar aqueles que eram considerados hereges: o Tribunal da Inquisição. Um juiz nomeado pelo papa, chamado de inquisidor, foi encarregado de julgar e punir os hereges.

Os franciscanos

Giovanni di Pietro Bernardoni nasceu na cidade de Assis, na Itália, em 1182. Filho de um rico comerciante de tecidos, tinha uma vida cheia de luxo. Um dia, porém, decidiu renunciar à herança da família e saiu pregando o cristianismo aos pobres, doentes e necessitados. Encontrou outros que, como ele, deixaram seus bens e sua riqueza para viver uma vida de humildade, pobreza e caridade. Giovanni passou a se chamar Francisco de Assis, pois Assis era a cidade de seu nascimento.

Francisco achava que a Igreja estava muito mais envolvida com o mundo material do que com o espiritual, pois era uma grande proprietária de terras e seus membros mais importantes viviam luxuosamente. Por isso, a ideia de Francisco de Assis e seus seguidores era viver como Jesus Cristo e seus primeiros discípulos haviam vivido.

Antonio Quattrone/Mondadori Portfolio/Easypix

Renúncia aos bens mundanos, afresco de Giotto di Bondone, 1297-1299. Basílica de São Francisco de Assis, em Assis, Itália.

Em 1210, eles foram a Roma e conseguiram autorização do papa para pregar. Apesar de criticarem a Igreja por sua riqueza, não eram contra nenhum de seus dogmas. Escreveram um conjunto de regras de comportamento, chamado de Regra Primitiva: não poderiam ter bens materiais, deveriam pregar a pé a palavra de Deus, tinham de viver de esmolas e de ajudar os doentes e miseráveis.

Logo após sua morte, em 1228, Francisco de Assis foi considerado um santo pela Igreja católica. Ele deu origem a uma ordem religiosa chamada **franciscanos**.

Os seguidores de Francisco não viviam isolados em mosteiros, pois sua missão era viajar pelo mundo difundindo o cristianismo. Eles também foram importantes no combate a heresias.

Arquitetura medieval

Uma das maiores expressões da arte medieval foi a arquitetura.

Em uma sociedade profundamente cristianizada, a construção de igrejas era muito valorizada.

Cada época foi marcada por um estilo diferente. O estilo **românico** predominou nos edifícios construídos entre os séculos VIII e XII. As igrejas eram construídas em pedra, com poucas janelas, paredes grossas, portas em arco e teto em formato de abóbada. O nome faz referência ao Império Romano. Os mosteiros foram construídos nesse estilo.

Já entre os séculos XIII e XIV, a principal marca da arquitetura foram as catedrais, construídas nas cidades.

Catedral de Notre-Dame, igreja em estilo gótico do século XII em Paris, França. Fotografia de 2018.

Alamy/FotoArena

Uma das principais características das catedrais era a luminosidade que entrava em seu interior através dos vitrais coloridos e das janelas grandiosas. Os grandes vitrais, além de permitirem a entrada de luminosidade, explicavam passagens bíblicas por meio de imagens. Na Idade Média, a maioria da população não sabia ler, mas compreendia muito bem as pinturas e os vitrais presentes no interior das igrejas, aprendendo assim os principais dogmas da doutrina católica.

O conjunto dessas características deu nome a um estilo arquitetônico que ficou conhecido como **gótico**.

No século XIII foram construídas grandes catedrais na Europa, e o estilo gótico se espalhou por todo o Ocidente. Elas foram o símbolo do poder da Igreja na Baixa Idade Média e da forma como influenciava a vida das pessoas daquele período.

O SEU LUGAR NA HISTÓRIA

As grandes igrejas construídas durante a Baixa Idade Média foram chamadas de catedrais. Vimos que elas eram cheias de vitrais coloridos, com histórias da vida de Cristo e outras passagens da Bíblia.

1. Há igrejas importantes na cidade em que você vive? Descreva como ela(s) é (são) por dentro.

2. Pesquise como é o interior da Catedral Metropolitana de Nossa Senhora Aparecida, em Brasília. O que ela tem em comum com as catedrais medievais?

3. Descubra quem foi o autor do projeto dessa catedral.

Os reis feudais

Em 843, através do Tratado de Verdun, o Império Carolíngio foi dividido entre os netos de Carlos Magno. A Carlos, o Calvo, coube a parte ocidental, que se transformou no Reino da França. A Luís, o Germânico, coube a parte oriental, que se tornou o Reino Germânico. Por fim, a Lotário coube a região intermediária do império, que ia do mar do Norte até o sul da Itália. Com a morte de Lotário, a região foi incorporada ao Reino Germânico.

França

Os últimos reis carolíngios do Reino da França foram derrotados pelos invasores estrangeiros. Foi neste momento, em 987, que Hugo Capeto assumiu o poder e iniciou a dinastia capetíngia, que governou a França por quatro séculos.

Os primeiros monarcas capetíngios não conseguiram centralizar o poder. O rei era um poderoso suserano, mas seu poder estava limitado aos seus vassalos e à sua família. Os grandes nobres e os cavaleiros exerciam em suas propriedades mais poder que o próprio rei.

Inglaterra

A região que conhecemos hoje como Inglaterra tem sua história misturada à da França nesse período.

Em 1066, o território inglês foi invadido por um nobre da Normandia, região do norte da França. Ele era vassalo do rei inglês que havia falecido e assim se achou no direito de governar a região. Ele se apropriou da maior parte das terras e dividiu o restante em vários feudos, doando-os aos seus seguidores e a amigos fiéis, que se tornaram seus vassalos.

Em 1154, uma dinastia de origem francesa, chamada plantageneta, assumiu o trono inglês e governou a Inglaterra durante dois séculos. O primeiro monarca foi Henrique II.

AO MESMO TEMPO

Sacro Império Romano-Germânico

A França Oriental era a região mais a leste entre os três territórios divididos do Império Carolíngio. Alguns nobres conseguiram impedir a entrada dos invasores húngaros e manter a região unida. Em 919, a França Oriental passou a se chamar Reino da Germânia.

Em 936, Oto I foi coroado rei e derrotou os húngaros. Em 955, expandiu o território, conquistando a Itália. Em 962, foi coroado pelo papa e mudou o nome do Reino da Germânia para Sacro Império Romano-Germânico. Esse império teve uma grande importância na Baixa Idade Média e durou até 1806.

O Reino da França e o Sacro Império Romano-Germânico (século X)

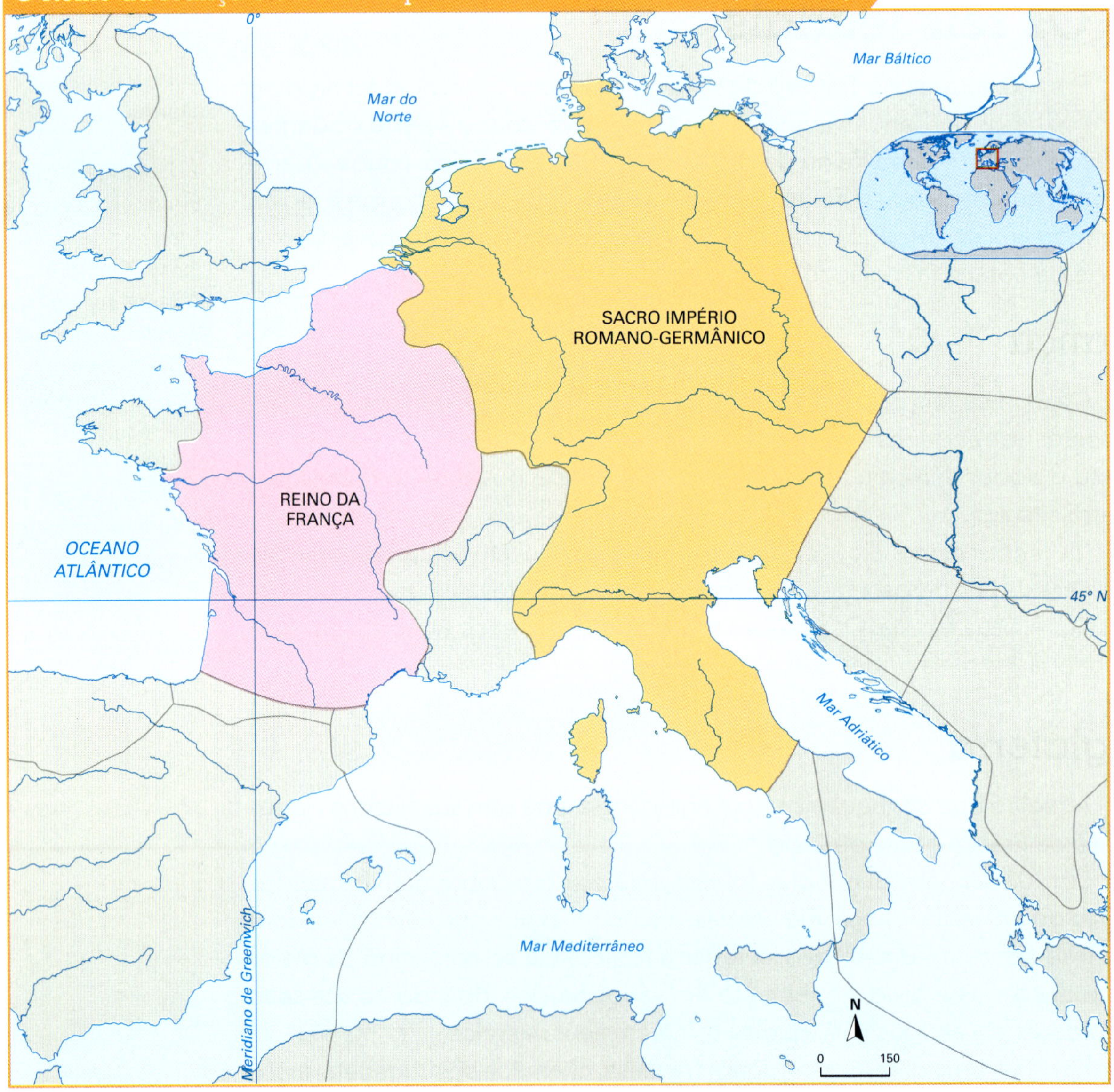

Ericson G. Luciano/Arquivo da editora

Fonte: elaborado com base em MCEVEDY, Colin. *Atlas de história medieval*. São Paulo: Verbo, 1990. p. 57.

1285: Início do governo de Felipe IV da França.

A morte de Guilherme

Como vimos, Guilherme Marechal serviu a vários reis. Ele morreu em 1219, aos 73 anos, cercado por sua família, criados, amigos e religiosos. Seu enterro foi uma grande cerimônia, como era comum naqueles tempos quando morriam nobres muito ricos e importantes. Antes de morrer, despediu-se de todos aqueles que eram próximos a ele e doou seus bens. Teve ainda uma última glória, quando foi designado para treinar Ricardo III, filho de João Sem Terra, mas já estava cansado, com idade muito avançada para se dedicar a esforço tão intenso.

O único de seus filhos que teve direito à herança foi o mais velho, como era costume na época. O mais novo seguiu a carreira religiosa e anos mais tarde contratou um contador de histórias para escrever a biografia de seu pai, graças à qual estamos aqui contando um pouco de sua vida.

Biografia: história da vida de uma pessoa.

Mathew Lodge/Lodge Photo/Alamy/Fotoarena

Escultura sobre o túmulo de Guilherme Marechal, século XIII. Igreja do Templo, Londres, Reino Unido.

Créditos das imagens de baixo para cima: Antonio Quattrone/Mondadori Portfolio/Easypix; Christian Guy/Image Broker/ Glow Images; Alamy/FotoArena; Alamy/FotoArena; Alamy/FotoArena.

PUXANDO PELA MEMÓRIA

Após o estudo do capítulo, você manteria sua resposta à pergunta da página 162?

ROTEIRO DE ESTUDOS

O QUE APRENDEMOS?

1 | Cite um dos deveres de um vassalo para com seu suserano.

2 | Qual era a importância da homenagem nas relações entre senhores e vassalos?

3 | Compare o regime de servidão do período medieval com o regime de escravidão da Antiguidade.

4 | Qual era o papel das mulheres na celebração do casamento entre os nobres no período medieval?

5 | Qual era o principal imposto que os camponeses deveriam pagar na servidão feudal?

6 | Cite duas razões para que reis e nobres participassem das Cruzadas.

7 | Qual era a relação entre Jerusalém e as Cruzadas?

8 | Por que os vitrais das catedrais medievais mostravam cenas relacionadas à história da Igreja, como a vida de Cristo, passagens da Bíblia, cenas com a Virgem Maria e outros santos?

9 | Explique por que a frase seguinte é falsa:

Francisco de Assis organizou a ordem dos franciscanos porque ele queria imitar a Igreja, não tinha bens e era pobre.

10 | Como podemos associar a descentralização do poder no fim do Império Carolíngio ao comércio?

PESQUISA

A cidade de Jerusalém até hoje recebe milhares de peregrinos ao longo do ano, devotos das religiões judaica, cristã e islâmica.

- Pesquise os motivos pelos quais essa cidade é tão importante para essas três religiões. Em seguida, procure imagens dos lugares da cidade considerados sagrados para os judeus, para os cristãos e para os islâmicos. Depois, pesquise uma cidade brasileira que receba ainda hoje peregrinos católicos.

Photo12/UIG/Getty Images

The Bridgeman Art Library/Fotoarena

Peregrinos diante da Igreja do Santo Sepulcro, guardada pelos sarracenos c. 1410. Coleção particular.

IMAGENS CONTAM A HISTÓRIA

Observe a imagem ao lado e responda às questões.

1 | Com base no que você estudou, identifique o personagem medieval ajoelhado e o personagem na janela. Para responder à questão, fique atento aos trajes usados por eles.

2 | Observe a cruz nas mãos do homem da janela. O que ela representa? A qual movimento ela está relacionada?

3 | Explique o motivo de o personagem da janela oferecer a cruz ao homem ajoelhado.

Roger-Viollet/Agência France-Presse

Miniatura de um manuscrito francês, século XV. Biblioteca de São Marcos, Veneza, Itália.

O PASSADO PRESENTE

As guerras causadas por diferenças entre crenças religiosas existem no mundo desde a Antiguidade. Estudamos neste capítulo que os cristãos saíram em direção a Jerusalém para tomá-la em nome de Deus. Os cruzadistas, como ficaram conhecidos, consideraram esse movimento uma "Guerra Santa".

Os conflitos religiosos não se limitaram à Europa medieval. Até hoje, no mundo inteiro, as pessoas se matam por motivos religiosos. Em 2002, na Nigéria, um grupo islâmico radical, chamado Boko Haram, que lutava para criar na região um Estado Islâmico, realizou uma série de ataques a igrejas cristãs nas cidades de Madalla, Jos e Damaturu, causando a morte de mais de 40 pessoas.

Em 2014, no Rio de Janeiro, a líder de um grupo religioso de candomblé denunciou à polícia uma série de ataques que seu templo vinha sofrendo há anos, sendo alvo de tiros, invasões e incêndios. No mesmo ano, também no Rio de Janeiro, um estudante de uma escola pública no bairro do Grajaú foi impedido de entrar na escola porque estava com colares típicos de religiões de origem africana.

1 | Com a ajuda do professor, discuta em grupos o que significa a expressão "intolerância religiosa".

2 | Muitos conflitos ainda são motivados por diferenças religiosas. Discuta esse tema com os colegas.

3 | Você acha correto impor uma religião a outras pessoas? Justifique sua resposta.

Alamy/Fotoarena

Protesto de grupos religiosos contra a intolerância. Rio de Janeiro, RJ. Fotografia de 2017.

The Granger Collection, Nova York, EUA./Fotoarena

A grande mesquita de Okra em Kayrawãn. Gravura. Túnis, Tunísia, 1881.

CAPÍTULO 11

O ISLÃ EM EXPANSÃO: ÁFRICA E EUROPA

Em 678, Kusayla era chefe do grupo berbere awraba, na área central do Magreb, na África, onde os árabes haviam ocupado.

Convertido ao islamismo, a Kusayla foram prometidos os mesmos direitos de um chefe árabe. Não foi o que ocorreu. O comandante árabe Ukba ibn Nafi e seus 15 mil homens atacaram os awraba. Kusayla ficou furioso, mas não revidou. Retirou-se com seus homens para um local isolado e esperou. Ukba foi conquistando territórios até as margens do oceano Atlântico. Na volta, seu exército estava esgotado, e o comandante permitiu que milhares de homens voltassem antes dele. Um erro.

Berbere: relativo aos povos habitantes do norte da África, sobretudo do Marrocos e da Argélia.

Magreb: região norte-noroeste da África. A palavra é de origem árabe e significa "poente" ou "ocidente".

Havia chegado o momento de vingança. Kusayla atacou. Ukba, vendo-se perdido, marchou em direção aos homens de Kusayla. Morreu com bravura. Kusayla manteve-se fiel à religião muçulmana, invadiu a cidade árabe de Kayrawãn e proclamou-se governador. Pela primeira vez na África, um nativo, um berbere, e não um árabe estrangeiro, tornava-se príncipe de uma cidade criada por árabes muçulmanos.

PUXANDO PELA MEMÓRIA

O que existe em comum entre as palavras **Islã**, **muçulmano**, **Maomé** e **Alá**?

Créditos das imagens de baixo para cima: De Agostini/Getty Images; 505 collection/Alamy/Fotoarena; TopFoto/AGB PHOTO; Matthew G. Bailey/UIG/Getty Images.

1 As fontes para a História da África

De que maneira histórias como as de Kusayla chegaram ao nosso conhecimento hoje?

Com poucas exceções, como os egípcios, por exemplo, os povos africanos eram ágrafos, isto é, não possuíam escrita. Por isso, não deixaram registros escritos dos fatos passados. Sua história era transmitida oralmente, de geração em geração. A **história oral** é, portanto, um dos principais instrumentos para conhecer como os povos africanos se organizaram no passado.

A Arqueologia é outra ferramenta fundamental, pois realiza análise de vestígios (objetos, ossos, etc.) que as antigas civilizações deixaram. É possível saber de que época são muitos desses achados utilizando técnicas específicas, mas poucas regiões da África possuem escavações e estudos arqueológicos.

No caso das conquistas muçulmanas no norte da África, a partir do século VII, elas foram descritas por escritores de língua árabe. Foi o que aconteceu com a história de Kusayla relatada por Ibn 'Abd al-Hakam, historiador egípcio que viveu quase 200 anos depois dos eventos, no século IX, e registrou o que ouviu quando esteve no reino do Mali.

Na verdade, esses escritores ou historiadores árabes tinham a intenção de elogiar os generais árabes. Mas eles registraram o que realmente aconteceu? Aí é que entra a atuação do historiador, que tem de filtrar as informações, porque esses relatos foram escritos por pessoas que, muitas vezes, não compreendiam os costumes e a cultura dos povos que estavam observando. Apesar disso, eles são muito importantes para o conhecimento da história dos povos africanos.

FIQUE DE OLHO

LIMA, Heloísa Pires; LEMOS, Mário; DNEKA, Georges. *A semente que veio da África*. São Paulo: Salamandra, 2005.

Escrito por uma brasileira e dois africanos, o livro traz diversas histórias africanas, além de ensinar o *awalé*, um jogo de estratégia que se joga com sementes.

Sítio arqueológico na cidade de Gao, na África ocidental. A pesquisa arqueológica na região demonstrou que existiram duas cidades de Gao, como mencionaram autores árabes dos séculos X e XI. Nesse caso, a fonte escrita e a pesquisa arqueológica se complementaram. A cidade de Gao era um importantíssimo centro comercial que fornecia mercadorias para as caravanas do deserto do Saara em direção ao norte da África. Fotografia de 2013.

FIQUE DE OLHO

MANSUR, Alberto Jorge Simões. *Árabes:* das origens à expansão. Curitiba: Positivo, 2002.

Esse livro conta a história do povo árabe e como a sua cultura, junto com a religião muçulmana, expandiu-se pela África, pela Ásia e pela Europa, assimilando e transmitindo conhecimentos de outros povos.

O nascimento do Islã

O islamismo ou islã, palavra que significa "submissão a Deus", é uma religião fundada no século VII por um homem chamado Maomé. Tem hoje milhões de seguidores no mundo inteiro, conhecidos como islâmicos ou muçulmanos.

O islamismo exerceu enorme influência na história dos povos árabes e em grande parte do mundo.

A península Arábica é ocupada por povos árabes desde 1500 a.C. A vida naquela região não era fácil, pois a maior parte da península é coberta pelo deserto, com clima predominantemente seco e quente.

No ano de 570, na cidade de Meca, uma das mais importantes da península Arábica, nasceu um homem que mudaria a história de seu povo: Maomé, também chamado de Mohamed, em árabe.

njam/Stockimo/Alamy/Fotoarena

O grande monumento que você vê na imagem se chama Caaba, que significa "o cubo" em árabe. A Caaba está localizada no centro da mesquita de Al Masjid Al Haran, na cidade de Meca, na Arábia Saudita. É coberta por um manto negro; por dentro, é toda de mármore, e nas paredes estão inscritos os versos do *Corão*. Em um dos lados da Caaba há uma pedra negra, de cerca de 20 cm de comprimento, envolta em uma moldura de prata. Os muçulmanos acreditam que ela caiu do céu, tendo sido enviada por Deus para a construção de um altar. Até hoje os pesquisadores não conseguiram desvendar a origem dessa pedra. Fotografia de 2018.

622: Maomé sai de Meca e vai para Medina.

De acordo com o islamismo, em 610, aos 40 anos de idade, Maomé recebeu uma mensagem do anjo Gabriel. A mensagem dizia que Maomé era o homem enviado por Alá para transmitir ao povo os versos recitados pelo anjo Gabriel. Alá, o criador do Universo e o único Deus em que a humanidade deveria acreditar, tinha de ser cultuado, e seus ensinamentos conhecidos no mundo todo.

Maomé foi considerado o profeta e o conjunto desses versos foi escrito em um livro sagrado chamado **Corão** ou **Alcorão**, no qual foram registrados todos os princípios dessa nova religião.

Profeta: título que os muçulmanos dão a Maomé; aquele que tem o poder de predizer o futuro por inspiração divina.

Os princípios fundamentais que devem ser respeitados por todo adepto do islamismo são:

- acreditar que Alá é o único Deus e que Maomé é o seu profeta, ou seja, é o porta-voz de Deus;
- rezar cinco vezes por dia, começando ao amanhecer, depois ao meio-dia, à tarde, no pôr do sol e, finalmente, à noite;
- ajudar os pobres;
- praticar o jejum durante o Ramadã, o nono mês do calendário islâmico;
- se possível, realizar a peregrinação a Meca, cidade sagrada do islamismo, pelo menos uma vez na vida.

O **Corão** também determina outras obrigações, como não comer carne de porco e não ingerir bebidas alcoólicas.

Chandan Khanna/Agência France-Presse

Muçulmanos indianos oram durante o Eid al-Fitr, que marca o fim do Ramadã na mesquita de Jamas Masjïd em Nova Déli, Índia. Fotografia de 2018.

Pregação do islamismo

Peregrino: pessoa que visita lugares sagrados.

Depois que os princípios do islamismo foram revelados, Maomé iniciou a pregação da nova religião na cidade de Meca, local onde eram cultuadas várias divindades e que atraía muitos peregrinos.

A mensagem de Maomé agradou a algumas pessoas, mas também desagradou a muitas outras. Ele dizia que os deuses cultuados em Meca eram falsos, e por isso deveriam ser destruídos. O único Deus em que os homens deveriam acreditar era Alá.

Os comerciantes locais ficaram revoltados, pois temiam que os peregrinos deixassem de visitar a cidade se acreditassem nas palavras de Maomé.

Maomé foi perseguido. Em 622, fugiu de Meca para Medina, onde já tinha vários seguidores, que também passaram a ensinar a nova religião. Nessa cidade, sob sua liderança, surgiu a primeira comunidade de muçulmanos.

Inconformados com o que havia acontecido em Meca, Maomé e seus discípulos se organizaram e, em 627, tomaram a cidade. O culto a Alá foi imposto e Meca tornou-se o centro do monoteísmo islâmico.

Nesse período, os habitantes da península Arábica se organizavam em diferentes tribos, e a expansão do islamismo nessa região contribuiu para que elas se unificassem sob um único governante. Assim, a religião foi o motivo principal da união e da centralização política dos povos árabes.

Depois da morte de Maomé, em 632, seus sucessores foram chamados de califas, palavra que significa "sucessor do profeta".

saiko3p/iStock/Getty Images

Mesquita Hassan II, na cidade de Casablanca, Marrocos. O minarete dessa mesquita é o mais alto do mundo. Mesquita é o local de culto dos muçulmanos. A primeira mesquita foi construída em Medina e, à medida que o islamismo se expandia, várias delas foram sendo erguidas pelo mundo. As torres, também chamadas de minaretes, foram criadas para chamar os muçulmanos para as orações diárias. Fotografia de 2017.

A expansão do Islã

Os muçulmanos, ao conquistarem novos territórios, difundiram sua fé entre os povos dominados, tanto com Maomé como com os outros califas. Animados pela possibilidade de expandir sua religião, conquistar terras férteis e ampliar seu comércio, os exércitos dos califas avançaram sobre o norte da África e grande parte da Ásia, chegando até a China.

No século VIII, os árabes chegaram à Europa e conquistaram parte da península Ibérica em 711, formando o Califado de Córdoba. Mas quando alcançaram o Reino Franco, em 732, os muçulmanos foram derrotados por Carlos Martel na Batalha de Poitiers.

CÁ ENTRE NÓS

Os omíadas governaram o mundo islâmico de 661 até 750, quando os descendentes do tio de Maomé chegaram ao poder. Formou-se, então, o Califado Abássida, que durou até 1258, quando foi derrotado pelos mongóis.

Erich Lessing/Latinstock

Batalha de Poitiers, óleo sobre tela de Charles de Steuben, 1837. Museu Nacional do Palácio de Versalhes, França.

Os árabes no mar Mediterrâneo

Apesar de derrotados por Carlos Martel, os muçulmanos dominaram as rotas comerciais marítimas no mar Mediterrâneo a partir do século VIII. Em 762, com a fundação de Bagdá, o comércio islâmico se desenvolveu ainda mais, pois a cidade se localizava entre o Oriente Médio e o restante da Ásia, possibilitando grande circulação de mercadorias.

Os árabes conviveram com povos diversos, com culturas e maneiras de viver bem distintas. Mas a fé propagada por Maomé não foi imposta em muitos dos territórios conquistados, sendo permitido que a população preservasse suas crenças e seus rituais religiosos. Na península Ibérica, por exemplo, os muçulmanos conviveram com cristãos e judeus.

670: Criação da cidade de Kayrawān.

Album/akg-images/Pictures From History/Fotoarena

Ilustração representando Tariq ibn Ziyad, general omíada do século VIII que liderou as conquistas no atual sul da Espanha, em 711.

Apesar de as lideranças religiosas árabes não obrigarem os povos dominados a se converter ao islamismo, era obrigatório que o comandante da cidade ou da região fosse árabe, e não nativo.

Em certas situações, reis e nobres das regiões conquistadas se convertiam ao islamismo, reconhecendo o domínio dos árabes muçulmanos, mas com parte da população mantendo suas religiões originais e pagando impostos. Foi o caso do Egito, como veremos a seguir.

O mapa abaixo apresenta a expansão do **Islã** no mundo em torno da década de 750. Seu raio de influência era bem extenso.

O QUE HÁ NO MAPA?

Observe o mapa e responda: quais continentes foram tocados pela expansão islâmica?

Expansão islâmica (séculos VII a VIII)

Ericson G. Luciano/Arquivo da editora

Fonte: elaborado com base em VICENTINO, Claudio. *Atlas histórico:* geral e do Brasil. São Paulo: Scipione, 2011. p. 59.

A cultura árabe

A bússola, o papel e a pólvora, inventados pelos chineses, foram levados para o Ocidente pelos árabes. Eles também difundiram entre os europeus o cultivo da cana-de-açúcar, do algodão, do arroz, do café, do limão e da laranja, aprendido através do contato com outros povos.

A partir do século VIII, califas da dinastia dos abássidas se preocuparam em traduzir várias obras estrangeiras para o árabe. O primeiro deles foi Al Mansur, que, fascinado pelo conhecimento dos gregos, mandou traduzir para o árabe obras importantes, como as de Aristóteles. Algumas dessas obras, como as do grego Hipócrates, considerado o pai da Medicina, foram estudadas e desenvolvidas pela medicina árabe.

A Astronomia também recebeu grande impulso, pois era importante para os muçulmanos conhecer os ciclos dos astros para regular seus ritos religiosos. Os astrônomos árabes construíram observatórios para estudar o céu em várias cidades.

Luisa Ricciarini/Leemage/Universal Images Group/Getty Images

Observatório astronômico árabe do cientista Taqi al-Din, construído em Istambul, Turquia, 1577. Ilustração do poema épico de Alad-din Mansur-Shirazi, "A história do rei dos reis". Istambul, Biblioteca da Universidade, 1581.

O SEU LUGAR NA HISTÓRIA

No dia a dia, usamos palavras que têm uma longa história e muitas vezes nem reparamos. As palavras: "sucata" (objeto sem valor), "almofada" (estofado para encosto), "jarra" (vaso para água ou flores), "guitarra" (instrumento musical), por exemplo, fazem parte de nosso idioma, mas têm origem em outra língua. Os dicionários da língua portuguesa costumam indicar a origem de uma palavra. Porém, muitas vezes é necessário consultar um dicionário etimológico, que nos conta a história de cada palavra. Consulte um desses dicionários e responda:

1. Qual é a origem das palavras mencionadas acima?

2. Por que a língua portuguesa foi influenciada por palavras dessa origem? Para ajudá-lo, observe o mapa da página anterior.

Os algarismos que utilizamos até hoje foram criados pelos indianos no século V, mas foram difundidos pelos árabes. Por esse motivo, dizemos que nossos algarismos são indo-arábicos.

A língua árabe também se expandiu.

Com o surgimento do Califado Abássida, algumas cidades, sobretudo Bagdá, transformaram-se em centros da cultura árabe. Um dos primeiros califas abássidas, por exemplo, fundou a Casa da Sabedoria, espécie de biblioteca e local de reunião de estudiosos.

A HISTÓRIA NÃO ESTÁ SOZINHA

Línguas

Um aspecto fundamental do islamismo é a língua, pois todo muçulmano tinha e tem de saber o árabe. Isso porque, segundo a crença islâmica, o anjo Gabriel falou a Maomé em árabe, e suas palavras foram a base para o livro sagrado dos muçulmanos: o Corão.

O árabe se tornou a língua falada por todo o mundo muçulmano. Por isso, viajantes, geógrafos e compiladores deixaram registros escritos sobre os povos da África ao sul do Saara, mas a maioria deles era de região e cultura muito diferentes das que estavam analisando. Avaliavam esses povos, portanto, a partir da óptica da própria cultura.

Esses relatos facilitam o conhecimento da história dos reinos localizados ao sul do deserto do Saara e sua ligação com o mundo árabe muçulmano.

R. u. S. Michaud/akg-images/Latinstock

Página do Corão, escrito em árabe. Exemplar feito em Córdoba, na atual Espanha, no século XII. Biblioteca Universitária, Istambul, Turquia.

1 | Por que os escritos árabes muçulmanos devem ser utilizados com cuidado como fonte para a história dos povos da África ao sul do Saara?

2 | Em muitas regiões da África, não havia escrita tal como existia entre os árabes e os muçulmanos. Cite outros instrumentos utilizados para o conhecimento da história da África subsaariana e justifique o motivo pelo qual são importantes.

Os árabes na África

O Egito e o Magreb

No século VII, o Egito era, havia muito tempo, uma província bizantina, ou seja, fazia parte dos domínios do Império Romano do Oriente, que tinha sede em Bizâncio (atual Constantinopla).

Poucos anos após a morte de Maomé, os árabes invadiram e conquistaram o Egito. Foi a primeira região conquistada fora da península Arábica.

Os líderes egípcios receberam bem os árabes, porque viram na conquista muçulmana uma possibilidade de se livrar dos pagamentos de taxas aos bizantinos e da perseguição aos seus líderes religiosos.

O processo de islamização do Egito foi rápido e a região se tornou predominantemente muçulmana. Hoje, a maior parte da população egípcia é muçulmana; a minoria é de cristãos e judeus.

Os árabes muçulmanos expandiram-se mais para oeste, em direção ao Magreb, no norte e oeste da África.

O Magreb tinha uma população com religiões mais diversificadas do que a do Egito. Além de cristãos e judeus, havia uma maioria seguidora das religiões africanas tradicionais politeístas. Por isso, a islamização foi mais lenta. Parte da população permanecia animista.

Mesquitas muçulmanas espalharam-se por toda a região norte da África. Depois, esses novos muçulmanos expandiram-se em direção ao sul do deserto do Saara, expandindo cada vez mais a influência do islamismo pelo continente.

FIQUE DE OLHO

MACHADO, Ana Maria. *Histórias árabes*. São Paulo: FTD, 2012 (Coleção Histórias de outras terras).

Neste livro, a premiada escritora brasileira Ana Maria Machado reconta histórias presentes em *As mil e uma noites*, entre elas a de Simbad, o marujo.

Politeísta: que ou aquele que acredita em mais de um deus.

Animista: que segue o animismo, crença que considera a natureza viva, no sentido de ser capaz de agir com uma finalidade; de um modo geral, para os animistas, os seres da natureza, vivos ou inanimados, têm espírito.

Um dos marcos da islamização do Magreb foi a construção da Grande Mesquita de Kayrawān, na atual Tunísia, ordenada pelo general Ukba ibn Nfi, em 670. Forografia de 2018.

Alamy/FotoArena

732: Derrota dos muçulmanos na Batalha de Poitiers.

OUTRAS HISTÓRIAS LUGARES

Sudão

Os árabes chamavam **Sudão** a área geográfica que se situa ao sul do deserto do Saara, habitada por povos de pele negra. **Bilad al-Sudan**, em árabe, significa "terra dos negros". Por isso essa região é também chamada de **África negra**.

Não devemos confundir esse "Sudão", que é uma indicação geral para uma região até aquele momento pouco conhecida dos árabes, com o atual Estado do Sudão, situado na bacia do rio Nilo e dividido em dois no ano de 2011: Sudão e Sudão do Sul.

A divisão política da África em 2013

Ericson G. Luciano/Arquivo da editora

Fonte: elaborado com base em CALDINI, Vera; ÍSOLA, Leda. *Atlas geográfico Saraiva*. São Paulo: Saraiva, 2013. p. 148.

- Relacione o mapa acima com o mapa que mostra as denominações das zonas geográficas africanas (página 191). Que países, hoje, fazem parte do que os árabes denominavam Sudão?

Os caminhos do Saara

O Saara é o segundo maior deserto do mundo, atrás apenas da Antártida. Há mais de 5 mil anos, esse deserto africano era uma grande área verde e fértil. Lá habitavam povos caçadores e criadores de gado. Grandes mudanças climáticas, entretanto, transformaram essa área em um imenso deserto, que vai do oceano Atlântico ao mar Vermelho.

África: denominações das zonas geográficas

Ericson G. Luciano/Arquivo da editora

Fonte: elaborado com base em CALDINI, Vera; ÍSOLA, Leda. *Atlas geográfico Saraiva*. São Paulo: Saraiva, 2013. p. 150 e 152.

A África é um continente enorme. Lá vivem milhares de povos, com características e histórias próprias.

FIQUE DE OLHO

RUBINSTEIN, Andi; MONTEIRO, Madalena. *O filho do caçador e outras histórias-dilema da África*. São Paulo: Panda Books, 2014.

Tradicionais da cultura africana, as histórias-dilema são narrativas que propõem uma pergunta para a qual podem haver várias respostas baseadas em diferentes pontos de vista. Entre os 15 contos desse livro, está o do desaparecimento da filha do chefe de um povoado. Quem a encontrasse ganharia sua mão em casamento. No entanto, cinco homens, cada um com sua habilidade, ajudam no resgate da moça. Com qual deles ela deve se casar?

Os berberes

Considerados os "donos" do deserto porque sabiam como andar por ele, os berberes também sabiam como cavar poços para conseguir água e criaram vários oásis.

Nesses locais, eles construíram aldeias, algumas das quais viriam a se tornar cidades. Sua técnica era apurada, incluindo a construção de canais subterrâneos para captar e direcionar a água.

Oásis: área com vegetação graças à presença de água no meio de um deserto.

Os berberes tiveram papel fundamental nas relações comerciais através do deserto do Saara. Eles foram os responsáveis pelas trocas que, por centenas de anos, ocorreram entre o norte da África, a península Arábica e a "terra dos negros", isto é, o Sudão. Eles iam e vinham pelo Saara montados em camelos, que transportavam as mais diversas mercadorias.

Esse povo não tinha escrita, por isso apenas a partir do século VII, com a expansão dos árabes muçulmanos pela África, houve registro escrito dos costumes berberes.

Philippe Roy/Aurimages/Getty Images

Oásis e dunas de areia de Ubari, na Líbia.

OUTRAS HISTÓRIAS TECNOLOGIAS

A revolução dos camelos

Era impossível atravessar o deserto do Saara a pé ou a cavalo. Tanto os homens quanto os cavalos não resistiam à falta de água nem conseguiam carregar muito peso por longas distâncias. Até que os persas revolucionaram os transportes na África no século VI a.C., quando levaram camelos para o Egito.

Vagarosamente, os povos nômades do deserto, os berberes, passaram a utilizar o camelo como montaria e animal de carga. A partir de então, o Saara pôde ser constantemente atravessado.

Matthew G. Bailey/UIG/Getty Images

Homem guiando caravana de camelos no deserto de Danakil, Etiópia. Graças a esses animais, os povos berberes do Saara transformaram-se em eficientes comerciantes. Fotografia de 2017.

- Você conhece outra revolução tecnológica que tenha modificado totalmente a forma de as pessoas se locomoverem e de as mercadorias serem transportadas?

As rotas caravaneiras do Saara

Os berberes organizavam caravanas formadas por milhares de animais. Não era fácil. Saíam de madrugada e andavam até o calor do Sol ficar insuportável. Descarregavam os camelos, abriam suas tendas e descansavam. Depois, carregavam tudo de novo e retomavam a viagem.

A posição das estrelas orientava a direção a ser seguida pelos caravaneiros.

Homens armados e montados em cavalos guiavam e protegiam as caravanas. Esses guias eram importantíssimos. Caso cometessem um erro e desviassem a rota, todos poderiam morrer. Uma viagem pelo deserto podia durar dias, meses e até anos. A maioria dos homens andava a pé, ao lado dos camelos carregados de mercadorias que seriam vendidas nas grandes feiras das cidades situadas em torno do deserto.

Os camelos também carregavam o que era fundamental para a vida: água e alimento. Até mesmo as provisões destinadas aos cavalos faziam parte da carga dos camelos.

CÁ ENTRE NÓS

Os berberes não tinham uma organização política centralizada. Estavam divididos em vários grupos que, algumas vezes, eram inimigos entre si. Também havia berberes sedentários, que viviam em aldeias e praticavam a agricultura. Todos os berberes tinham em comum, entretanto, a fidelidade aos cultos de seus ancestrais e a veneração às forças da natureza.

África: Rotas caravaneiras do Saara (século XIV)

Ericson G. Luciano/Arquivo da editora

Fonte: elaborado com base em NIANE, Djibril Tamsir. *História geral da África IV*: África do século XII ao XVII. Brasília: Unesco/Ministério da Educação; São Carlos: Universidade Federal de São Carlos, 2010. p. 177.

FIQUE DE OLHO

Kiriku e a feiticeira. França, 1998. Direção: Michel Ocelot. France 3. 74 min.

Esse desenho animado é baseado em uma lenda da África ocidental. Ele conta a história de Kiriku, um garotinho muito inteligente e com dons especiais, que decide combater a malvada feiticeira Karaba depois que ela seca as fontes de água e sequestra todos os homens de sua aldeia.

Os almorávidas

A região que vai do atual Marrocos até o rio Senegal era ocupada por povos berberes que lutavam constantemente entre si. Não havia união. Foi a religião muçulmana que promoveu a sua unificação, como vimos na história de Kusayla, no começo deste capítulo.

O primeiro grupo berbere a adotar o islamismo foi aquele que viria a se chamar **almorávida**. O termo almorávida vem do árabe *al Morabitin*, que significa "fortaleza" ou "acampamento de crentes", de fiéis ao Islã.

Os almorávidas, por sua vez, invadiram outros territórios e, no século XI, formaram o Império Almorávida, conhecido como o Império das Duas Margens, porque dominaram o Marrocos e invadiram e ocuparam a maior parte da península Ibérica, na Europa. Eram as duas margens do mar Mediterrâneo, como mostra o mapa a seguir.

Alguns povos berberes se unificaram e deram origem a Estados centralizados, como foi o caso dos awraba liderados por Kusayla. Grande parte dos povos berberes, entretanto, continuou a se organizar em pequenos grupos e a dominar o comércio transaariano.

Movimento almorávida (século XI)

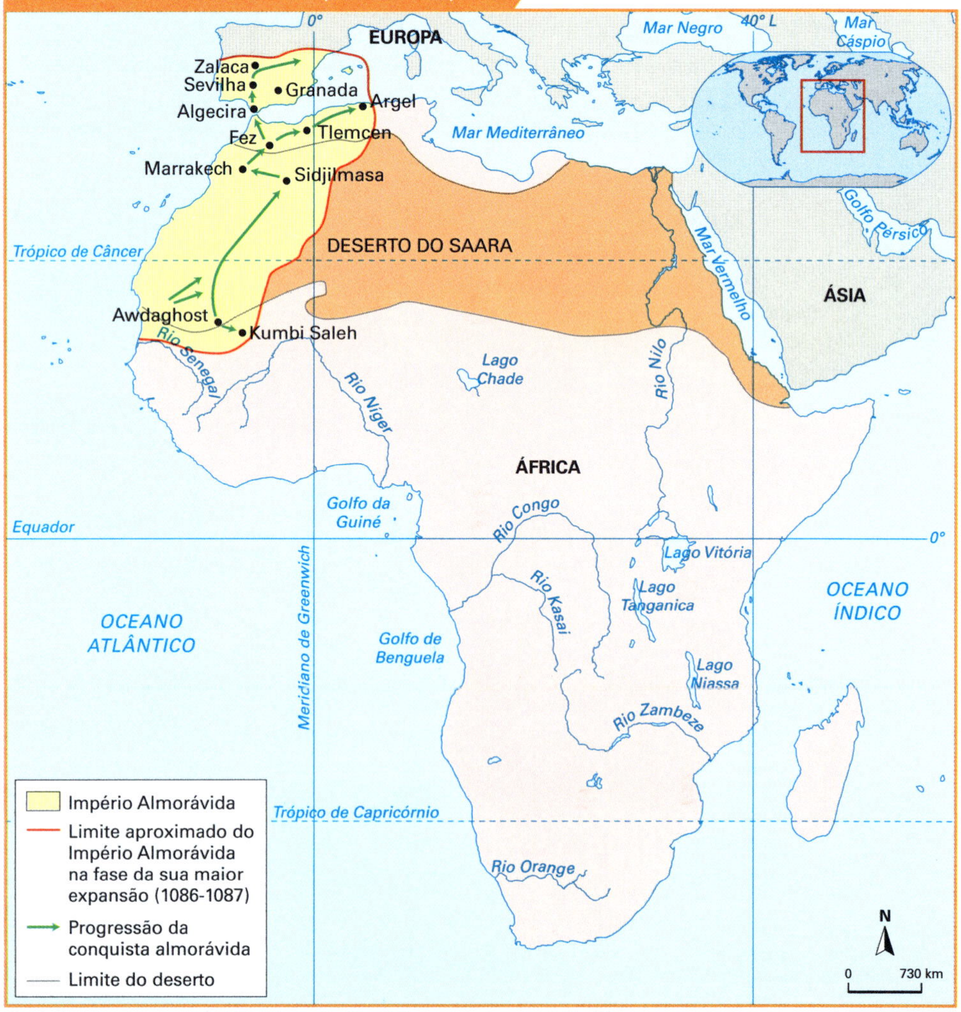

Ericson G. Luciano/Arquivo da editora

Fonte: elaborado com base em KI-ZERBO, Joseph. *História da África negra.* Lisboa: Publicações Europa-América, [s.d.] p. 144.

DOCUMENTO

Poder almorávida

A cidade de Aghmat, situada no Marrocos (no Magreb, norte da África), era dominada pelos almorávidas e se especializou em cunhar moedas de cobre e de ouro. Sobre seus habitantes, o escritor árabe Al-Idrī sī afirmou:

505 collection/Alamy/Fotoarena

Qirat, moeda almorávida. Século XII. Coleção particular.

> Trata-se de ricos mercadores que [...] penetram no país negro com caravanas de camelos que transportam muitas arrobas em mercadorias: cobre vermelho, cobre pintado, cobertas, roupas em lã, turbantes, casacos, vidraria, madrepérola, pedras preciosas, ervas de todo tipo, perfumes, objetos em ferro fundido [...]. Sob o reino dos *mulaththamu* [almorávidas], ninguém era mais rico e abastado que os indivíduos de Aghmat. Na porta das suas moradas, eles colocam símbolos que indicam a medida da sua fortuna.
>
> HRBEK, Ivan; DEVISSE, Jean. Os almorávidas. In: *História geral da África III: África do século VII ao XI*. Brasília: Unesco, 2010. Disponível em: <http://unesdoc.unesco.org/images/0019/001902/190251por.pdf >. Acesso em: 29 maio 2018.

Raimund Franken/ullstein/Getty Images

Detalhe de Aldrava em porta da medina de Marrocos. Fotografia de 2010.

- Com base no documento acima, como podemos relacionar o comércio com as características comentadas da cidade de Aghmat?

PUXANDO PELA MEMÓRIA

Após o estudo do capítulo, você manteria sua resposta à pergunta da página 180?

Créditos das imagens de baixo para cima: De Agostini/Getty Images; 505 collection/Alamy/Fotoarena; TopFoto/AGB PHOTO; Matthew G. Bailey/UIG/Getty Images.

ROTEIRO DE ESTUDOS

O QUE APRENDEMOS?

1 | Quais são as semelhanças entre o cristianismo, o judaísmo e o islamismo?

2 | Por que a cidade de Meca foi importante para Maomé?

3 | Por onde começou a expansão muçulmana na África?

4 | Observe o mapa da expansão islâmica na África, na página 186. É possível afirmar que, antes do século XV, as fontes escritas islâmicas tratavam de todo o continente africano? Justifique sua resposta.

5 | É possível afirmar que o islamismo foi tolerante com outras religiões? Justifique sua resposta.

6 | Por que o Império Almorávida foi chamado de Império das Duas Margens?

7 | Você aprendeu, neste capítulo, quem são os berberes. Relacione a descrição desse grupo com os almorávidas.

8 | Qual a relação entre o islamismo e a África?

9 | Por que a frase a seguir é falsa?

Os árabes expandiram a religião islâmica sem fazer guerra.

10 | Leia o trecho do historiador Alberto da Costa e Silva e interprete o significado da frase.

> O Islã expandiu-se pelo Sael (palavra árabe que significa "costa", "margem", "litoral") com tal força, que se pode dizer ter sido o deserto [do Saara] mais favorável ao intercâmbio entre culturas [no interior da África] do que os mares.

SILVA, Alberto da Costa e. *A enxada e a lança*. A África antes dos portugueses. 3. ed. Rio de Janeiro: Nova Fronteira, 2006. p. 30.

PESQUISA

O camelo tem corcovas que armazenam gordura, protegendo-o do calor e do frio. Ele é capaz de beber até duzentos litros de água de uma só vez e, por isso, acumula líquido suficiente para ficar sem água por 10 a 15 dias. É capaz de carregar em suas costas de 120 kg a 150 kg. Os cílios longos do camelo protegem seus olhos das tempestades de areia. Por fim, ele pode percorrer de 30 km a 45 km por dia.

O camelo é um animal muito resistente e o que melhor se adaptou ao clima do deserto, mas, para se deslocar, é preciso que haja fontes de água (os oásis) a cada 200 km, pelo menos.

- Pesquise os camelos e sua utilidade para os povos do deserto do Saara nos dias atuais. Apresente os resultados em um mural, com imagens encontradas durante a investigação.

De Agostini/Getty Images

Caravanas de camelos atravessando o Saara, no Egito. Foto de 2016.

The Bridgeman Art Library/Fotoarena

IMAGENS CONTAM A HISTÓRIA

Al-Idrīsī foi um geógrafo árabe nascido na cidade almorávida de Ceuta em 1099. Desde jovem, ele viajou pelo mundo e, ao estudar na Universidade de Córdoba, na atual Espanha, tornou-se famoso. Por volta de 1144, foi chamado pelo rei Rogério II da Sicília para fazer parte de sua corte e criar mapas que incluíssem todas as regiões conhecidas. Observe ao lado um desses mapas e responda às questões.

1 | Compare o mapa de Al-Idrīsī com um mapa-múndi atual. As regiões estão representadas da maneira como você costuma ver? Caso não estejam, elabore uma hipótese que explique essa diferença.

2 | Qual região está no centro do mapa? De acordo com os seus conhecimentos a respeito da cultura islâmica, você sabe dizer por que isso ocorre? Justifique sua resposta.

Image Asset Management/World History Archive/Easypix

Mapa de Al-Idrīsī. c. século XII. Coleção particular.

O PASSADO PRESENTE

Na imagem a seguir, você pode ver uma moeda cunhada pelo governo almorávida, no Marrocos, no século XII. Como você estudou neste capítulo, o comércio e a circulação de moedas eram muito importantes para que essa dinastia se mantivesse no poder. Observe o mapa da página 194 e responda às questões.

1 | Atualmente, quais são os países situados no território que já pertenceu à dinastia almorávida?

2 | Esses países ainda compartilham a mesma moeda? Pesquise três moedas que estão em circulação nesses países.

Moeda do governo almorávida, no século XII.

TopFoto/AGB PHOTO

Gravura que retrata a cidade de Loango no século XVII, um dos reinos dominados pelo Reino do Congo.

CAPÍTULO 12

REINOS AO SUL DO SAARA

PUXANDO PELA MEMÓRIA

A maioria dos povos da África não tinha escrita. Você acha que mesmo assim é possível conhecer a história de muitas dessas sociedades africanas?

Sundiata era filho de Naré Famagã, **mansa** (rei) do povo mandinga.

Quando o rei Naré morreu, exércitos de Sosso invadiram a capital mandinga, chamada Niani. Vitoriosos, os soldados sossos assassinaram todos os filhos do rei mandinga, para acabar com a linhagem real. Mas pouparam Sundiata, que tinha paralisia nas pernas. Até que alguém disse: "Deem-lhe o cetro de seu pai, para que se levante apoiando-se nele". Firmando-se no cetro, carregado do poder real, Sundiata conseguiu se erguer e andar.

Linhagem: conjunto de antepassados e descendentes de uma família.

Cetro: símbolo de poder real, geralmente em forma de bastão ou bengala.

Sundiata foi para outra cidade e tornou-se um grande guerreiro e caçador. Por ser o único descendente da linhagem real mandinga, seu povo o chamou de volta. Retornou triunfante com seus soldados e expulsou os sossos de Niani, em 1230. Em seguida, tomou as cidades de Tombuctu e Gao. Conta a tradição mandinga que foi Sundiata o responsável por formar um dos mais poderosos impérios daquela parte da África no século XIII: o Império do Mali, que durou até o século XVI.

Créditos das imagens de baixo para cima: Adriana Mahdalova/Shutterstock; AFP; DemarK/Shutterstock; Oxford Media Library/Shutterstock; Jean-Luc Manaud/Gamma-Rapho/Getty Images.

Os reinos do Sudão ocidental

A história da formação do Império do Mali é semelhante à de vários reinos que se tornaram impérios no Sudão, na África.

O território ao sul do deserto do Saara foi chamado pelos árabes de **Sudão**, palavra que significa "terra dos negros". Os historiadores utilizam até hoje essa denominação para tratar dessa enorme região. É uma definição somente geográfica, que não contempla a quantidade de povos que lá habitam ou habitaram.

No Sudão viviam povos de cultura, língua e sociedade muito diferentes entre si. As guerras eram constantes. Reinos dominavam outros reinos e cidades para depois serem também dominados.

No entanto, existiram alguns reinos tão poderosos que se transformaram em impérios e duraram muito tempo, até séculos. É o caso dos impérios de **Gana**, do **Mali** e de **Songai**.

Em muitos desses reinos, os soberanos e a nobreza se converteram à religião muçulmana, enquanto sua população, assim como a dos reinos conquistados, manteve sua religião animista de origem. Dessa forma, esses soberanos tinham uma justificativa religiosa para guerrear contra os povos não islamizados e, assim, fazer prisioneiros para vender aos comerciantes do Saara como escravos, porque um muçulmano não podia ser escravo de outro muçulmano

Essa era uma época em que o comércio através do Saara estava em grande expansão, principalmente com relação a ouro e escravos, que eram de grande valor. Por isso, os reinos que se envolveram nesse comércio tiveram condições de se tornar muito poderosos.

FIQUE DE OLHO

SELLIER, Marie. *A África, meu pequeno Chaka...* São Paulo: Cia. das Letras, 2006.

Neste livro é o avô quem conta ao neto a história da África, da sua África. Para o pequeno Chaka, seu avô tem o tamanho do baobá, árvore que alcança vinte metros de altura, e a sabedoria dos marabus, sacerdotes venerados pela religião muçulmana.

Impérios do Sudão ocidental (séculos IV a XVI)

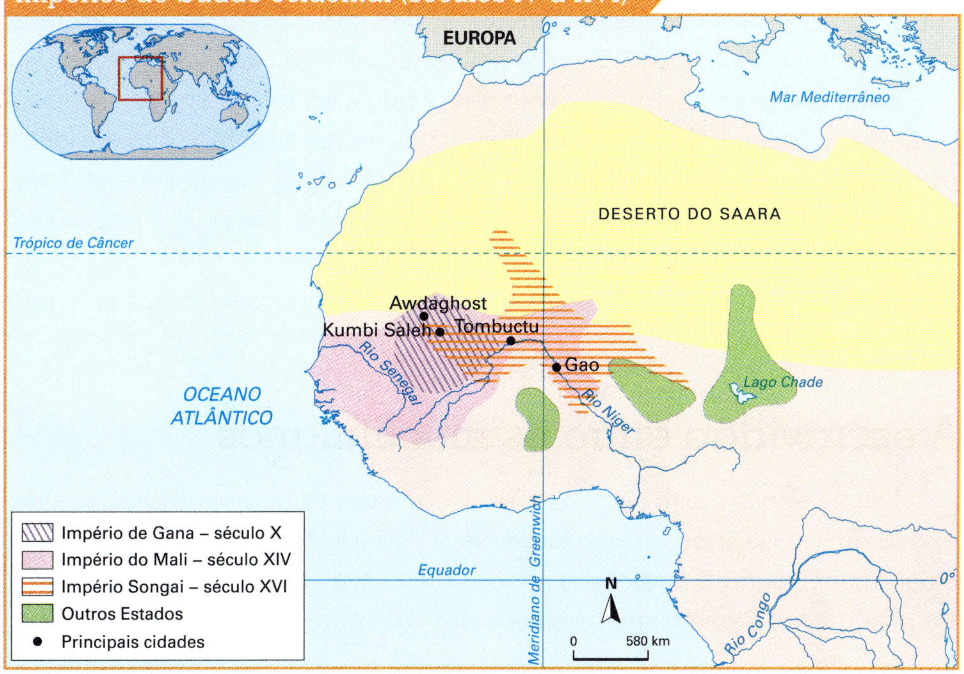

Ericson G. Luciano/Arquivo da editora

Fonte: elaborado com base em DUBY, Georges. *Atlas historique mondial.* Paris: Larousse, 2003. p. 216.

Século X: Os reis de Songai aderem ao islamismo.

Guerra, um modo de viver

Os reinos da África localizados na parte ocidental do Saara lutavam constantemente entre si. Não havia um motivo específico, eram sempre vários: necessidade de alimento, de poder, de escravos, de mulheres, de dominar o comércio, etc. O que se sabe ao certo é que esses reinos eram formados por guerreiros. E a guerra fazia parte de suas culturas.

As guerras rendiam muitos escravos para o tráfico feito através do deserto do Saara. O escravo era uma mercadoria muito apreciada na cultura muçulmana. Então, algumas vezes, quando um povo dominava outro, escravizava-o. Tempos depois, aqueles que haviam sido senhores de escravos eram dominados por outro povo e tornavam-se escravos.

A escravidão na África ao sul do Saara

Subsaariano: localizado ao sul do deserto do Saara.

Na África subsaariana, a escravidão existia havia séculos, mas foi a partir da expansão muçulmana que ela se tornou geral e comercial. Vamos entender o que se passou.

Alguns historiadores acreditam que a escravidão praticada nessa parte da África, antes do islamismo, era bem diferente daquela praticada no Império Romano, no mundo muçulmano e na América. A guerra era a principal forma de transformar prisioneiros em escravos, mas eles, ou seus descendentes, passavam a fazer parte da família do senhor na África ao sul do Saara. Os historiadores a chamam de **escravidão de linhagem** ou de **escravidão doméstica**.

Apesar disso, os escravos eram considerados de uma categoria inferior, nunca equivalente à dos membros naturais da família. Ser ou ter sido escravo, portanto, indicava um lugar inferior na hierarquia daquelas sociedades.

Então, por que os historiadores dizem que a escravidão na África ao sul do Saara era diferente das outras? Porque nas outras o escravo não era incorporado à família do senhor e, além disso, era tratado como uma mercadoria, podendo, portanto, ser vendido, trocado ou doado. Ou seja, a escravidão estava relacionada ao comércio.

Para entender melhor, vamos ver como era a escravidão entre os muçulmanos.

A escravidão entre os muçulmanos

Desde época muito remota, a escravidão existia no mundo árabe. Aliás, existiu em quase todo o mundo desde o Período Neolítico. Uma das principais maneiras de uma pessoa se tornar escrava era por meio de guerras. Os prisioneiros podiam virar escravos dos vencedores ou ser vendidos para outros povos.

Quando as leis islâmicas foram criadas, no século VII, apesar de a escravidão ser uma realidade comum e aceita por todos, não o era entre muçulmanos. Ou seja, um muçulmano não podia se tornar escravo de outro muçulmano.

Então, os muçulmanos tinham de conseguir escravos entre povos não islamizados. Por isso, eles os compravam. Isso significa dizer que foi o comércio que alimentou a escravidão no mundo islâmico.

As atividades dos escravos nos reinos muçulmanos que os compravam dos negociantes do Saara eram, entre outras, as de soldados, líderes de tropas de comércio, funcionários de Estado e comandantes militares. Também eram utilizados para o cuidado dos jardins e das hortas, para o trabalho em barro, couro, madeira, metais, fibras e para o serviço doméstico.

Entre os muçulmanos, os escravos podiam enriquecer e ter seus próprios escravos. Podiam até se tornar livres, sendo alforriados por seus senhores ou comprando a própria alforria. Para ser alforriado, entretanto, o escravo tinha de se converter ao islamismo. Na escravidão da África subsaariana não era costume libertar os escravos, ou seja, não existia a alforria. A islamização das regiões africanas introduziu esse sistema.

Alforria: do árabe *Al-hurruâ*, que significa liberdade do cativeiro concedida ao escravo.

Coleção particular/The Bridgeman Art Library/Fotoarena

Caravana de escravos em marcha, gravura de A. Muttenthaler, c. 1853. O domínio muçulmano no norte do continente africano estimulou as guerras entre os povos da África sudanesa. Os prisioneiros, escravizados, eram levados para lá em caravanas pelo deserto do Saara. Coleção particular.

OUTRAS HISTÓRIAS CRENÇAS

Os escravos eunucos

Os muçulmanos preferiam comprar escravas, em vez de escravos. Elas eram levadas para o norte da África para se tornarem concubinas de grandes negociantes e governantes. A religião islâmica determina que um homem podia (e pode) ter até quatro mulheres legítimas, mas nada impedia (nem impede) que tivesse (ou tenha) dezenas ou até centenas de concubinas. Os grandes chefes, califas e príncipes as tinham em seu harém.

Quem tomava conta dos haréns eram os escravos **eunucos**. Eram homens que haviam sido castrados quando crianças. A lei islâmica não permitia que um muçulmano, mesmo quando criança, fosse transformado em eunuco, mas aceitava que se usasse ou possuísse eunucos. Por isso, os eunucos eram escravos provenientes de territórios não islâmicos – eram **pagãos**, ou seja, não conheciam as leis de Alá.

Pagão, para os judeus, os cristãos e os muçulmanos, é aquele que não conhece a palavra de Deus. Infiel, por sua vez, refere-se a quem conhece, mas nega a palavra de Deus. Para os muçulmanos, infiel é quem não considera Maomé um verdadeiro profeta.

A cada dez meninos que eram castrados, somente um sobrevivia. Então, para se ter um eunuco, nove crianças morriam. Por isso era o escravo mais caro de todo o mundo muçulmano.

Chronicle/Alamy/Fotoarena

Eunuco-mor (de nome desconhecido e de origem africana) do sultão Abdul Hamid II do Império Turco Otomano, em frente ao Palácio Imperial, em 1912. Os eunucos não eram só vigias de haréns. Vários tornaram-se altos funcionários dos Estados muçulmanos, mesmo continuando na condição de escravos.

Concubina: mulher que vive com um homem, como se fosse sua esposa, mas sem com ele estar oficialmente casada.

Harém: conjunto de mulheres, esposas e concubinas de um príncipe ou sultão muçulmano. Também indica a parte do palácio reservada às mulheres.

Castrado: que foi privado de seus órgãos de reprodução.

Com base nessas informações, responda:

1 | Que grupos religiosos seriam considerados infiéis pelos muçulmanos?

2 | O que existe em comum entre as religiões muçulmana, cristã e judaica?

O reino do ouro: Gana

Gana foi um grande reino localizado na parte ocidental da África, a sudoeste do deserto do Saara. Sua história é uma das mais conhecidas pelos historiadores porque o reino controlava as minas de ouro, fazendo com que o interesse dos árabes muçulmanos por essa região fosse grande. Eles escreveram muito sobre o Império de Gana.

Seus fundadores, no século IV, foram os povos soniquês. Eles se uniram para lutar contra os berberes, povos do deserto que os atacavam e roubavam de suas aldeias alimentos, mulheres e crianças.

Gana tornou-se um Estado centralizado na figura do rei, que era chamado **gana**, título que significa "senhor da guerra". A capital do reino recebia o mesmo nome.

Com a centralização do poder e com a organização de exércitos, Gana conseguiu dominar cidades e aldeias vizinhas, que lhe pagavam tributos. Assim, tonou-se um império. Além disso, controlou o comércio do ouro, extraído nas terras que dominava. No contato com os árabes, os reis de Gana se converteram ao islamismo. Grande parte da nobreza do reino também aderiu ao islã, mas a maioria da população continuou seguindo a religião de seus antepassados, como ocorreu em muitos dos reinos sudaneses.

Apesar de já existir escravidão em toda a África subsaariana, foi com a expansão muçulmana que ela se tornou uma atividade comercial.

As guerras faziam muitos prisioneiros, enviados ao norte da África para serem vendidos como escravos.

VOCÊ JÁ OUVIU FALAR

... que **império** é um Estado que domina grandes extensões territoriais, onde estão outros reinos, países, cidades ou aldeias com cultura e sociedade diferentes?

Nos impérios, geralmente os povos dominados tinham de pagar tributos e eram obrigados a se juntar aos exércitos do imperador para combater seus inimigos.

Comerciantes islâmicos de escravos em gravura do século XIX. Desde o século VIII, os escravos foram uma das principais mercadorias comercializadas nessa região da África. Eles eram comprados no Sudão e comercializados pelo deserto do Saara em direção ao norte do continente. Coleção particular.

Enfraquecimento do Império de Gana

Os berberes tiveram de se contentar, durante séculos, em realizar negócios pacificamente com os ganeses. Compravam o ouro comercializado por Gana e pagavam com sal, que extraíam, em estado sólido, de certas áreas do deserto.

Goma: seiva translúcida e viscosa de alguns vegetais, utilizada na fabricação de colas, por exemplo.

Além do ouro, Gana dominava a comercialização de marfim, goma e escravos, que fornecia para as caravanas berberes transaarianas. Por sua vez, comprava e distribuía o sal vendido pelos berberes.

Como vimos no capítulo 11, berberes islamizados formaram o Império Almorávida, no século XI. Em 1077, com exércitos bem formados, os almorávidas invadiram o Reino de Gana e tomaram sua capital. Foi o fim do Império de Gana. Os almorávidas passaram a controlar, então, o lucrativo comércio do ouro.

No início do século XII, o Reino de Gana conseguiu se libertar do domínio almorávida, mas nunca mais recuperou o poder que tivera antes. Ao contrário, foi dominado por outros reinos, que também formaram verdadeiros impérios.

QUE HÁ NA IMAGEM?

Observe a gravura e responda:

1. Qual é a cena central da imagem e o que ela representa?
2. Como identificamos que se trata de um mercado para vender escravizados?

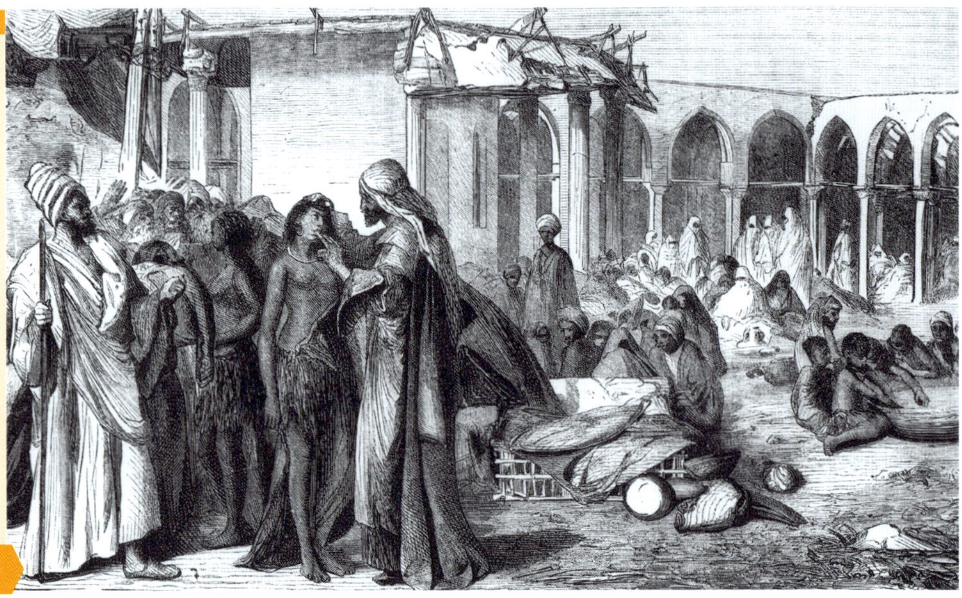

The Stapleton Collection/The Bridgeman Art Library/Fotoarena

Mercado de escravos em Cartum, atual capital do Sudão, gravura do século XIX representando compradores muçulmanos e escravizados provavelmente originados da África ocidental. Coleção particular.

O Mali

Ao sul da terra dos soniquês, fundadores do Império de Gana, estava o Reino de Songai, cujos reis haviam se convertido ao Islã desde o século X. Esses reis fundaram a capital do Reino de Songai em Gao, às margens do rio Níger, e dominaram a cidade de Tombuctu, onde se cruzavam várias rotas comerciais que atravessavam o deserto do Saara.

Um pouco mais ao sul estava o território dos mandingas. Os songais tentaram dominar essa região, mas não tiveram sucesso. Em vez disso, foram dominados.

O território mandinga era composto de aldeias de agricultores espalhadas ao longo do rio Níger, sem chefia centralizada, embora existisse um *mansa* (rei). Na história oral dos povos mandinga, o herói fundador foi Sundiata, personagem apresentado no início deste capítulo, que unificou o reino, na década de 1230. Conta a tradição que, sob seu comando, os mandingas ampliaram o poder sobre um vasto território por meio de guerras.

FIQUE DE OLHO

EISNER, Will. *Sundiata*. São Paulo: Companhia das Letras, 2004.

Neste livro o leitor vai conhecer uma versão em quadrinhos da tradicional história do oeste da África, que descreve a luta do príncipe Sundiata e do povo do Mali contra a opressão do poderoso rei dos sossos.

DOCUMENTO

O Islã na África

Historiadores utilizam os escritos árabes para ter uma ideia aproximada da época em que os reis e os príncipes da região sudanesa se converteram ao islamismo.

Leia o que escreveu o árabe Al-Muhallabi (falecido em 990) sobre a cidade de Gao, do Reino Songai:

> O rei do país declara-se muçulmano perante os seus sujeitos, muitos dentre esses seguem-no, igualmente declarando-se muçulmanos.
>
> CUOQ, J. M., 1975. p. 77. Apud: HRBEK, Ivan. O advento dos fatímidas. In: FASI, Mohammed El (Ed.). *História geral da África III*. Unesco, 2010. p. 423.

1 | Com base nessa declaração, informe em que século o rei de Gao deve ter se convertido ao islamismo.

2 | Como podemos relacionar esse documento à expansão islâmica?

O Reino do Mali torna-se um império

Os mandingas eram grandes caçadores e conheciam profundamente os segredos dos bosques e das florestas, razão do seu sucesso nas batalhas. O rei Sundiata, fiel à religião de seus ancestrais, que haviam se convertido ao islamismo desde o ano de 1050, intensificou as relações com o mundo muçulmano e estabeleceu ricas rotas comerciais pelo deserto do Saara. O Mali se transformou em um império. O rei e sua corte eram muçulmanos, mas a população permaneceu fiel a suas religiões tradicionais animistas.

Por muito tempo, o Mali conseguiu que diferentes povos e reinos vassalos reconhecessem seu rei como único soberano. Foi uma época de poucos conflitos, apesar de muitos desses povos não serem muçulmanos. O poder do Mali estendia-se desde o oceano Atlântico até o deserto do Saara.

1385: Os portugueses expulsam os muçulmanos de seu território e fundam um reino unificado, com dom João, mestre de Avis, à frente.

O Império do Mali controlou os grandes mercados das cidades do Reino Songai: Gao e Tombuctu. Em seu processo expansionista, conquistou também todo o território que pertencera ao Império de Gana.

VOCÊ JÁ OUVIU FALAR...

... que muitas sociedades africanas do Sudão eram divididas em **linhagens**? Um indivíduo pertencia a uma linhagem quando reconhecia que tinha um antepassado em comum com determinado grupo. Esse grupo também tinha de reconhecê-lo como tal. O antepassado quase sempre era um personagem ao qual se atribuía poderes sobre-humanos, considerado um herói fundador, como no caso de Sundiata, do Mali. Os problemas de sucessão real ocorriam quando havia disputa pelo trono entre parentes de uma mesma linhagem.

DemarK/Shutterstock

Tombuctu tem três antigas mesquitas, acessíveis apenas aos muçulmanos. Na imagem, minarete de uma dessas mesquitas, toda construída em barro. Tombuctu, Mali. Fotografia de 2016.

O poder do Império do Mali também teve um fim. A insatisfação dos povos dominados era constante. Quando alguma cidade vassala do império conseguia crescer e enriquecer com o comércio, geralmente tentava se tornar independente. Afinal, queriam deixar de pagar tributos. Foi o caso das cidades do Reino de Songai.

Um dos grandes problemas do Mali era não ter uma regra fixa para a sucessão do rei. Guerras para decidir quem seria o próximo rei acabaram por enfraquecer o poder do império. Além disso, praticamente todos os reis foram questionados quanto à legitimidade de seu governo. Em três anos, dois reis foram assassinados em decorrência dessas disputas. Como consequência, muitos povos dominados passaram a não mais aceitar o governo do Mali, enquanto outros atacavam seus domínios.

Foi um declínio vagaroso, mas inevitável. Vitórias temporárias mantinham o poder do Mali, que só foi definitivamente destruído no século XVI. E, enquanto o Mali enfraquecia, outro reino se fortalecia no Sudão ocidental: o de Songai.

A HISTÓRIA NÃO ESTÁ SOZINHA

Ciências da Natureza

O maior deserto da África é o Saara. Nele, havia minas de sal, das quais seus habitantes extraíam esse mineral e o comercializavam. Não havia minas de sal na maior parte da África, motivo pelo qual as populações ao sul do Saara trocaram, durante séculos, ouro e cativos pelo sal lá extraído, quase sempre utilizando o trabalho de escravos.

Jean-Luc Manaud/Gamma-Rapho/Getty Images

Mina de sal nas cercanias do vilarejo de Taudini, no norte do atual Estado do Mali. Camelos carregados partem dali rumo a Tombuctu.

- Por que o sal é tão importante para o ser humano? Pesquise.

Império de Songai

O Reino de Songai, de religião islâmica, era muito antigo e ocupava as duas margens do rio Níger, sendo Gao sua cidade principal. Foi um reino vassalo do Mali, ou seja, dominado por ele desde sua formação, no século XIII.

Na primeira metade do século XV, aproveitando-se da fragilidade do Mali, os songais libertaram-se e conquistaram várias cidades que estavam sob o domínio daquele reino.

Embora outros reinos atacassem o Mali, os songais foram os mais preparados para conseguir a vitória. Seu maior interesse era controlar o território que se situava no cotovelo do rio Níger, pois era um local estratégico para o controle do comércio através do deserto do Saara.

O principal alvo era a cidade de Tombuctu, o maior mercado do comércio transaariano, além de importante centro de estudos e ensino do islamismo, com suas enormes mesquitas frequentadas por milhares de estudantes de várias partes do Sudão.

Os songais chegaram a Tombuctu em 1468, com centenas de canoas, numerosa cavalaria e forte exército de homens a pé. Tomaram a cidade e incendiaram-na.

FIQUE DE OLHO

PINGUILLY, Yves. *Contos e lendas da África*. São Paulo: Companhia das Letras, 2005. (Coleção Contos e lendas).

Dezessete histórias da literatura oral de diversas nações africanas, guardadas no imaginário de homens e mulheres que percorrem as diferentes paisagens que formam o continente. O livro traz mapa e glossário de palavras africanas.

Songai foi o último grande reino a se tornar um império na região sudanesa. Como os outros, teve seu período de glória, submetendo terras, cidades e aldeias que estavam sob o domínio do Mali e de outros reinos. Entrou em declínio por causa da resistência e da luta dos povos subjugados e pelas rivalidades internas que visavam à sucessão do trono, como ocorreu com quase todos os reinos sudaneses que se tornaram impérios. Em meados do século XVI, pouco restava do poder dos songais, assim como pouco poder restava ao Reino do Mali.

A partir do reinado de Sundiata, rei do Mali entre 1230 e 1255, foram colocadas em funcionamento instituições que marcaram por séculos os diversos reinos do Sudão ocidental, como o estabelecimento de embaixadas negras nas cidades mediterrâneas africanas e o costume de peregrinação dos soberanos sudaneses à cidade sagrada de Meca. A forma como organizou sua estrutura administrativa foi copiada por outros reinos sudaneses, sendo por isso considerado, hoje, o mais poderoso império muçulmano da África ocidental até o século XVI.

OUTRAS HISTÓRIAS LUGARES

Tombuctu

Situada no atual Estado do Mali, Tombuctu foi fundada por volta do ano 1100. Abrigava um mercado importantíssimo para a rota comercial das caravanas de camelos que cruzavam o deserto do Saara. Por ali passavam e eram negociadas muitas mercadorias, mas as mais valorizadas eram sal, marfim, ferro, cobre, ouro e escravos.

Mesquitas, mausoléus e um instituto com cerca de 20 mil manuscritos árabes antigos testemunham seu passado glorioso. A Universidade de Sankore foi um notável centro de estudos e difusão da cultura islâmica.

Até na Europa se falava da cidade, considerada um grande "porto" do deserto.

Ainda hoje, nos arredores de Tombuctu, comerciantes nômades carregam camelos com mercadorias antes de atravessar o deserto.

1 | Encontre a cidade de Tombuctu em um mapa do continente africano e responda: por que ela era considerada um verdadeiro "porto" do deserto?

2 | A Unesco é o órgão da Organização das Nações Unidas (ONU) para a Educação, a Ciência e a Cultura. Em 1990, a Unesco declarou Tombuctu Patrimônio Mundial em Perigo. Por quê? Como se encontra essa cidade hoje?

Ao sul do Saara: a África centro-ocidental e do sul

Nessa enorme região conviveram, por milênios, povos com diferentes formas de organização social. Havia os nômades caçadores e coletores, os pastores, os povos agrícolas que viviam em aldeias e com chefias locais, os que praticavam o comércio e estavam organizados em reinos que dominavam outros povos ou outros reinos, como os reinos do Congo e de Angola. As populações que viveram nessa ampla região ficaram por muito tempo bastante isoladas do contato com as sociedades de outros continentes.

Há poucos recortes na costa do continente africano, por isso não há enseadas ou baías que possam ser facilmente utilizadas como portos. Além disso, os rios da África, em geral, não são totalmente navegáveis. Cataratas e corredeiras são frequentes. Essas características dificultaram, por centenas de anos, o contato entre os povos das partes central e sul do continente africano e os povos dos continentes asiático e europeu.

Adriana Mahdalova/Shutterstock

Mulher com roupas tradicionais em N'Dalatando, Angola, África. Fotografia de 2013.

Chefia local: quando há somente um chefe para o grupo de pessoas.

FIQUE DE OLHO

Casa das Áfricas

Disponível em: <http://www.casadasafricas.org.br>. Acesso em: 17 maio 2018.

O *site* Casa das Áfricas é uma plataforma que busca preservar a cultura africana e afro-brasileira. Além de dois núcleos de estudo sobre história e cultura africana, o *site* divulga informações sobre biblioteca com diversos documentos sobre a história e a atualidade do continente africano.

Forma tradicional de carregar filhos pequenos. Na foto, mulher congolesa em acampamento para desabrigados, Kabutunga, República Democrática do Congo. Fotografia de 2018.

John Wessels/Agência France-Presse

Tronco linguístico: conjunto de famílias linguísticas. Diz respeito a línguas que têm origem comum, mas com características próprias.

O banto

As línguas faladas pela maior parte dos povos da África central e do sul da África tinham um ponto comum: todas elas eram aparentadas, sendo do tronco linguístico **banto**. Isso não significa dizer que todos os povos que habitavam essa região faziam parte de um mesmo grupo social. Ao contrário, as guerras entre eles eram frequentes.

Acredita-se que as populações de língua banta se originaram onde hoje é a fronteira entre Nigéria e República dos Camarões. Depois, teriam se dirigido para o sul e ocupado praticamente toda a parte central e sul do continente africano. Essa grande migração teria ocorrido a partir do século I.

Os bantos, como são comumente chamados os povos falantes de línguas bantas, ocuparam áreas de florestas e de savanas e tinham organizações sociais variadas. Conviveram, durante séculos, grupos que dispunham de diferentes tipos de tecnologia, que iam desde grandes reinos e cidades até povos nômades caçadores e coletores. Havia os que utilizavam utensílios e armas elaborados com pedra polida e outros que desenvolveram a fundição do ferro.

OUTRAS HISTÓRIAS MODOS DE VIVER

Línguas diversas

Entre os séculos XVI e XIX, entraram no Brasil cerca de 4 milhões de africanos escravizados, a maioria falante das línguas quimbundo e quicongo, ambas línguas bantas.

Esses homens e mulheres nos deixaram um importantíssimo legado cultural, e suas vozes são ouvidas até hoje. Como? Através da influência dessas línguas em nosso idioma, que se diferencia do português de Portugal.

Muitas palavras que usamos têm origem no banto.

Um brasileiro que for a Portugal e perguntar por uma quitanda provavelmente não encontrará quem saiba do que se trata, pois **quitanda** é uma palavra originária do banto.

1 | Pesquise em um dicionário o significado das seguintes palavras de origem africana que fazem parte de nossa língua.

a) moleque
b) quitute
c) berimbau
d) quiabo
e) cuíca
f) canjica
g) calombo
h) banguela

2 | Em seguida, monte um criativo dicionário ilustrado com suas descobertas.

Século XVI: Queda do Império do Mali.

A África e a História

A História é a mudança, o movimento e a transformação dos grupos humanos no tempo e no espaço. Entretanto, no passado, alguns estudiosos, principalmente os do século XIX, interpretaram que nem todos os grupos humanos tinham história.

O filósofo alemão Friedrich Hegel, por exemplo, declarou em seu livro *Filosofia da História* (1837): "A África não é um continente histórico; ela não demonstra nem mudança nem desenvolvimento". Segundo essa afirmação, os povos africanos não teriam sofrido transformações e, por esse motivo, seriam sociedades paradas no tempo.

Assim como outros, Hegel era um homem de seu tempo e lugar. Os que escreviam a História eram do chamado "mundo ocidental", que tinha na Europa o seu centro. Esses ocidentais consideravam que só haveria história com a influência da "civilização ocidental". Eram eurocêntricos. Até hoje chamamos de "cultura ocidental" as sociedades que têm grande influência da cultura europeia.

A partir da década de 1960, as teorias sobre a falta de história na África foram abandonadas. Reconheceu-se que eram teorias racistas, relacionadas com o momento em que aqueles pensadores viveram. Naquela época, século XIX, países europeus exploraram e colonizaram reinos e povos africanos e asiáticos. A principal justificativa para isso era a de que estavam levando a "civilização" e a "história" para esses continentes.

A palavra **griot** é de origem francesa e foi usada para indicar os contadores de história de um rei, de um antepassado ou de uma nação africana. Mas cada língua nomeia essa função de um jeito, à sua maneira, como na república do Mali, onde é chamada de **dieli**. Na imagem, de cerca de 1950, um *griot* conta histórias na Guiné.

Michel Huet/Gamma-Rapho/Getty Images

PUXANDO PELA MEMÓRIA

Após o estudo do capítulo, você manteria sua resposta à pergunta da página 198?

Créditos das imagens de baixo para cima: Adriana Mahdalova/Shutterstock; John Wessels/Agência France-Presse; DemarK/Shutterstock; Oxford Media Library/Shutterstock; Jean-Luc Manaud/Gamma-Rapho/Getty Images; Jean-Luc Manaud/Gamma-Rapho/Getty Images.

ROTEIRO DE ESTUDOS

O QUE APRENDEMOS?

1 | Como a islamização dos povos da África resultou no estabelecimento da escravidão como uma atividade comercial?

2 | A escravidão na África ao sul do Saara era uma instituição muito antiga. Por que alguns historiadores acreditam que ela era diferente da praticada em outros sistemas escravistas, como o muçulmano e o do Império Romano?

3 | Podemos dizer que a escravidão na África foi imposta pelos muçulmanos que vieram de outras regiões? Justifique sua resposta.

4 | Os impérios do Mali e de Songai foram muito ricos e poderosos. Qual era sua principal fonte de riqueza?

5 | Assim como vários outros impérios, os do Mali e de Songai tiveram um fim. Estabeleça uma ligação entre essa afirmação e as atitudes de alguns povos dominados quando enriqueciam.

6 | Estabeleça uma associação entre os eunucos e os haréns islâmicos.

7 | Qual é a relação entre a guerra entre reinos da África subsaariana e a escravidão no mundo muçulmano?

8 | O que o escravo da África sudanesa tem a ver com o deserto do Saara?

9 | Por que a frase seguinte é falsa?

Qualquer grande guerreiro ou caçador, na África ao sul do Saara, podia ser rei.

10 | Por que o deserto do Saara foi importante para as sociedades muçulmanas que queriam escravos?

PESQUISA

Nas aldeias e nos pequenos reinos de economia agrícola ter escravos significava aumentar o número de pessoas para o trabalho de uma família. Esse tipo de escravo não podia ser vendido.

Geralmente, nesse tipo de sociedade agrícola, os escravos viviam com o dono e trabalhavam ao lado da família, com as mesmas ocupações, embora a eles coubessem os trabalhos mais pesados.

Suas tarefas eram variadas: derrubar matas, cultivar a terra, colher a produção, cuidar do gado, cortar lenha, apanhar água, construir casas, etc., e até mesmo exercer atividades mais especializadas, como as de cesteiro, tecelão, tingidor, ceramista, curtidor e cordoeiro.

Atividades que um dia foram realizadas por escravos ainda hoje são praticadas na África. Converse com os colegas e descubram o que são essas atividades e, se possível, apresentem figuras que mostrem esse tipo de trabalho.

Oxford Media Library/Shutterstock

Homens construindo telhado de casa tradicional no Malawi, África. Fotografia de 2017.

The Bridgeman Art Library/Fotoarena

IMAGENS CONTAM A HISTÓRIA

O mapa abaixo foi publicado em 1375. Para analisá-lo, é importante ter informações sobre quem o desenhou. Neste caso, foi um cartógrafo da Catalunha, região que hoje pertence à Espanha. Ele nunca foi à África, mas a representou através de símbolos, e não retratou a real extensão nem a localização exata dos lugares. Com base nessas informações, faça o que se pede.

Abraham Cresques/Getty Images

Mapa ilustrado do século XIV. Detalhe do *Atlas catalão*, 1375. Biblioteca Nacional, Paris, França. No canto inferior direito, o imperador Musa sentado em seu trono.

1 | À direita do mapa, no canto inferior, aparece o imperador do Mali: Musa. Observe atentamente a imagem do imperador e descreva de que forma ele é representado. Repare em sua pose, suas vestimentas, suas joias. Que deduções você pode fazer sobre Musa, o imperador do Mali, estar representado no mapa?

2 | Pesquise sobre Musa I, ou Mansa Musa, e relacione as informações encontradas à sua resposta anterior.

O PASSADO PRESENTE

Leia o texto a seguir. Depois, faça a atividade proposta.

> A participação da África na construção do Brasil e de seu povo começou muito cedo, desde a segunda metade do século XVI. A África está presente nos ditos, histórias e canções que repetimos ao longo da vida, nos brinquedos infantis tradicionais, nos bichos-papões que povoavam os medos de nossa meninice, nas festas e danças populares, na maneira como nos cumprimentamos, no jeito de estar em casa e na rua – em suma, em quase tudo.

SILVA, Alberto da Costa e. *A África explicada aos meus filhos*. Rio de Janeiro: Agir, 2008. p. 156.

1 | Como podemos perceber a influência das culturas africanas em nosso dia a dia? Reflita sobre seu cotidiano e investigue algo relacionado a ele que tenha influência das culturas africanas. Pense em sua alimentação, em seu vocabulário, nas histórias que você conhece, nas festas, nas músicas, nas danças, nos jogos, nos rituais religiosos, etc.

2 | Em seguida, no dia marcado pelo professor, compartilhe suas descobertas com os colegas da turma.

BIBLIOGRAFIA

ALFÖLDY. Géza. *A história social de Roma*. Lisboa: Presença, 1998.

ANDREVON, Jean Pierre. *Contos e lendas*: heróis e vilões da Roma antiga. São Paulo: Companhia das Letras, 2004.

ANELLI, Luiz Eduardo. *O guia completo dos dinossauros do Brasil*. São Paulo: Peirópollis, 2010.

ARIÈS, Philippe; DUBY, Georges. *História da vida privada*. Do Império Romano ao ano mil. São Paulo: Companhia das Letras, 1989.

ARRUDA, José Jobson. *Atlas histórico básico*. São Paulo: Ática, 1999.

ASHERI, David. *O Estado persa*. São Paulo: Perspectiva, 2006.

AUSTIN, Michel; VIDAL-NAQUET, Pierre. *Economia e sociedade na Grécia antiga*. Lisboa: Edições 70, 1997.

BARRETO, Gilson. *Viagem à China*. São Paulo: Caramelo, 2008.

BELTRÃO, Cláudia. *O mundo bizantino*. São Paulo: FTD, 2002. (Coleção Para Conhecer Melhor).

BENOIT, André. *Judaismo e cristianismo antigo*. São Paulo: Thompson Pioneira, 1987.

BIASOLI, Victor. *O mundo grego*. São Paulo: FTD, 1998. (Coleção Para Conhecer Melhor).

BRAGA, Marco et al. *Darwin e o pensamento evolucionista*. São Paulo: Atual, 2003.

BRASIL. Ministério da Educação. Secretaria de Educação Básica. *Base Nacional Comum Curricular*. Brasília, MEC/Consed/Undime, 2017.

BRASILEIRO, Jonar; ROCHA, Katia. *A história da minha Geografia*. Salvador: Humanidades, 2010.

BROWN, Toby. *Espártaco e seus gloriosos gladiadores*. São Paulo: Companhia das Letras, 2009.

BULCÃO, Clovis. *Para contar História*. Curitiba: Ao Livro Técnico, 2012.

CANTELE, Bruna Renata. *Na Idade Média era assim...* São Paulo: Editora do Brasil, 2000.

CARDOSO, Ciro. *A cidade-Estado antiga*. São Paulo: Ática, 1996.

__________. *Antiguidade oriental*: política e religião. São Paulo: Contexto, 1990.

__________. *O Egito antigo*. São Paulo: Brasiliense, 1986.

__________. *Sete olhares sobre a Antiguidade*. Brasília: Ed. da UnB, 1994.

__________. (Org.). *O trabalho compulsório na Antiguidade*. Rio de Janeiro: Graal, 2003.

CARPENTIER, Vincent. *A Idade Média passo a passo*. São Paulo: Companhia das Letras, 2014.

CHARTIER, Roger. *A história cultural*: entre práticas e representações. Lisboa: Difel, 1990.

CORASSIM, Maria Luiza. *Sociedade e política na Roma antiga*. São Paulo: Atual, 2002.

CRAIPEAUX, Jean Loupe. *Encontro com os homens da Pré-História*. São Paulo: Scipione, 1998.

DEARY, Terry. *Terríveis romanos*. Rio de Janeiro: Melhoramentos, 2011.

DEL PRIORE, Mary (Org.). *História da infância no Brasil*. São Paulo: Contexto, 1991.

DETIENNE, Marcel. *Os gregos e nós*: uma Antropologia comparada da Grécia antiga. São Paulo: Edições Loyola, 2008.

EMBRY, Margaret. *Trabalho e sociedade*: a vida cotidiana nos templos bíblicos. São Paulo: Ática, 1996.

EVANO, Brigitte. *Contos e lendas do Egito antigo*. São Paulo: Companhia das Letrinhas, 2002.

FASI, Mohammed El (Ed.). *História geral da África, III*: África do século VII ao XI. Brasília: Unesco, 2010.

FERREIRA, Olavo Leonel. *Mesopotâmia, o amanhecer da civilização*. São Paulo: Moderna, 1993.

________. *Visita à Grécia antiga*. São Paulo: Moderna, 2003.

FINE, Doreen. *O que sabemos sobre o judaísmo?* São Paulo: Callis, 2003.

FINLEY, Moses. *A política no mundo antigo*. Rio de Janeiro: Zahar, 1995.

________. *Os gregos antigos*. Lisboa: Edições 70, 1999.

FISHER, Robert. *Histórias para pensar*. São Paulo: Landy, 2009.

FLORENZANO, Maria Beatriz B. *O mundo antigo*: economia e sociedade. São Paulo: Brasiliense, 1996.

FUNARI, Pedro P. *A cultura popular na Antiguidade Clássica*. São Paulo: Contexto, 1999.

________. *Pré-História do Brasil*. São Paulo: Contexto, 2002.

FUNARI, Raquel dos Santos. *O Egito dos faraós e sacerdotes*. São Paulo: Atual, 2003. (Coleção A Vida no Tempo).

GANERI, Anita. *Como seria sua vida na Roma antiga?* São Paulo: Scipione, 2012.

________. *Explorando a Índia*. São Paulo: Ática, 1997.

GIARDINA, Andrea (Org.). *O homem romano*. Lisboa: Presença, 1996.

GIBBON, Edward. *Declínio e queda do Império Romano*. São Paulo: Companhia das Letras, 2003.

GRANT, Neil. *As conquistas romanas*. São Paulo: Ática, 1992.

GRENIER, Christian. *Contos e lendas dos heróis da Grécia antiga*. São Paulo: Companhia das Letras, 2009.

GUARINELLO, Norberto L. *História antiga*. São Paulo: Contexto, 2013.

GUIMARÃES, Francisco A. M. A temática indígena na escola: onde está o espelho? Revista *Fórum Identidades*. Aracaju, ano 2, v. 3, 2008.

HARALDSON, Lars. *Contos e lendas dos* vikings. São Paulo: Companhia das Letras, 2006.

KI-ZERBO, Joseph (Ed.). *História geral da África, I*: metodologia e Pré-História da África. 2. ed. rev. Brasília: Unesco, 2010.

KIMMEL, Eric A. *Mitos gregos*. São Paulo: Martins Fontes, 2011.

LE GOFF, Jacques. *A Idade Média explicada aos meus filhos*. São Paulo: Agir, 2007.

________; SCHMIDT, Jean-Claude (Org.). *História dos jovens*. São Paulo: Companhia das Letras, 1996. 2 v.

LEROI-GOURHAN, André. *Caçadores da Pré-história*. Lisboa: Edições 70, 1995.

LIMA, Alexandre C. (Org.). *Pintura e Imagem*: representações do Mundo Antigo. Rio de Janeiro: Apicuri, 2011.

MACDONALD, Fiona. *Como seria sua vida na Grécia antiga?* São Paulo: Scipione, 1996.

________. *Como seria sua vida na Idade Média?* São Paulo: Scipione, 1996.

MACEDO, José R. *Movimentos populares na Idade Média*. São Paulo: Moderna, 2013. (Coleção Desafios).

MACHADO, Ana Maria. *Histórias árabes*. Rio de Janeiro: FTD, 2012. (Coleção Grandes Clássicos para Jovens).

MACHADO, Carlos A. R. *Roma e seu Império*. São Paulo: Saraiva, 2009.

MAESTRI, Mário. *O escravismo antigo*. São Paulo: Atual, 1994.

MANSUR, Alberto J. S. *Árabes*: das origens à expansão. Curitiba: Positivo, 2002.

MASSARDIER, Gilles. *Contos e lendas da Europa medieval*. São Paulo: Companhia das Letras, 2002.

MINOIS, Georges (Org.). *História da velhice no Ocidente*. Lisboa: Teorema, 1991.

MOKHTAR, Gamal (Ed.). *História geral da África, II*: África antiga. 2. ed. rev. Brasília: Unesco, 2010.

MOSSÉ, Claude. *Atenas*: a história de uma democracia. Brasília: Ed. da UnB, 1999.

NEVES, Ana Maria B.; HUMBERG, Flávia R. *Os povos da América*: dos primeiros habitantes às primeiras civilizações urbanas. 5. ed. São Paulo: Atual, 2005.

NIANE, Djibril Tamsir (Ed.). *História geral da África*, IV: África do século XII ao XVI. 2. ed. rev. Brasília: Unesco, 2010.

OLIVIERI, Antônio Carlos. *Pré-História*. São Paulo: Ática, 2004. (Coleção Cotidiano da História).

PASI, Marco Antonio de Oliveira. *A formação da Europa na Alta Idade Média*. São Paulo: Saraiva, 2008.

PINSKY, Jaime. *100 textos de História antiga*. São Paulo: Contexto, 1998.

QUENTIM, Lawrence; REISER, Catherine. *Pelas cores da Índia*: os intocáveis, os jainistas, os marajás. São Paulo: Companhia das Letrinhas, 2011.

QUESNEL, Alain; RUFFIEUX, J. M. *O Egito*. São Paulo: Ática, 1998. (Coleção Mitos e Lendas).

RAMOS, Luciano. *Os reinos bárbaros*. São Paulo: Ática, 1994. (Coleção O Cotidiano da História).

REDE, Marcelo. *A Grécia antiga*. São Paulo: Saraiva, 1994. (Coleção Que História é Essa).

________. *A Mesopotâmia*. São Paulo: Saraiva, 2002.

ROCHA, Ruth. *Ruth Rocha conta a Odisseia*. São Paulo: Companhia das Letrinhas, 2000.

ROSS, Stewart. *Roma antiga*. São Paulo: Companhia das Letrinhas, 2007.

SALARIA, David. *Como seria sua vida no antigo Egito?* São Paulo: Scipione, 1996.

SCHNEIDER, Maurício Elvis. *O Egito antigo*. São Paulo: Saraiva, 2004.

SILVA, Alberto da Costa e. *A África explicada aos meus filhos*. Rio de Janeiro: Agir, 2008.

________. *A enxada e a lança*: a África antes dos portugueses. 5. ed. Rio de Janeiro: Nova Fronteira, 2011.

________. *Imagens da África*: da Antiguidade ao século XIX. São Paulo: Penguin, 2012.

STARR, Chester. *O nascimento da democracia ateniense*. São Paulo: Odysseus, 2005.

SWINNEN, Colete. *A Pré-História passo a passo*. São Paulo: Companhia das Letras, 2010.

TAMES, Richard. *Explorando o Japão*. São Paulo: Ática, 1996.

VASCONCELOS, Cláudia. *Uma história da China*. São Paulo: Nova Alexandria, 2002.

VENTURA, Gilvan da Silva (Org.). *Grécia, Oriente e Roma*. Vitória: Flor e Cultura, 2009.

________; MENDES, Norma Musco (Org.). *Repensando o Império romano*. Rio de Janeiro: Mauad, 2003.

VERNANT, Jean-Pierre. *O homem grego*. Lisboa: Presença, 1997.

________. *O universo, os deuses e os homens*. São Paulo: Companhia das Letras, 2004.

VIDAL-NAQUET, Pierre. *Trabalho e escravidão na Grécia antiga*. Campinas: Papirus, 1999.

WATANABE, Etsuko. *Minhas imagens do Japão*. São Paulo: Cosac Naify, 2008.

WILLIAM, Márcia. *Mitos gregos*: o voo de Ícaro e outras lendas. São Paulo: Ática, 2005. (Coleção Clássicos em Quadrinhos).

ZAIDMAN, Louise Bruit. *Os gregos e seus deuses*: práticas e representações religiosas da cidade na época clássica. São Paulo: Loyola, 2010.